오리엔티어링: 독도법 경기

Orienteering

오리엔티어링: 독도법 경기
Orienteering

초판1쇄 인쇄　2024년 2월 26일
초판1쇄 발행　2024년 2월 29일

지 은 이　김상수
펴 낸 이　신일희
펴 낸 곳　계명대학교 출판부
출판등록　제347-1998-1호(1970. 9. 1.)
주　　소　대구광역시 달서구 달구벌대로 1095
대표전화　053-580-6233
팩　　스　053-580-6235
홈페이지　www.kmupress.com

ISBN 979-11-6516-200-9 93690　　값 30,000원

"본 연구는 2022년도 계명대학교 비사연구기금으로 이루어졌음"

오리엔티어링: 독도법 경기

Orienteering

김상수

계명대학교 출판부

머리말

Preface

1971년 우리나라 최초의 오리엔티어링 대회를 시작으로 대한민국에서의 오리엔티어링은 크게 발전해 왔습니다.

많은 지도자와 참가자들의 염원과 노력으로 생활스포츠지도사1급, 생활스포츠지도사2급, 유소년스포츠지도사, 노인스포츠지도사, 산림레포츠지도사 등 국가 자격증을 취득할 수 있으며, 대한체육회에도 가입하여 활동하고 있습니다. 2011년 카자흐스탄 아스타나, 알마티 동계 아시안게임에서는 스키 오리엔티어링이 정식종목으로 채택되어 은메달, 동메달을 획득하였습니다. 코로나-19로 인한 팬데믹 기간에는 모바일 오리엔티어링 등 비대면 오리엔티어링으로 오리엔티어링 발전을 위한 지도자들의 노력은 쉬지 않고 이어져 왔으며, 앞으로도 계속되리라 믿습니다.

2010년 권오삼님 등의 [오리엔티어링], 2011년 안상윤님의 [숲속의 스포츠 오리엔티어링], 2017년 안동립, 구영철님의 초등학생용 창의적 체험활동 교재 [실전 독도법 오리엔티어링]은 오리엔티어링의 교재로 훌륭한 역할을 해왔습니다. 소병조님의 인터넷 자료도 현대인에게 많은 정보를 제공하여 오리엔티어링 발전에 기여하였으나, 10년 넘게 전문인 등을 위한 새로운 교재의 발간이 없었고, 2016년 사단법인 대한오리엔티어링연맹 회장 취임 이후 교육과 자료의 중요성을 인식하고 있었지만 실천으로 이어지지 않았으나, 더 이상 미룰 수 없어 자료 정리와 기록으로 남겨야겠다는 사명감으로 교재를 만들게 되었습니다.

국제오리엔티어링연맹 규정을 번역하여 교재에 새로이 수록하였으며, 모바일 오리엔티어링 부분을 신설하였습니다. 교재로서의 역할과 자료 정리의 개념을 우선하였기에 대한오리엔티어링연맹과 지방연맹에서 사용해 온 공통 교재와 기존 교재 등을 많이 인용하였음을 밝히며 관계자들의 양해를 구합니다.

번역과 자료 정리에 많은 도움을 준 아들 동우에게 고마움을 전합니다. 오리엔티어링 발전을 위해 노력해 오신 분들께도 감사함을 전합니다.

오리엔티어링 친구

김상수

목 차

Contents

제5장 오리엔티어링 구성 요소 50

제6장 나침반 사용법 88

제7장 오리엔티어링 지도 104

제8장 컨트롤 위치 설명표(Description)의 이해 134

제1장

오리엔티어링

01 오리엔티어링(Orienteering)의 정의

02 오리엔티어링(Orienteering)의 어원

제1장

오리엔티어링

1. 오리엔티어링(Orienteering)의 정의

오리엔티어링은 지도와 나침반을 가지고 자연 그대로의 상태에서 도심이나 들판을 가로지르며, 숲속을 헤치고, 산을 오르며, 계곡을 건너기도 하면서 미지의 목표물을 찾아가는 경기로 남녀노소, 장애인 등 누구나 즐길 수 있는 자연 친화적인 스포츠를 말한다.

1963년 국제오리엔티어링연맹(International Orienteering Federation) 2차 총회에서 [오리엔티어링은 지도상에 표시된 몇 개의 지점을 가장 짧은 시간 내에 정확히 찾아가는 경기로서 미지의 지형에서 방향 결정 기술과 활력 있는 체력에 의하여 어떠한 상황 속에서도 주어진 과제를 수행해 내는 능력을 배양하는 것을 목적으로 한다]라고 정

의하였다. 2015년에는 [경기자가 스스로의 힘으로 방향을 찾으며 목표를 향해 전진해 나아가는 것을 겨루는 스포츠로서 선수들은 지상에 표시된 여러 개의 컨트롤 지점을 가능한 한 짧은 시간에 찾는 경기]라고 규정하였다.

2. 오리엔티어링(Orienteering)의 어원

1) 오리엔티어링의 어원

오리엔티어링이란 낱말은 'Orient'에서 유래한다. 영어의 'Orient'는 라틴어의 'Oriens'로서, '동쪽, 동양, 태양신'이란 말에서 파생하여 [방향 방각을 정한다]는 뜻을 지닌다. 영어로는 '오리엔티어링(Orienteering)'이라고 표시하는데, 이것은 아마도 스웨덴어의 '오리엔테링(Orientiring)'에서 넘어 온 말인 듯하다. 독일어로는 '오리엔티어룽스 라우프(Orientierungs Lauf)'라고 하는데, 이는 'Oricntieriungs(방향을 정하다)'와 'Lauf(달린다)'의 합성어로, [방향을 정하여 달린다]는 뜻이다. 우리나라에서는 영어 발음을 따서 '오리엔티어링(Orienteering)'이라고 부르고 있다. 북한에서는 오리엔티어링을 '방향탐색경기'라고 부른다.

2) 오리엔티어링 공식 언어

오리엔티어링을 OL이라고 부르는 것은 1961년 IOF가 창립되면서 창립 회원들이 독일어(Orientierungs Lauf)를 공식 지정하였으며, 그 후 OL로 줄여서 사용하였다. 독일어를 사용하는 나라들에서는 OL을 아직도 사용하고 있다.

오리엔티어링 공식 언어는 1971년부터 독일어와 영어를 공동 사용하였으며, 1992년부터 IOF의 공식 언어는 영어(Orienteering)를 단일 공식 언어로 지정하였다.

국제오리엔티어링연맹에서는 오리엔티어링을 OL이나 O로 줄여서 부르는 것을 권장하지 않는다.

최근 Foot-O, Ski-O, MTB-O, Trail-O 등으로 오리엔티어링을 줄여서 'O'로 사용하고 있지만 'O'는 일반인들에게 'Zero'를 의미하기 때문이다.

제2장

오리엔티어링 발생과 발전

01 오리엔티어링 발생

02 세계 오리엔티어링 발전 약사

03 국제오리엔티어링연맹(International Orienteering Federation)

04 우리나라 오리엔티어링 발전사

제2장

오리엔티어링 발생과 발전

1. 오리엔티어링 발생

북유럽에서 1810년 1:100,000 지형도를 사용하여 척후훈련을 실시하였으며, 1870년대 스칸디나비아 지역 군인들에게 지도와 나침반을 사용하는 방법의 교육을 실시한 사실로 미루어 볼 때 오리엔티어링 형식의 군사 스포츠가 등장한 것은 19세기부터이다. 당시 북유럽 국가에서는 군 장교의 훈련 과목으로 척후훈련이 실시되었다. 그 후 19세기 말부터 20세기 초에 이르러서 척후훈련은 군사상의 목적에서 한 걸음 나아가 스포츠의 개념을 갖게 되었고, 민간 스포츠 단체에서 차츰 스포츠로서의 기틀을 다지기 시작하였다.

근대 오리엔티어링은 군 훈련 목적으로 활용되던 오리엔티어링을 1918년 스웨덴의 청소년 지도자 엔스트 킬란더(Ernst Killander) 소령이 당시 군에서 장교 훈련에 사용되어 온 지도와 나침반을 청소년들에게 주고 삼림지역을 무대로 목표지점을 찾아오게 한 것에서 비롯되어 일반인에게 보급되었다.

2. 세계 오리엔티어링 발전 약사

- 1810년 1 : 100,000 지형도 사용 척후훈련
- 1893년 보병에 의한 전령경기(스톡홀름)
- 1895년 스웨덴, 노르웨이 연합국의 수비군을 훈련시키는 군사활동 중 'Orienteringslob' (지도와 컴파스의 도움으로 알려지지 않은 지역을 넘나드는 것)이라는 용어 처음 사용
- 1897년 노르웨이 오슬로에서 최초의 Orienteering 개최(지도와 나침반 처음 사용)
- 1901년 스웨덴 최초의 오리엔티어링 경기 열림
- 1912년 크리스천 헬스트램 육상경기에 'Orienteering' 채택 (스웨덴 스톡홀름 육상경기 연맹)
- 1913년 제1회 스톡홀롬 오리엔티어링 대회 개최, 달리기(Foot)오리엔티어링 대회 효시
- 1918년 청소년 지도자 엔스트 킬란더(Ernst Killander)가 'Orienteering' 보급
- 1919년 스웨덴 스톡홀름의 사르도 스조바뎅에서 세계 최초의 대회 개최
- 1961년 국제오리엔티어링연맹(I.O.F) 발족
- 1977년 6월 프라하 I.O.C 회의 Olympic 종목으로 승인
- 1998년 일본 나고야 동계 올림픽 Ski-Orienteering 시범 경기
- 2011년 제7회 동계 아시안게임 Ski-Orienteering 정식 경기

3. 국제오리엔티어링연맹(International Orienteering Federation)

1) 개요

창립: 1961년 5월 24일, 덴마크 코펜하겐, 10개국 참여(불가리아, 체코슬로바키아, 덴마크, 동독, 서독, 핀란드, 헝가리, 노르웨이, 스웨덴, 스위스)

목적: 오리엔티어링 교육 및 보급, 대회 운영, 관리하는 국제 단체

본부: 스웨덴 칼스타드

주소: Drottninggatan 47 31/2 tr SE-65225 Karlstad SWEDEN

관련 홈페이지: https://orienteering.sport/

https://eventor.orienteering.org/

가입 회원 수: 78개국 (2024년 1월)

2) 주요 국제대회

세계선수권대회(WOC), 월드컵(WC), 세계마스터즈 선수권대회(WMOC), 월드게임(WG), 주니어세계선수권대회(JWOC), 월드랭킹(WRE), 지역대회(ROC)등이 있다.

〈2016년 대만 아시아 오리엔티어링 선수권대회〉

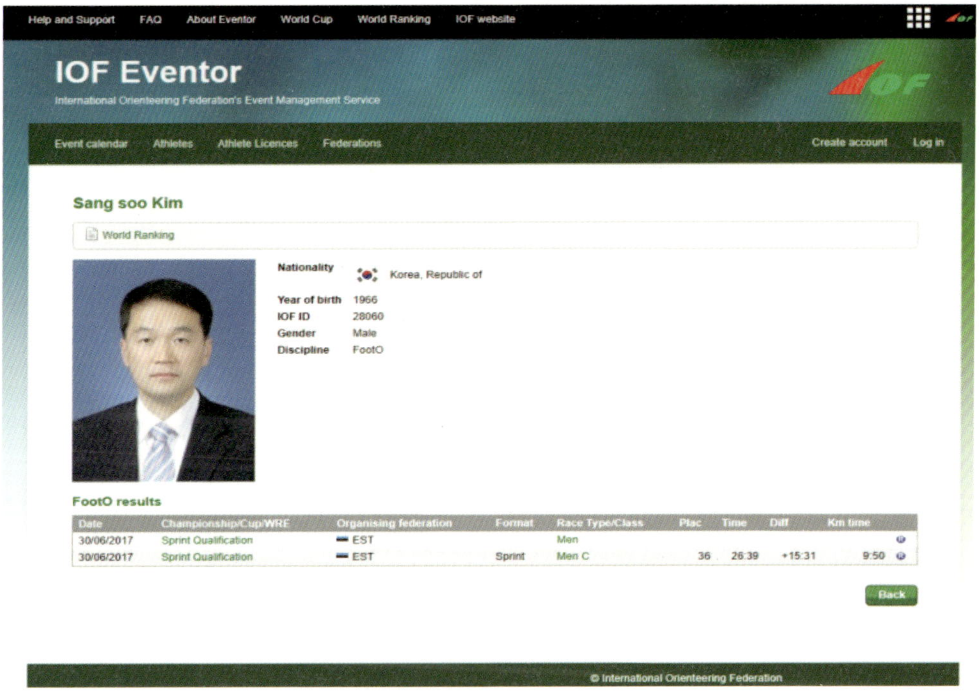

〈국제오리엔티어링연맹 선수 조회 사이트〉

4. 우리나라 오리엔티어링 발전사

1) 우리나라 오리엔티어링 발전사

우리나라는 1971년 5월 29~30일 강릉에서 한국산악회가 제1회 알파인 오리엔티어링대회를 개최한 것을 계기로 오리엔티어링 운동이 시작된 것으로 보고 있으며, 초기의 오리엔티어링은 독립된 스포츠이기보다는 산악 운동의 일환으로 산악인들의 독도 능력과 체력을 점검하는 목적에서 도입된 일종의 '산악 독도 운행 경기'였다.

1977년 한국오리엔티어링위원회가 결성되고, 행사를 주최하면서 IOF 규정에 의한 오리엔티어링이 일반인들에게 보급되기 시작하였다. 1979년 핀란드에서 개최한 IOF 총회에서 25번째 회원국으로 가입하였으며, 1980년에는 한국오리엔티어링연맹(KOF)으로 문교부로부터 법인 설립 인가를 받아 오리엔티어링 운동을 활성화 할 수 있는 체계를 갖추었다. 2005년에는 사단법인 대한오리엔티어링연맹으로 명칭을 변경하였다. 2008년 7월에는 제15회 아시아, 태평양 오리엔티어링대회(APOC) 및 제1회 아시아오리엔티어링선수권대회(ASOC)를 서울 및 수도권에서 개최 하였으며, 2010년에는 대구에서 세계소방관경기대회(WFG) 정식 종목으로 열렸으며, 2011 카자흐스탄 아스타나 알마티 동계 아시안게임 스키오리엔티어링에 선수를 출전시켜 은메달과 동메달을 획득하였다. 2015년에는 문경세계군인체육대회(CISM), 2017년 충주세계소방관경기대회(WFG)가 정식 종목으로 열렸다.

〈1971년 제1회 알파인 오리엔티어링대회〉

〈2015 경북 문경 세계군인체육대회 오리엔티어링 경기〉

2) 우리나라 오리엔티어링 현황

사단법인 대한오리엔티어링연맹(https://www.kof.or.kr) 산하에 각 시, 도 연맹을 두고 있으며, 매년 한국오리엔티어링선수권대회, 지방연맹 회장배 대회, 산림청장배 대회 등 각종 대회를 개최하고 있다.

김상수 계명대학교 교수가 2016년부터 7여 년간 사단법인대한오리엔티어링연맹 회장을 맡아 관련 논문을 집필하고, 오리엔티어링 보급, 발전을 위하여 봉사하였으며, 현재 대한체육회에 동호인 단체로 등록되어 있다.

오리엔티어링 국가 자격증으로는 문화체육관광부 생활스포츠지도사(1급, 2급), 유소년스포츠지도사, 노인스포츠지도사가 있으며 산림청의 산림레포츠지도사 자격증이 있다.

민간 자격증으로는 사단법인 대한오리엔티어링연맹의 오리엔티어링 지도자(1급, 2급, 3급), 오리엔티어링 심판 자격증(2급, 3급)이 있다.

제3장

오리엔티어링 특성

제3장

오리엔티어링 특성

1. 오리엔티어링 운동의 효과

1) 순환계에 미치는 영향

오리엔티어링은 뛰거나 걷는 경기로 스프린트 코스는 15분 이상, 중·장거리 코스는 참가자에 따라서 5시간까지도 소용된다. 단거리나 중·장거리 운동은 심장의 용적을 증가시켜 심장의 1회 박출량을 증가시킨다. 이러한 변화는 장기간의 훈련을 통하여 가능하다. 안정 시 및 동일부하의 최대하 운동 시 1회 박출량 증가는 상대적으로 심박수 감소를 초래한다. 안정 시 및 최대하 부하시 심박수의 감소는 동일한 일을 수행하는데 따른 심장의 부담이 줄어든다는 것을 의미하며, 이는 심장의 예비력이 증가된 결과다.

오리엔티어링을 장기간 수행하면 활동근에 분포된 모세혈관의 수가 증가한다. 모세혈관 밀도의 증가는 산소 수송로가 발달함을 의미하는 것으로 산소 수송 및 영양물질의 공급, 이산화탄소 및 대사산물의 제거 능력의 향상에 기여한다.

지속적인 운동은 혈압의 안정적인 유지에도 기여하며, 혈액량에도 변화가 발생하는데, 총적혈구수는 10~20%, 혈장량은 20~31% 정도 증가하여 총 혈액량을 증가시킨다.

심장의 기능이 좋고, 활동조직으로의 혈류순환능력 증가, 근조직에서 산소를 이용하는 대사 능력은 최대산소섭취량을 결정하는 중대 요인으로 오리엔티어링을 통하여 최대산소섭취량을 증가시킬 수 있다.

2) 근육계에 미치는 영향

걷거나 뛰는 오리엔티어링의 특성상 참가자의 에너지 대사는 많은 부분을 유산소 대사과정에 의존하게 된다. 유산소 대사과정의 활성화는 체내 지방을 에너지원으로 사용하여 비만에 효과적일 수 있으며, 적근의 발달에 기여할 수 있다. 또한 세포내 산소의 임시 저장소 역할을 하는 미오글로빈의 함량 증가와 유산소 대사과정 중 산소를 이용하여 글루코스나 지방산과 같은 에너지원을 분해하여 ATP를 합성하는 미토콘드리아의 크기와 수의 증가도 가져와 유산소적 대사능력을 증가시킨다.

오리엔티어링을 훈련함으로써 뼈에 부착되어 있는 인대와 건(힘줄)의 탄성을 증대시켜 부상의 위험도 줄여준다.

3) 심리적 효과

오리엔티어링으로 인한 근육계와 순환계의 긍정적 변화는 아름다운 몸매를 통한 자존감 향상, 증가된 체력으로 자신감을 높여주며, 운동으로 인한 세로토닌 분비 증가 등 내분비계의 긍정적인 변화로 인하여 운동은 긍정적 기분 들게 하고 불안감과 우울증을 감소시키며, A형 행동 패턴(시간에 쫓김, 과도한 경쟁심리, 쉽게 적개심을 보이는 행동)도 감소시킨다.

오리엔티어링은 인지 기능도 향상시켜, 공부하는 학생들이나 치매를 염려하는 노인들에게 적합하며, 수면시간 증가 및 수면의 질도 향상되어 현대인에게 적합한 운동이다.

2. 오리엔티어링의 특징

1) 친환경 스포츠

대부분의 스포츠는 필요한 시설을 위하여 건물을 신축하거나 운동장을 인위적으로 만들어야 하지만 오리엔티어링은 자연을 훼손하지 않고 있는 그대로의 지형지물을 이용하기 때문에 모든 스포츠 중에서 가장 친환경적인 스포츠다. 종목 특성상 지형지물을 경기장으로 삼고, 모든 지형상의 특징을 이용하는 경기이다.

2) 체력, 두뇌 복합 스포츠

오리엔티어링은 진로가 미리 정해져 있지 않은 스포츠로, 참가자는 지도를 읽고 이해하여 나침반을 이용하여 방향을 정하고 걷거나 달리면서 주위상황을 관찰하여 자기의 길을 개척한다. 길이 정해져 있지 않으므로 참가자는 잠시도 두뇌 활동을 멈출 수가 없다. 오리엔티어링은 두뇌를 활용하여 생각하는 것이 승패의 중요한 관건이므로 체력이 모자라도 두뇌로써 역부족을 보충할 수 있는 스포츠다.

3) 남녀노소 누구나 참여 가능한 공정한 스포츠

남녀노소 누구나 참여할 수 있으며, 성별과 나이, 경력, 기술 수준에 따른 등급이 구분되어 있어 공정하게 누구든지 자기 실력에 맞는 코스에서 경기를 즐길 수 있다.

4) 판단력, 추리력, 통찰력을 기르는 스포츠

일반 사회에서 대중적인 생활과 행동에 젖은 현대인으로 하여금 혼자의 힘으로 자연을 극복하게 하고 행동을 결정하게 한다. 오리엔티어링은 지도, 지형, 나침반에 의지하여 컨트롤을 찾는 경기로 최대한 빠른 시간 내에 진로를 결정해야 함으로 결정 장애를 겪고 있는 많은 현대인들에게 적합한 경기로 오리엔티어링은 판단력, 추리력, 통찰력을 크게 함양하는 스포츠이다.

5) 여가 활용과 건강 증진에 기여

오리엔티어링 체험활동이나 각종 대회는 일상에서 가족이나 단체의 여가 활용 프로그램으로 이용할 수 있는 스포츠로, 개인의 체력에 맞는 체력단련 스포츠로도 적합하며, 건강을 유지하는 하나의 수단으로 활용할 수 있다.

외국의 경우 리조트나 호텔 등 휴양시설에 고정식 오리엔티어링 장비를 설치하여 누구나 쉽게 즐길 수 있도록 하고 있으며, 계명대학교 모빌리티캠퍼스(구, 달성캠퍼스) 등에도 설치되어 있다.

6) 취업, 대학 수업, 수련, 연수 과정에 활용

국가자격증을 취득하면 국가기관이나 자치단체에 취업이 가능하여 많은 사람들이 자격증을 취득하고 있고, 각종 대회 정식종목으로 채택되어 대학교 수업용으로서 활용 가능하여, 계명대학교 등 많은 대학에서 정식 교과목으로 운영 중이다. 또한, 청소년 단체, 각종 기업 연수 시에도 체력 증진, 극기 훈련, 리더십 함양 프로그램으로 많이 활용하고 있는 스포츠이다.

3. 오리엔티어링 유사 종목

1) 크로스컨트리(Cross-country)

크로스컨트리(Cross-country)는 산야를 달리는 경기로서는 오리엔티어링과 비슷하지만 달리는 코스가 정해져 있다는 점이 다르다.

2) 로게인(Rogain)

로게인(Rogain)은 방향 감각과 참을성을 요하는 고된 그룹 활동(Rugged Outdoor Group Activity Involving Navigation and Endurance)의 줄인 말로 컨로스 컨트리와 포인트 오리엔티어링을 조합한 경기와 흡사하나 팀으로 경쟁하며, 정통적인 로게인은 24시간에 걸쳐 진행되며, 1947년 영국 빅토리아 대학 크로스컨트리 경기에서 유래하였고, 1973년 그 이름을 얻었다.

제4장

오리엔티어링 구분

제4장

오리엔티어링 구분

1. 오리엔티어링 종목

1) Foot-Orienteering

가장 기본적인 종목으로 발로 걷거나 뛰는 경기

2) Ski-Orienteering

스키를 이용하여 하는 경기로 스키 크로스컨트리와 유사함

3) MTB-Orienteering

산악자전거를 이용하여 정해진 지점을 찾아 돌아 들어오는 경기

4) Trail-Orienteering

장애인과 비장애인이 함께 즐길 수 있는 오리엔티어링으로 특정 지점에서 몇 개의 컨트롤 플랙 중 지도상에 표시된 것을 찾는 경기

〈Foot-Orienteering〉

〈Ski-Orienteering〉

〈MTB-Orienteering〉

〈Trail-Orienteering〉

2. 경기 형식

1) 포인트(Point) 오리엔티어링

가장 널리 사용 되어지는 경기 형식으로 주최자가 지도위에 표시한 통과지점(컨트롤)을 정해진 순서로 찾아내어 가능한 빠른 시간 안에 들어오는 형식으로 크로스컨트리(Cross-Country) 오리엔티어링 이라고도 부른다.

① 진행 방법

- 참가자는 출발 구역에서 출발 3분 전에 출발 지점에 나오고 출발과 동시에 지도가 지급된다. 지도에는 컨트롤이 설치된 지점과 컨트롤 순번, 컨트롤 위치 설명표가 있다.
- 컨트롤 순번대로 통과(찾고 확인 펀칭)해야 한다.
- 출발시각은 일반적으로 정해지며 1~3분의 간격으로 시차 출발(Time Start)을 한다. 출발 컨트롤을 운영한다.
- 포인트 오리엔티어링은 컨트롤에서 컨트롤 구간을 이동하는 루트는 지정하지 않으며 참가자가 선택하여 운영한다.
- 찾아낸 컨트롤에서 펀칭(핀, 전자감지)하는 것에 대한 책임은 경기자에게 있다.
- 다음 사항에 해당하는 참가자는 실격이다.
  - 컨트롤을 발견하지 못한 경우(펀칭이 1개 이상 안 된 경우)
  - 컨트롤의 통과 순서가 틀린 경우
  - 컨트롤 카드를 분실한 경우
  - 펀칭 부분이 불분명한 경우(1칸에 1개 이상 펀칭한 자 포함)
  - 타인을 따라서 경기하는 경우
  - 소요시간이 규정시간보다 초과한 경우(별도로 지정한 경우)
  - 별도로 명시한 사항에 위배되는 경우

② 순위 결정

규정 시간 내에 지정된 컨트롤을 모두 정확하게 통과하고 골인한 참가자에게 클래스 별로 그 소요시간에 의해 순위를 정하되, 소요시간이 가장 짧은 참가자를 우승자로 한다. 그러나 상황에 따라 별도로 할 수도 있다.

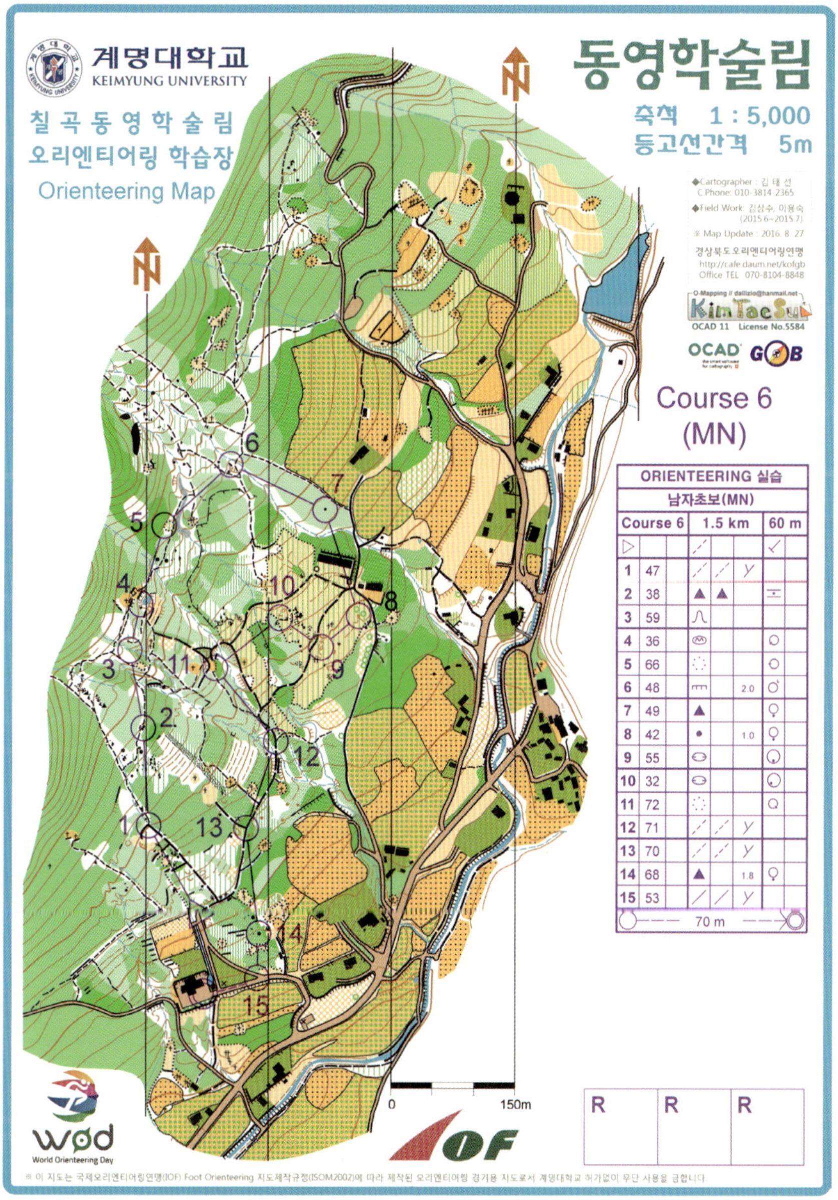

〈포인트 오리엔티어링 지도〉

2) 스코어(Score) 오리엔티어링

주최자가 정한 제한시간 안에(보통 90분) 가능한 한 많은 점수를 모아서 들어오는 형식으로 거리와 난이도에 따라 컨트롤의 점수를 매긴다.

① 진행 방법

- 참가자는 출발점에서 시차 출발 또는 동시 출발(Mass start) 한다.
- 지도는 미리 지급되며 출발과 골인, 컨트롤 표기와 점수가 기재된다.
- 컨트롤에서 다음 컨트롤까지는 어떠한 루트를 선택해도 무방하다.
- 점수가 배정된 컨트롤을 많이 찾아 득점을 꾀하는 데 목적이 있다.
- 제한 시간 내에 골인하면 컨트롤 카드에 의해 점수를 집계한다.
- 제한 시간을 초과하면 규정(사전공지)에 의하여 감점 처리한다.

② 순위 결정

- 개인방식

  획득한 점수에 의하여 각 클래스마다 순위를 정한다.

- 단체방식
  - 득점의 합산
  - 순위의 합산
  - 팀을 세분

30점	31	33	36	45	47	52	54	62	63	64	계
	갈림길	흙비탈	정자	능선	건물	골짜기	좁은골 (아래부분)	골짜기	정자	좁은골	

20점	35	37	38	44	48	49	53	75	77	85	계
	갈림길	북쪽 갈림길	계단	북쪽 갈림길	트인땅	바위지대	갈림길	북쪽 갈림길	급수대	울타리	

	성명	클래스	제한시간	출발시각	도착시각	소요시간	초과시간	합계
				: :	: :	: :	: :	

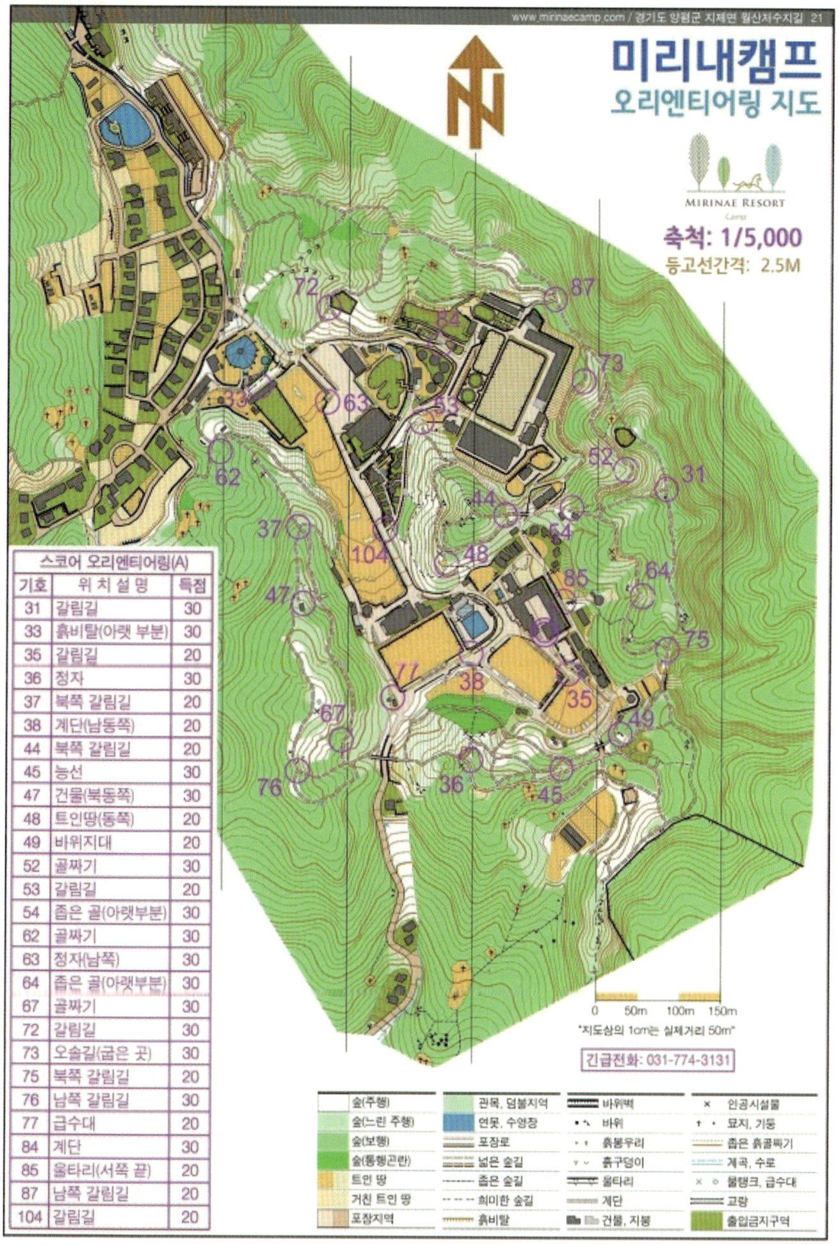

〈스코어 오리엔티어링 지도, 소병조, 2016〉

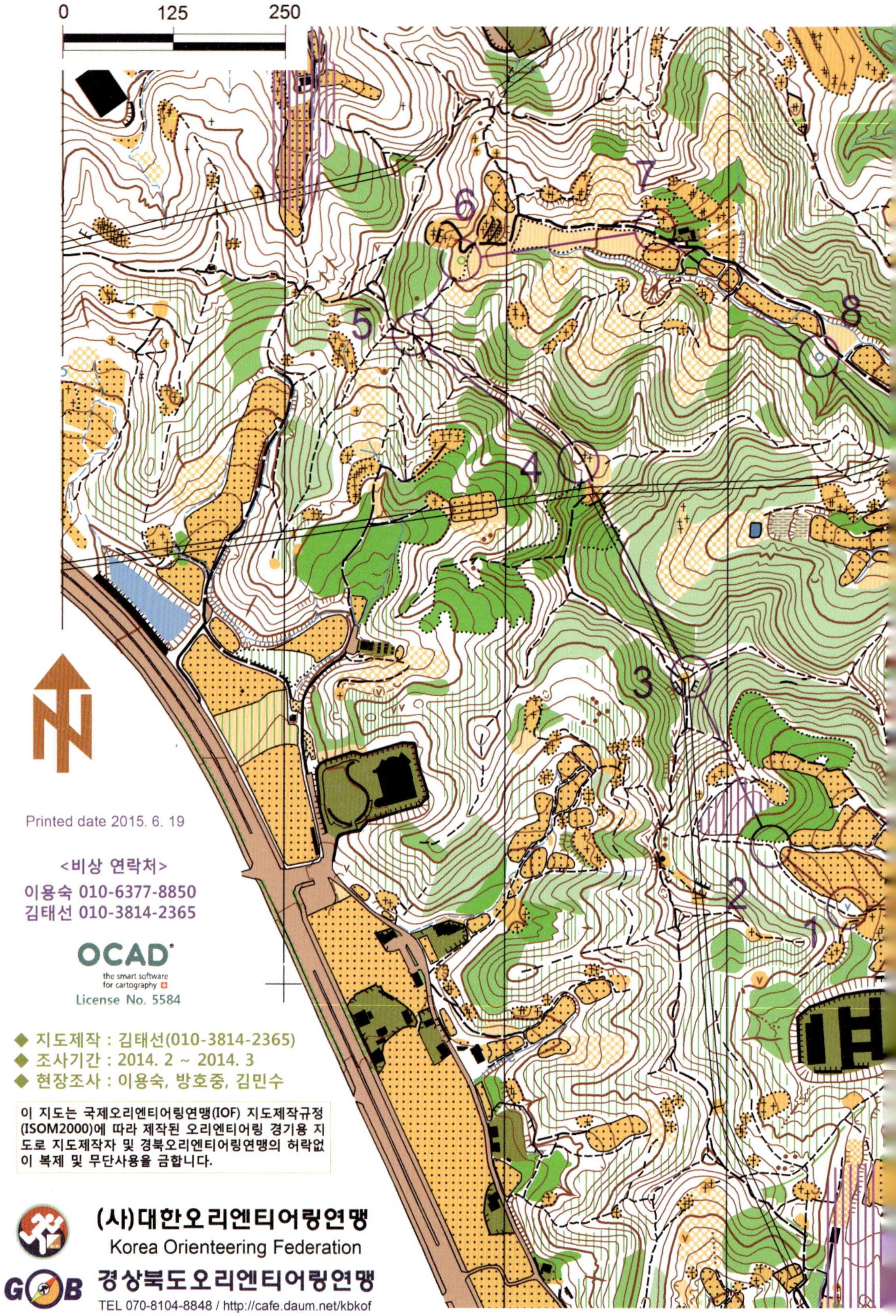

0
125
250
1
2
3
4
5
6
7
8
Printed date 2015. 6. 19
<비상 연락처>
이용숙 010-6377-8850
김태선 010-3814-2365
OCAD
the smart software for cartography
License No. 5584
◆ 지도제작 : 김태선(010-3814-2365)
◆ 조사기간 : 2014. 2 ~ 2014. 3
◆ 현장조사 : 이용숙, 방호중, 김민수
이 지도는 국제오리엔티어링연맹(IOF) 지도제작규정 (ISOM2000)에 따라 제작된 오리엔티어링 경기용 지도로 지도제작자 및 경북오리엔티어링연맹의 허락없이 복제 및 무단사용을 금합니다.
(사)대한오리엔티어링연맹
Korea Orienteering Federation
경상북도오리엔티어링연맹
TEL 070-8104-8848 / http://cafe.daum.net/kbkof

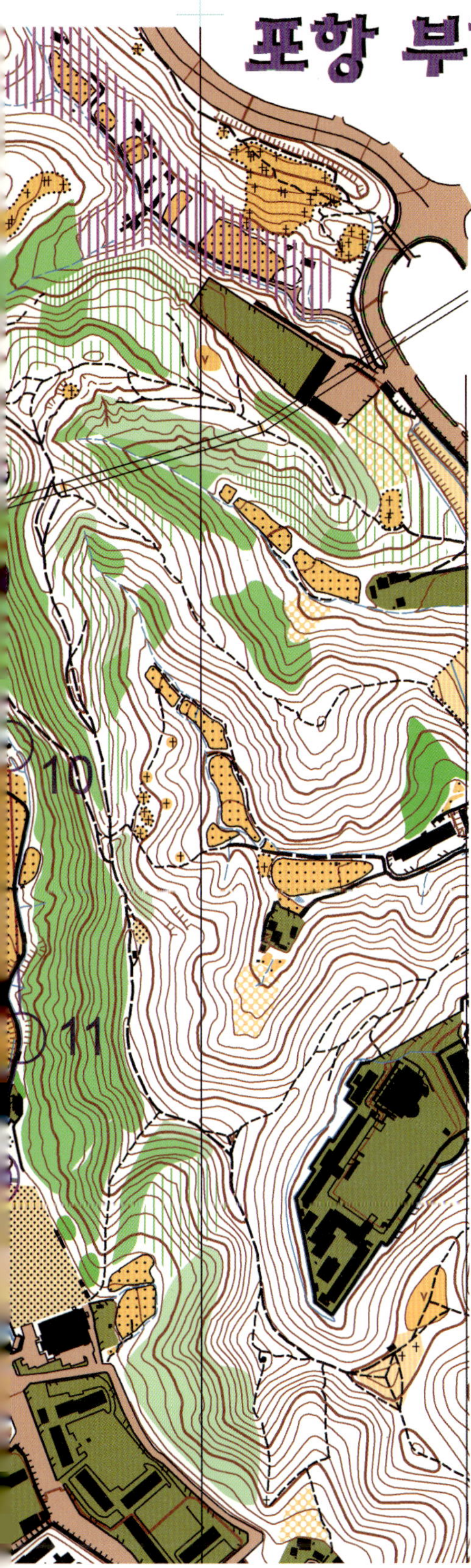

3급 오리엔티어링지도자 실기							
G			2.2 km				
▷							
1	74						
2	31						
3	92						
4	85						
5	32				×		
6	51						
7	33						
8	81						
9	60	↑					
10	77						
11	37						
——— 60 m ———>							

〈라인 오리엔티어링 지도〉

3) 라인(Line) 오리엔티어링

주로 초보자나 교육용으로 많이 사용하는 형식으로 주최자가 지정한 지도상의 라인을 따라 달리며 코스 위에 설치한 컨트롤을 찾아서 확인하고 들어오는 형식이다.

① 진행 방법

- 참가자는 출발점에서 시차 출발한다.
- 컨트롤에서 컨트롤간의 루트는 지시된 선을 따라 통과한다.
- 컨트롤 확인(원 그리기, 펀치하기)하는 방법은 두 가지가 있다.
  - 라인을 따라가다 컨트롤이 있는 지점을 지도에 6mm원을 정확히 그려 오는 방법
  - 라인을 따라가며 컨트롤 위치 설명표를 보고 그 컨트롤 순번에 맞는 기호를 확인하며 컨트롤 카드에 펀칭하는 방법
- 지시된 수의 컨트롤을 통과했으면 골인한다.

② 순위 결정

- 원칙적으로 포인트 오리엔티어링의 방법과 동일하다.
- 컨트롤이 위치한 지점을 그려 올 경우 정확도를 보고 평가한다.

4) 릴레이(Relay) 오리엔티어링

일정한 코스를 정하여 팀을 정하고 그 팀 구성원이 각기 다른 코스를 주파하고 연속적으로 경기를 진행하여 그 소요시간으로 순위를 정하는 형식이다. 1개 팀원은 일정하지 않으나 세계선수권대회(WOC)는 성별로 각 3명이며, 스프린트 릴레이는 총 4명으로 팀을 구성하며, 여성은 최소 2명 이상이어야 한다.

① 진행 방법

- 제1주자의 출발은 원칙적으로 출발과 동시에 지도를 지급하며 제2주자부터는 터치 방

식(Touch system)으로 운영한다.

- 배번에 본 배번 숫자 옆에 작은 릴레이 순번을 기입하거나 배번의 바탕색을 달리 하기도 한다.
- 주자 중계 장소에는 다음 주자 대기소, 도착점, 터치지점이 설치된다.
- 지도는 별도의 장소에 둘 수도 있다.
- 코스 거리는 1인당 3~5km가 보통이다.

② 순위 결정

- 시차 출발의 경우
    - 팀 전원의 소요시간을 합산하여 팀 소요시간으로 한다.
    - 팀 소요시간이 가장 적은 팀을 승자로 한다.
    - 두 팀의 소요시간이 같은 경우에는 최종 주자의 소요시간이 짧은 팀을 상위로 한다. 그래도 소요시간이 같을 경우에는 두 팀 모두 동일 순위로 한다.
- 동시 출발의 경우 최종 주자가 골인한 순으로 정한다.

〈2018 홍콩 아시아 오리엔티어링선수권대회 릴레이 터치〉

5) 고정식(Permanent) 오리엔티어링

청소년 수련원이나 호텔 등 방문 이용객을 위한 시설로 컨트롤 플랙이 미리 설치되어 있어 언제든지 오리엔티어링을 체험할 수 있다. 관리자에게 요청하여 본인의 수준에 맞는 지도와 컨트롤 카드를 받아 오리엔티어링을 즐기면 된다. 계명대학교 모빌리티캠퍼스(구, 달성캠퍼스), 경주 화랑마을 등에 설치되어 있다.

〈계명대학교 모빌리티캠퍼스(구, 달성캠퍼스) 고정식 컨트롤 플랙〉

3. 오리엔티어링 경기 분류

1) 대회 시간에 의한 분류

- 낮: 주간 경기
- 밤: 야간 경기

〈주간 경기〉

〈야간 경기〉

2) 대회방식에 의한 분류

- 개인전: 개인이 독립적으로 경기 완수
- 릴레이: 둘 또는 그 이상의 선수가 연속해서 경기하는 것
- 팀: 둘 또는 그 이상의 선수의 기록을 합산한 것

3) 대회결과의 결정 방식에 의한 분류

- 단독경기: 개인의 단독 기록한 레이스의 결과는 최종 결과이다. 선수는 A 레이스, B 레이스 등 다른 레이스에서 경기를 진행 할 수 있다.
- 복합(멀티)경기: 하루 또는 며칠 동안 개최된 두 개 이상 레이스의 종합결과를 최종 결과로 합산한다.
- 예선 경기: 선수는 다른 예선에 배정될 수 있는 하나 이상의 예선 경기를 통해 결승 레이스 자격을 얻는다. 예선 레이스 결과에 따라 결승의 출발순서가 결정될 수도 있다. A-와 B- 결선 등이 있을 수 있으며, B- 결승에 배치된 선수는 A- 결승에 배치된 참가자 뒤에 배치된다. 단일 예선이 있고, 예선에 배치된 모든 선수는 결승 출전 자격 얻는다. 예선 레이스를 프롤로그라고 한다.
- 녹아웃 스프린트 경기: 녹아웃 섹션의 자격을 얻기 위해 시차출발을 하는 예선이 하나 이상 있다. 녹아웃 섹션에는 여러 개의 병렬 예선을 가진 라운드가 하나 이상 있으며, 선두 주자가 다음 라운드 진출 자격을 얻는 동시출발이 있다. 마지막으로 승자를 결정하기 위한 한 번의 동시출발 레이스가 있다.

4) 컨트롤 방문 순서에 의한 분류

- 특정 순서 경기: 순서가 규정 됨
- 비 특정 순서 경기: 선수는 순서를 자유롭게 선택할 수 있음

5) 거리에 의한 분류

- Long: 주행 거리가 70~100분 이내에 주파가 가능한 거리
- Middle: 주행 거리가 30~35분 이내에 주파가 가능한 거리
- Sprint: 주행 거리가 12~15분 이내에 주파가 가능한 거리
- 기타: 거리는 일반적인 분류이며 서구에서는 경기에 따라서 총 주행거리가 40km 이상인 경우도 있음

6) 대회 출발 방법에 의한 분류

- 시차출발 경기: 가장 빠른 시간에 경기를 마친 선수가 승자이다.
- 동시출발 경기: 선수들이 함께 출발한다. 도착 라인의 첫 번째 통과자가 승자이다.
- 추격출발 경기: 선수들은 이전 레이스의 결과에 따라 간격을 두고 출발한다. 도착라인의 첫 번째 통과자가 승자이다.

4. 오리엔티어링 참가자 클래스 분류

오리엔티어링 클래스는 종목별로 성별, 연령, 경험에 따라 난이도 및 코스 거리를 구분하여 다르게 정해진다.

1) Foot, Ski, MTB Orienteering

① 참가자는 성별과 연령에 따라 클래스가 나뉜다. 여성은 남성 클래스에서 경쟁할 수 있다.

② 20세 이하의 참가자는 주어진 연령에 도달 한 연도 말까지 각 클래스에 속한다. 그들은 21세 이하를 포함하여 더 상위 클래스에 출전 할 수 있다.

③ 21세 이상의 참가자는 주어진 연령에 도달한 연도의 시작부터 각 클래스에 속한다. 그들은 21세 이하의 젊은 클래스에 출전 할 수 있다.

④ 경기 클래스는 각각 여성과 남성을 W21과 M21이라 한다.

⑤ W21 및 M21 클래스는 연맹에 의해 엘리트 선수로 분류되거나 연맹의 순위 체계에서 자신의 순위에 따라 선발된 선수로 제한된다.

⑥ WOC, WCup는 여성과 남성을 위한 하나의 클래스가 있다(스프린트 릴레이 경기 제외). 연령 제한이 없다.

⑦ JWOC는 여성과 남성을 위한 하나의 클래스가 있다. W20 또는 M20 클래스에 참가할 자격이 있는 선수만 참가할 수 있다.

⑧ 각 클래스는 난이도와 거리에 따라 여러 하위 클래스로 나눌 수 있다. 하위 클래스 난이도와 거리에 따라 다음과 같이 이름 붙일 수 있다. 만약 가능하다면 M20-A, B, C와 N(초보자), 거리에 따라서는 S(짧은 거리), L(긴 거리)로 세분할 수 있다.

세분한 클래스

구분	대상자		구분의 대상
경험	N	순수 초보자	- 처음 경기를 하는 자
	C	초보자	- 지속적인 경기 경험이 1~2개월 있는 자
	B	약간의 경험자	- 약간의 경험으로 지도 읽기와 경기 방법을 조금 인식한 자
	A	경험 다수자	- 나침반조작 등을 완전히 익히고 지도에 대하여도 이해한 자 - 경기 경험이 다수 있는 자
거리	S	짧은 거리	- 동일 클래스를 짧은 거리로 구분하는 경우
	L	긴 거리	- 동일 클래스를 긴 거리로 구분하는 경우

가) IOF에서 준비, 지정하는 대회(WRE, JWOC, WOC, WMOC, RC)는 각 국가별 연맹이 승인한 선수가 참가자이며 세분한 클래스는 각 주관 국가에서 일반 경기로 적용하고 있다.

단, IOF에서는 WMOC의 경우 아래와 같이 규정하고 있다.

여자		남자	
W35- W40- W45- W50- W55- W60- W65-W85	5세 단위로 구성. 나이가 많은 오리엔티어를 위한 클래스가 제공된다.	M35- M40- M45- M50- M55- M60- M65-M85	5세 단위로 구성. 나이가 많은 오리엔티어를 위한 클래스가 제공된다.

나) 엘리트(E)클래스는 대회요강에 별도로 자격 요건을 명시한다. 국제경기에서는 선발선수(각 연맹에서 연맹 자체 기준으로 선정한 선수)로 참가 자격이 제한된다.

2) Trail-O

① 성별, 나이, 거리 구분이 없다.

② 경험의 구분이 있다.

C(초보자), B(약간의 경험자), A(경험자)로 구분하며 패럴림픽(장애자) 클래스가 있다.

제5장

오리엔티어링 구성 요소

제5장

오리엔티어링 구성 요소

1. 나침반

1) 역사

나침반은 지구상에서 방위를 측량하기 위하여 만든 기구로서 자침은 항상 남북을 가리킨다. B.C 600년경 유럽에서, B.C 1500년경에는 중국에서 자석이 쇠를 끌어당기는 것을 안 듯 하지만 나침반은 개발하지 못했다.

A.D 300년경 중국에서는 자석의 자북성(磁北性)을 발견하였고, 이 무렵에 항해에도 사용했던 것으로 보이나 지향력(指向力)이 약하여 남북의 방위각을 알 수 있는 것에 불과하였다. 중국에서 최초로 나침반을 사용한 시기는 B.C 4세기로 추정된다. 당시 저술된 [귀곡자]를 보면 길을 잃지 않기 위해 '사남'을 사용했다는 기록이 있는데, 많은 학자가 이것을 최초의 나침반으로 보고 있다. '사남'은 일종의 쟁반인 '반'과 자석으로 된 국자 모양의 '지남기'로 이루어져 있다. 반 위에 지남기를 올려놓고 돌리면 손잡이 부분이 남쪽을 가리킨다. 하지만 당시 나침반은 방향을 찾기 위해서라기보다 술사들이 풍수나 점을 치기 위해 사용했던 것으로 보인다.

이것은 후에 [지남침 指南針]이라고 불렀고 [지남차 指南車]로 개량되었다. 1269년에 페레그리누스가 축 침으로 자침을 지탱하여 그것을 눈금 판 위에 세우는 것을 고안하여 자침은 나침반이 되었다. 1929년에는 자침을 축 침 위에 설치하여 자유롭게 회전하면서 북쪽을 가리키도록 만든 비교적 형태를 갖춘 나침반이 고안되었고 그 뒤 항해술의 발달과 더불어 개량, 발전되어 왔다.

현재 많이 사용되고 있는 Silva Compass(Silva='숲의 여신'에서 유래된 스웨덴어로 숲, 산림을 뜻한다) Orienteering용 나침반의 원형은Orienteering의 창시자인 엔스트 킬란더(Ernst Killander)에 의해 1928년 디자인 된 것이다.

캡슐에 액체가 가득 채워진 이 초기의 분도기 형식의 나침반에서부터 점점 발전되어 정밀하고 사용하기 간편한 현재의 모양으로 발전하였다.

2) 원리

지구를 하나의 큰 자석으로 생각하여 막대자석을 달아매면 자기 자오선에 따라 남북의 방향을 가리키고 정지하는 원리를 이용하여 사식에 빙위핀을 달아 피벗(pivot)으로 받친 것이 자기나침반(磁氣羅針盤)이다.

여기에서 캐나다의 북쪽에 있는 엘즈미어섬 인근(자북극 磁北極-캐나다 북부)을 가리키는 N극은 실은 S극이고, S극은 N극이 되는데 지자기(地磁氣)의 같은 극은 배척하고 서로 다른 극을 끌어당기는 성질을 이용하여 사용상 편리하도록 남극은 S를, 북극은 N을 표시하였다. 북반구에서 사용하는 나침반은 자침경사(磁針傾斜)에 의해 자침이 기울어지는 것을 막기 위해 S극에는 철사가 감겨 있다. 자침의 중앙에는 축수(軸受)가 있고 축수에는 광축(光軸 Pivot), 즉 루비, 메노 등이 끼워져 있다.

요즘 사용되는 오리엔티어링용 나침반은 움직이며 사용하기 때문에 자침이 빨리 정지하는 것이 중요하므로 링 안에 특수오일을 넣어 만든다. N극은 적색이나 흑색으로 표시하며 S극은 대체로 백색으로 표시한다. 그리고 야간에 이용할 수 있도록 야광도료를 사용하였다.

〈오리엔티어링용 일반 나침반과 엄지 나침반〉

3) 나침반의 종류

(1) 자기나침반

자기(磁氣)나침반의 자침은 약 1,000년 전 중국에서 처음으로 제작되었으며, 1302년 이탈리아의 조야가 현재와 같은 모양의 나침반을 만들었다고 한다. 자기나침반에는 건식(乾式)과 액체식(液體式)이 있다. 현재는 액체식을 많이 사용한다.

(2) 전륜나침반

전륜(轉輪)나침반은 자이로의 원리를 응용한 것으로 자이로컴퍼스라고도 한다. 고속으로 회전하는 자이로스코프의 축에 추를 달면, 지구의 자전에 영향을 받아 자이로스코프의 축은 자동적으로 지구의 자전축, 즉 진북방향(眞北方向)을 지시하게 된다. 진북을 지지하는 힘이 강함으로 고위도 지역 항해에도 사용할 수 있으며 자기 나침반과 같은 편차도 없다. 1906년 독일인 H.안쉬츠가 창안하였다. 한국에 도입된 것은 1945년 광복 이후이며, 현재 대형 선박은 거의 전륜나침반을 사용하고 있다. 법규에 의하여 선박의 지리적 방향을 지시하는 표준 기구(원기나침의, 原基羅針儀)로서는 자기나침반을 장치하도록 규정되어 있다.

〈선박용 전륜 나침반〉

(3) GPS(Global Positioning System)

현대 사회 위치 정보 시스템 영역에서 많이 사용되고 있는 GPS는 범지구 위치 결정 시스템으로 현재 GLONASS와 함께 완전하게 운용되고 있는 범지구 위성 항법 시스템 중 하나이다. 미국 국방부에서 개발되었으며 공식 명칭은 NAVSTAR GPS(NAVSTAR는 약자가 아니지만 종종 Navigation System with Timing And Ranging 이라고 하기도 한다)이다. 무기 유도, 항법, 측량, 지도 제작, 측지, 시각 동기 등의 군용 및 민간용 목적으로 사용되고 있다.

GPS에서는 중궤도를 도는 24개(실제는 그 이상)의 인공위성에서 발신하는 마이크로파를 GPS 수신기에서 수신하여 수신기의 위치벡터를 결정한다.

GPS 위성은 미국 공군 제50우주비행단에서 관리하고 있으며 GPS는 전 세계에서 무료로 사용 가능하나 군사적으로 사용될 경우를 고려하여 오차 범위를 두고 있다.

GPS 수신기는 세 개 이상의 GPS 위성에서 송신된 신호를 수신하여 위성과 수신기의 위치를 결정한다. 위성에서 송신된 신호와 수신기에서 수신된 신호의 시간 차이를 측정하면 위성과 수신기 사이의 거리를 구할 수 있는데, 이때 송신된 신호에는 위성의 위치에 대한 정보가 들어 있다. 최소한 세 개의 위성과의 거리와 각 위성의 위치를 알게 되면 삼변측량에서와 같은 방법을 이용해 수신기의 위치를 계산할 수 있다. 그러나 시계가 완전히 정확하지 않기 때문에 오차를 보정하고자 보통 네 개 이상의 위성을 이용해 위치를 결정한다.

전통적인 오리엔티어링 경기에서는 GPS 사용을 금지하고 있으나, GPS를 활용한 모바일 오리엔티어링이 있다. 지도제작에서는 GPS를 적극 활용하고 있다.

3) 나침반의 기능과 용도

(1) 정확한 진행방향의 결정(360개 방향)
(2) 조작에 의하여 현재위치의 확인과 특징물의 판정(전, 후방 교차법)
(3) 지형과 지도의 방위를 일치시키는 지도정치
(4) 보조 기능을 첨가하여 도상거리 측정(계산으로 실제거리 환산)
(5) 지도에 자북선을 기입(사용을 편리하게)
(6) 목적지의 방위각 측정
(7) 목적지 또는 일정한 방위지점을 찾음
(8) 원래의 출발지점으로 회귀(Back Bearing 후퇴방위각 측정)

4) 사용상의 주의사항

(1) 목표물 측정 시 수평으로 유지할 것
(2) 철물(시계, 전등, 칼, 라디오, 무전기, 철로, 전기, 자기 등)에서 거리를 둘 것
(3) 직사광선에 장시간 노출되지 않도록 할 것
(4) 손가락에 걸고 돌리거나 충격을 가하지 말 것

2. 오리엔티어링 지도

1) 지도

오리엔티어링 지도는 오리엔티어링에 사용할 목적으로 '국제오리엔티어링 지도 제작 규정(ISOM)'과 '대한오리엔티어링 지도제작 규정(KSOM)'에 입각하여 지형도를 수정 보완한 편집도이다.

오리엔티어링 지도는 지표면의 상태, 통행가능도(일반 지형도에는 없음), 경작상황, 수로, 건물, 소도로 등의 도로망과 위치 확인에 사용할 수 있는 그 밖의 특징물이 상세하게 실린 지형도다.

자세한 부분까지 나타나고, 읽기 쉬운 지도는 루트 선택에 큰 도움을 준다. 반면에 지도가 정확하지 않으면 운에 따라 결과가 크게 좌우되고 경기가 공정해질 수 없다. 경기자는 지도에서 얻은 정보를 가지고 움직이게 되므로 될수록 많은 특징물이 실려 있어야하고 읽기 쉬워야 하는 것이 오리엔티어링 지도의 기본 조건이다.

오리엔티어링 지도는 일반노의 경신 대신 자북선이 그어져 있으며, 축척(Scale)은 주로 1:15,000이며 거리 또는 나이에 따라 1:10,000 혹은 1:5,000 또한 사용된다. 롱 경기의 지도 축척은 1:15,000이다. 미들 경기와 릴레이 경기의 지도 축척은 1:10,000이다. 스프린트(스프린트 릴레이 포함) 경기의 지도 축척은 1:4,000이다. 일반도와 달리 바위, 흙봉우리, 묘지, 건물 등이 표시되며, 색상을 5가지(흑색, 청색, 녹색, 갈색, 황색)로 제한하고, 그 색상을 강/약으로 사용하기도 한다. 코스는 추가로 인쇄하는데 자주색으로 한다.

2) 오리엔티어링 지도의 역사

최초의 오리엔티어링 경기는 1897년에 열렸다. 당시의 지도는 오리엔티어링용 지도가 아니라 지형도에 컨트롤의 위치를 표기하여 사용했다. 등고선 간격 20m에 축척 1:60,000의 지도를 사용했다.

(1) 최초의 오리엔티어링 지도

(1897년, scale 1:60,000, contour interval 20m, Norway)

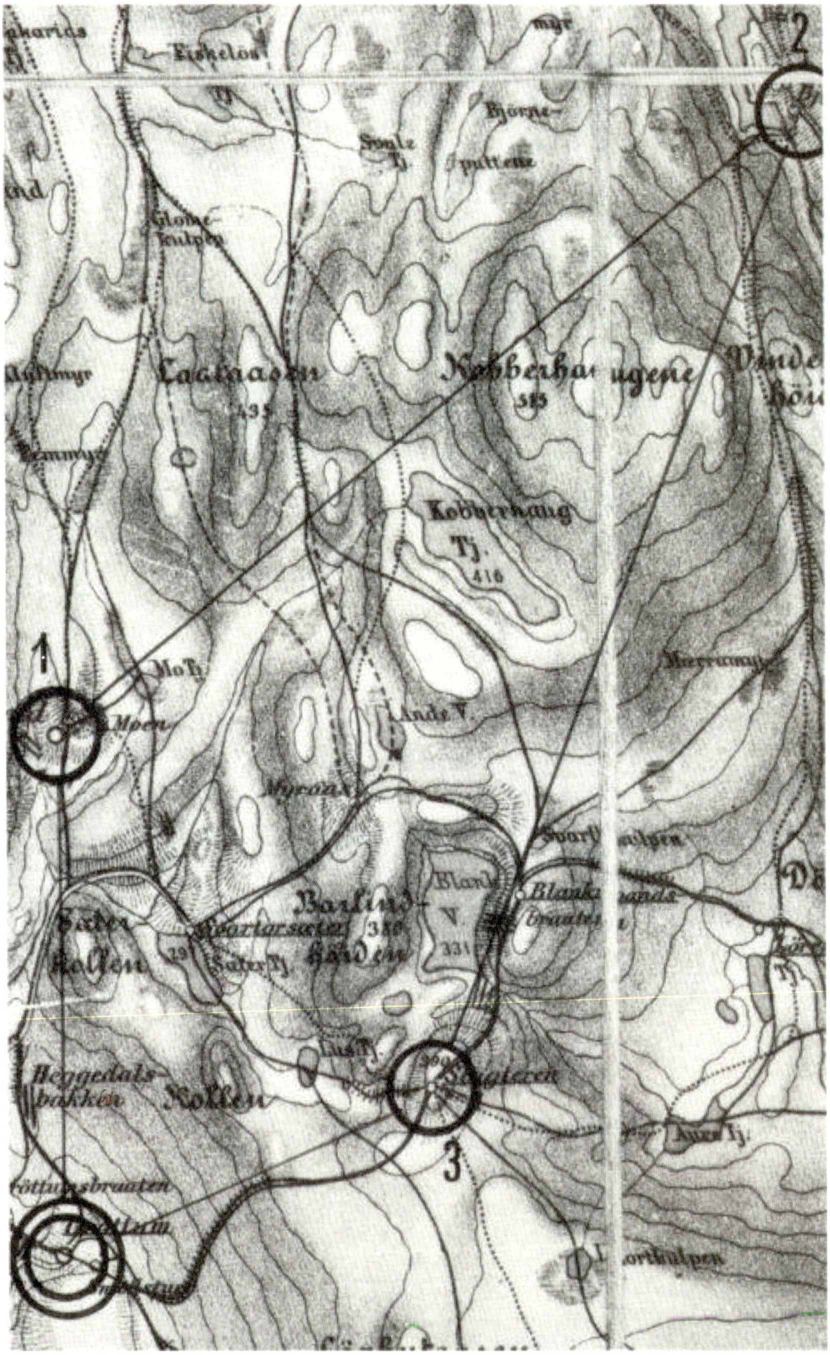

(2) 오리엔티어링을 위한 최초의 칼라 지도

(1950년 4월 30일, 등고선간격 5m, 축척 1:20,000, 저자: Knut Valstad)

기존의 지형도와는 차별화되어 칼라로 표현되고 약간의 식생, 습지, 바위 등의 표현방법이 눈의 띈다.

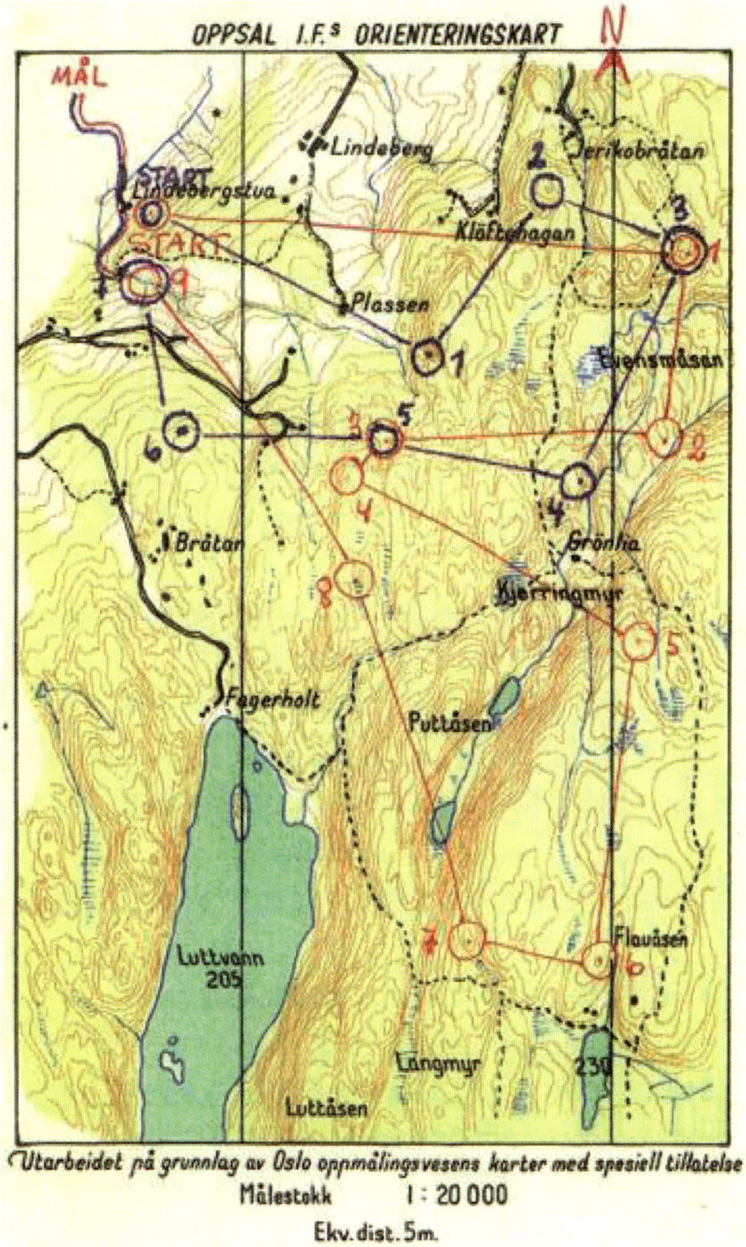

(3) European Championship(현 EOC, 1962년, 축척: 1:25,000, 노르웨이)

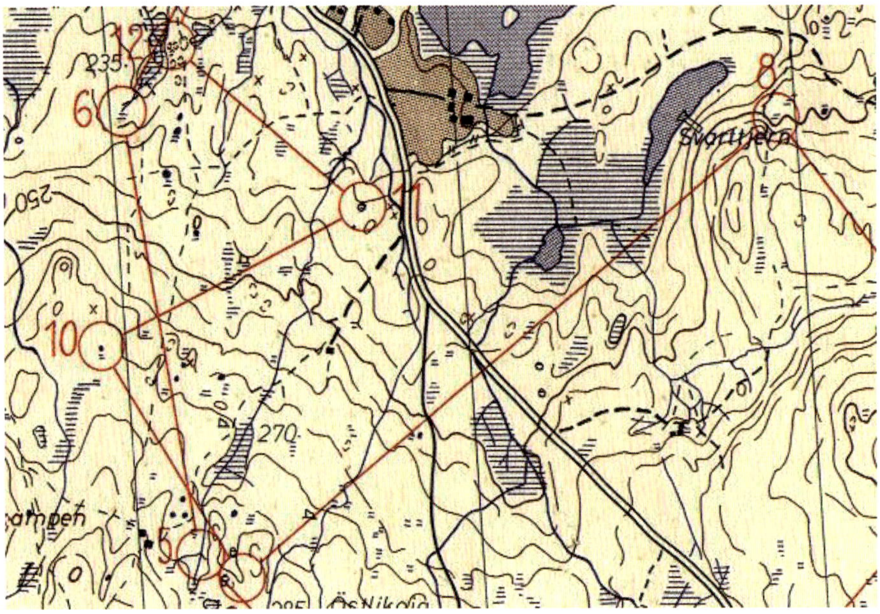

(4) European Championship(현 EOC, 1964년, 축척: 1:25,000, 스위스)

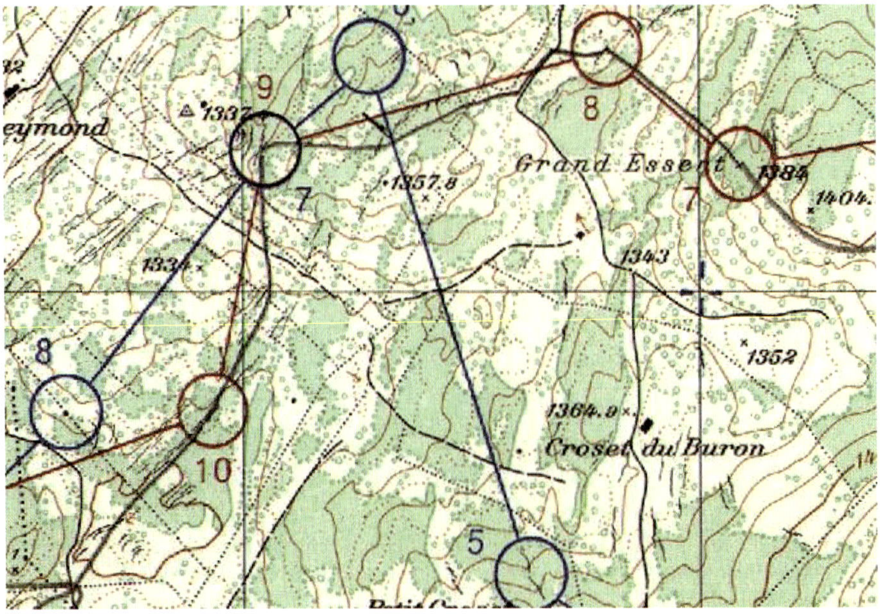

(5) World Championship(현 WOC, 1966년, 핀란드, 1:25,000)

바위의 표현이 현재의 태그만 있는 형태로 되어 있는 점이 특징이다.

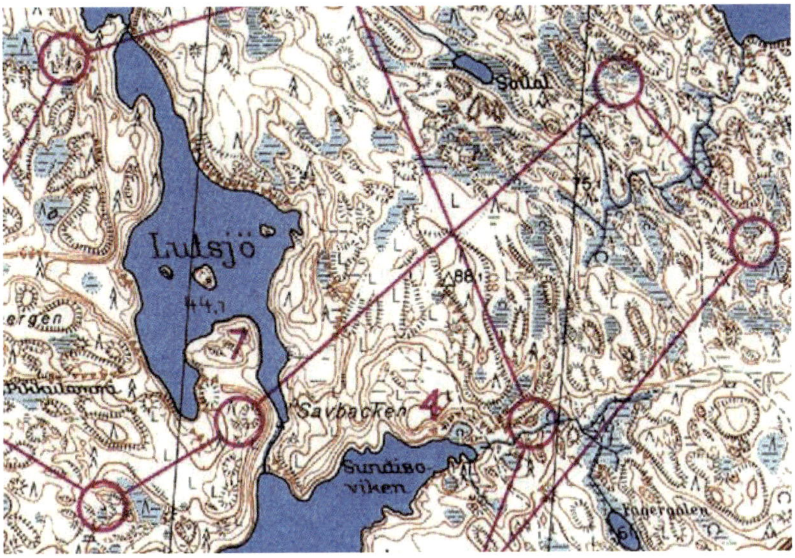

(6) World Championship(현 WOC, 1970년, 동독, 1:20,000)

실 표시, 식생의 경계 등이 현재의 표현과 유사함을 알 수 있다. 자세히 살펴보지 않으면 MTB 오리엔티어링 지도 같지만 Foot 오리엔티어링에 사용한 지도이다.

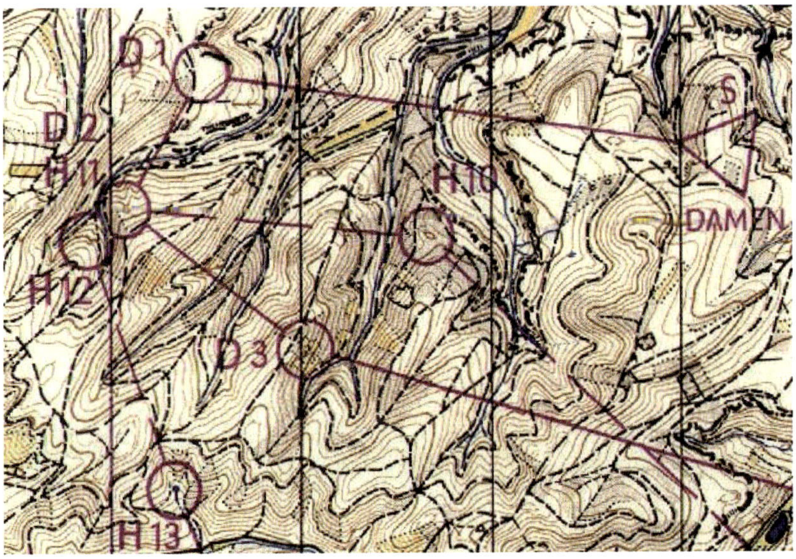

(7) World Championship(현 WOC, 1972년, 체코)

식생의 표현이 더 구체적이고 바위의 모양도 태그 없이 실제 모양대로 표현했다.

(8) World Championship (현 WOC, 1974년, 덴마크, 1:20,000)

현재의 모습과 가장 유사한 형태로 되어 있다.

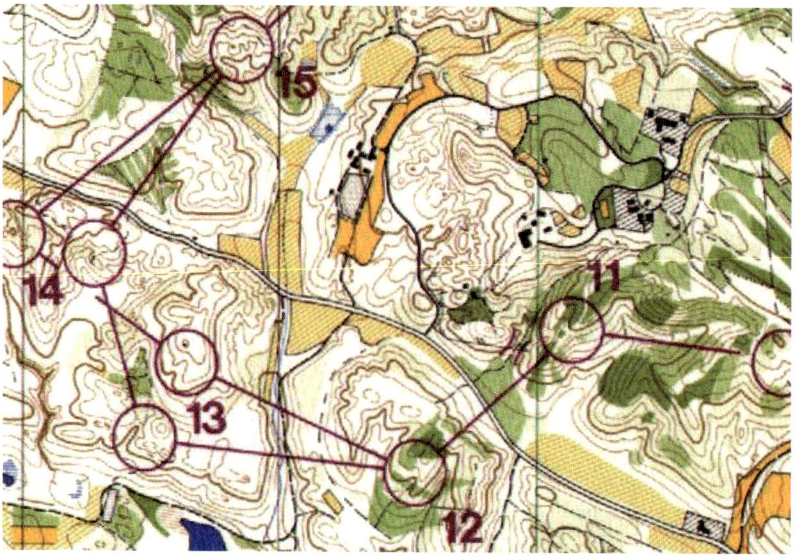

(9) 한국선수권대회(1988, 수원, 등고선간격 5m, 축척 1:15,000)

한국 최초의 지도는 아니지만 제3회 한국선수권대회에서 사용한 지도로서 일본 사람들이 제작하였다. 무덤의 식생이 흰색으로 된 점이 현재의 모습과 다르다.

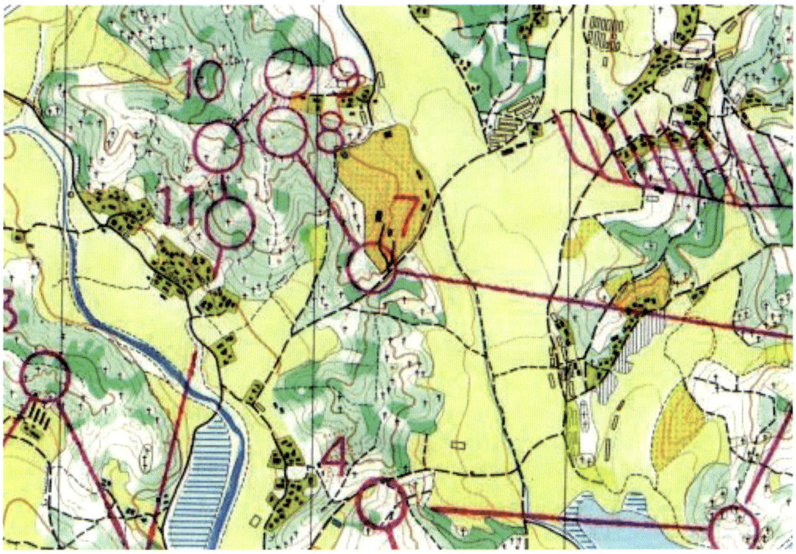

(10) WOC (2008,체코, 등고선간격 5m, 축척 1:10,000)

최근의 지도로서 릴레이 경기에 사용하였다. ISOM 2000이 반영되어 지도 제작의 표준으로 삼아야 할 지도이다.

(11) 2015년 제작된 동영학술림 오리엔티어링 지도

동영학술림 오리엔티어링 학습장 활용을 위하여 제작한 지도로 남, 여 초보, 남, 여 엘리트, 체력 훈련용 지도를 제작하여 지적재산권 등록을 마쳤다.

(12) 저작권 등록

오리엔티어링 지도 제작 후 저작권으로 등록하면 권리를 보호받을 수 있다.

제 C-2018-000988 호

저작권 등록증

1. 저작물의 제호(제목) 계명대학교 오리엔티어링 지도(올 컨트롤-ALL CONTROL-)

2. 저작물의 종류 도형저작물>(특수목적)지도

3. 저작자 성명(법인명) 계명대학교산학협력단
대구광역시 달서구 달구벌대로

4. 생년월일(법인등록번호) 176131-0000664

5. 창작연월일 2017년12월18일

6. 공표연월일 -

7. 등록연월일 2018년01월09일

8. 등록사항 저작자 : 계명대학교산학협력단,
창작 : 2017.12.18

「저작권법」 제53조에 따라 위와 같이 등록되었음을 증명합니다.

2018년 01월 10일

한국저작권위원회

〈계명대학교 오리엔티어링 지도 저작권〉

3) 지도 제작 기준

(1) 지도제작 일반 원칙

① 오리엔티어링 경기와 지도

지도가 더욱 정확할수록 코스 계획자는 공정하고 좋은 코스를 이용할 기회가 더욱 많을 것이다. 경기자들의 관점에서 정확하고 읽기 쉬운 지도는 루트선택에 믿을 만한 안내자가 되며, 선택한 루트를 따라 기술과 체력으로 나아갈 것이다.

지도가 오래되고 읽기도 어렵고, 지도가 부정확하다면 루트 선택의 기술은 의미가 없을 것이다. 오리엔티어링에서 지도 읽기는 첫 번째 요소이다. 정확한 지도는 효과적인 루트 선택에 필요하며, 경기자가 잘못된 지도 때문에 이득을 얻거나 불편을 겪으면 안 된다. 코스 설정자의 목적은 공략기술에서 결정 요소가 있는 코스를 계획해야 한다. 이것은 지도가 충분히 정확해야 하고, 완전하고, 믿을 만하고 또한 경기 상황에 분명하고, 명확하다면 충분히 이루어 낼 수 있다.

지도는 완전하고, 정확하고, 세밀하게 표현된 지형의 모습을 나타내야 한다. 국제경기를 위해서는 경기에 영향을 미칠 수 있는 모든 부분들을 업데이트해야 한다. 지도 제작자의 임무는 지형이 지도에 어떻게 나타나야 하는지 알아야 한다. 오리엔티어링에서 지도의 기본적인 이해는 매우 중요하다. 이것은 지속적이고 정확성을 요구하며 무엇보다도 명료성을 필요로 한다.

② 지도의 내용

지도는 하나의 묘사된 지형도이다. 지도는 경기자가 주행 시 지형의 분명한 모습을 담아야 한다.

지도 읽기와 루트 선택에 영향을 미칠 수 있는 모든 모양(지형의 모양, 바위, 지형의 표현), 식생계의 통행 가능도(Foot오리엔티어링의 주행가능성), 수로, 주거지와 개별 건물, 도로의 분포, 경기자가 이용 가능한 유용한 특징물 등을 보여 주어야 한다.

지형의 모양은 지도의 측면에서 가장 중요한 것들 중 하나다. 지형의 모양을 3차원 등고선으로 사용, 모양과 높이의 차이, 그리고 지나치게 강조되어서도 안 된다.

지형물의 인식 가능 정도, 숲의 트임과 지형의 주행 가능성은 현장 조사 단계에서 고려되어져야 할 것이다. 각기 다른 지형에서 경계의 차이는 경기자에게 중요한 기준을 제공한다.

참가자의 속도와 지형의 루트 선택은 여러 요소들에 의해 영향을 미친다. 이러한 요소들에 있어 정보는 길과 도로들의 구분, 습지, 물, 바위면, 통과 가능한 식생계, 지형의 모양, 트인 지역 상태 등을 지도에 나타내야 한다. 분명히 볼 수 있는 식생계는 지도 읽기에 매우 유용하게 나타날 것이다.

지도는 지도 읽기에서 보이는 여러 관점과 지형을 명백하게 특징물로 보여 주어야 한다. 지도의 분명함과 명료함을 보존을 위해 측량되게 제작되어지는 것을 연구해야 하며, 최소 구역은 일반 상용화 정도를 선택할 때 표준 시점이 기억되도록 디자인되어야 한다.

지도에는 자북선(Magnetic North Line)이 표시되어야 하고 몇 장소의 이름이 추가될 수 있고 주변의 특징물은 지도를 정치할 수 있게 경기자에게 도움을 준다. 특징물은 중요한 지형지물을 피해서 놓아져야 하고 글씨체는 단순해야 한다. 지도의 면들은 자북선과 평행이 되어야 하고 화살표는 자북을 표시하는데 사용된다.

③ 정확성

지도의 정확성은 측정의 정확성(위치, 높이와 모양)과 작도의 정확성에 달려 있다. 오리엔티어링 지도의 정확도는 나침반과 보측에 의해 얻어진 것과 일치해야 한다. 경기자가 나침반과 보측을 사용해서 지형과 지도사이에 불일치를 느끼지 못하게 해야 한다. 일반적으로 주변 특징물의 거리 편차는 5% 미만이면 만족할 만하다.

절대 높이의 정확도는 오리엔티어링 지도에서는 요구되지 않는다. 반면에 지도가 주변 특징물 사이에 상대적인 높이는 가능한 정확하게 나타나게 하는 것이 중요하다.

정확한 모양을 표현하는 것은 오리엔티어링을 위해 매우 중요하다. 올바르고, 세부적이고, 때때로 지형의 과장된 그림은 지도 읽기에 필요한 전제 조건이다. 그럼에도 작은 기호들을 많이 포함시키기 위해서는 그 전체의 모양을 표현하지는 말아야 한다.

작도의 정확도는 어느 지도 사용자에게도 중요하다. 지도 작업의 마지막 신뢰성과 가까이 연관돼 있기 때문이다. 절대적인 정확도는 만약 오리엔티어링 지도가 위치시스템(GPS) 또는 다른 지도로부터 지리학적인 데이터와 하께 사용된다면 매우 중요하다. 이런 경우 잘 알려진 지리학적 기준 시스템을 지도로 옮기는 것 또한 중요하다.

④ 일관성과 명료성

좋은 지형은 많은 수의 다양한 특징물들이 있다. 경기자에게 가장 필수적인 것이 지도에 나타나고 선택되어야 한다. 이러한 것을 이루기 위해서는 지도는 읽기 쉽고 해독이 가능해야 하고 법칙화된 작도법이 뒤따라야 한다.

3. 컨트롤(Control)

컨트롤은 경기자가 통과해야 하는 지도상의 지점을 말하며, 현장에는 컨트롤을 표시하기 위하여 컨트롤 플랙이 놓여 있다. 컨트롤 플랙은 지도에 나타난 점형 기호 또는 길이나 개천 같은 선형기호 상에 표시되는 지형위의 특징물 혹은 특징부에 놓인다. 컨트롤의 주요 기능은 오리엔티어링 구간(레그)의 시작과 끝을 표시하는 것이다. 위험 지역이나 출입금지 구역 주변으로부터 선수들을 올바른 통로로 내보내기 위해 특정 목적을 가진 컨트롤을 설치하기도 한다. 컨트롤은 또한 휴식 포인트, 언론취재 존 및 관중 포인트로 제공할 수 있다.

1) 컨트롤의 표시

(1) 컨트롤은 지도에 표시되며 현장에는 컨트롤 플랙을 설치한다.

(2) 컨트롤 플랙은 3각기둥 모양이며 각 면의 크기는 원칙적으로 30cm×30cm이다. 각 면은 대각선으로 나뉘며 위쪽은 흰색, 아래쪽은 오렌지색으로 구분된다.

(3) 매 컨트롤 플랙에는 컨트롤 기호가 명시되어 있으며 확인하는 장비(핀, 펀치, 전자시스템)가 부착되어야 한다.

(4) 일부에서 컨트롤 마커라고 부르는 것은 SILVA사의 컨트롤 플랙 이름이다. 국제오리엔티어링연맹(IOF)의 정확한 명칭은 컨트롤 플랙이다.

〈컨트롤 플랙, 펀치대, 펀치기구〉

2) 컨트롤 기호의 표시

펀치대 혹은 컨트롤 플랙에는 그 컨트롤을 식별하기 위한 컨트롤 기호 (컨트롤의 코드번호)가 붙는다.

컨트롤 기호는 '31'이상의 숫자나 'AB'같은 문자가 사용된다. 숫자를 쓸 때는 거꾸로 읽어 다른 숫자로 오인할 수 있는 숫자나 혼동을 주는 숫자는 사용하지 않는다(예를 들면 69, 96, 68, 89).

숫자의 크기는 높이 1.5~10cm여야 하고, 선의 두께는 적어도 2.5mm이어야 한다.

3) 컨트롤의 설치 기준

컨트롤 플랙은 선수가 설명된 컨트롤 특징물에 도달했을 때만 이를 볼 수 있도록 배치해야 한다. 공정성을 위해, 컨트롤 지점에 선수가 있는지 여부와 상관없이 컨트롤의 가시성은 동일해야 한다. 컨트롤 플랙을 숨겨서는 안 된다. 선수가 컨트롤에 도달하면 컨트롤 플랙을 찾을 필요가 없어야 한다.

펀칭하는 사람의 존재가 주변 선수들이 컨트롤을 찾는 데 크게 도움이 되지 않도록 컨트롤을 배치해야 한다.

경기자에게 제공된 자료(지도, 설명표)와 일치하는 지점에 있어야 한다.

컨트롤(출발 컨트롤 플랙 포함)은 서로 30m 이내에 위치해서는 안 된다. 스프린트의 경우 이 값이 줄어들 수 있다. 지도 축척 1:4000 또는 1:3000의 경우 컨트롤 간의 최소 주행거리는 25m이고 최소 직선거리는 15m이다.

4) 컨트롤의 위치

컨트롤은 지도에 지름 6.0mm의 원으로 표시하며, 컨트롤로 사용하는 특징물은 원의 중심에 놓여야 한다.

대소 도로, 오솔길 혹은 건널 수 있는 하천의 가장 자리에 컨트롤이 있어도 지도에 표시할 때는 특징물의 중심에 원이 놓이도록 한다.

4. 펀치대와 펀치기(인자기구)

컨트롤 플랙은 원칙적으로 펀치대에 매어단다. 펀치대가 준비되지 않았을 때는 컨트롤 주변의 나무나 유사한 말뚝 같은 것을 사용하기도 한다.

펀치대에는 컨트롤 카드에 확인하는 펀치나 그 밖의 인자기구가 부착되어 있다. 주변 나무에 매달 때는 컨트롤 플랙에 직접 매단다.

1) 전자 펀칭 시스템

(1) 전자 펀칭 시스템

전자 펀칭은 전통적인 핀 펀치 대신 전자적인 장비를 이용하여 기록 시간을 신속하고 공정하게 관리하고 명확하고 완벽한 판정을 하기 위하여 도입된 시스템이다. IOF 승인 전자 펀칭시스템만 사용할 수 있으며, 완전히 승인된 유일한 컨트롤 펀칭시스템(2024년 1월)은 6가지가 있다.

- Emit 전자 펀칭 및 기록 측정 시스템
- SPORTident 시스템
- Emit touch-free 펀칭 시스템 (버전 2013 이상)
  SPORTident Air + 시스템 (범위 ~ 30cm)
- SFR 시스템 클래식 (contact) 버전
- Learnjoy 시스템

〈Emit전자식 컨트롤 카드〉

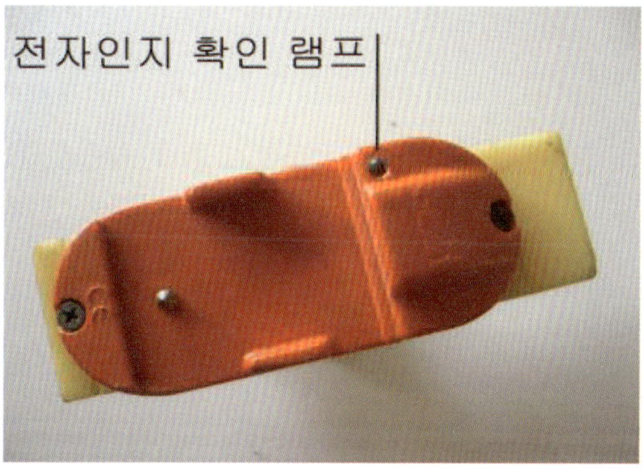

〈Emit 전자식 펀치기〉

현재 승인된 버전의 세부 정보는 임시 승인된 시스템과 함께 IOF 웹페이지에 표시된다. 다른 컨트롤 펀칭시스템을 사용하려면 IOF 규정위원회의 사전 승인이 필요하다.

Emit 시스템과 관련하여 백업 표시를 위해 선수의 전자 컨트롤 카드에 부착된 레이블은 경기 중에 발생할 수 있는 조건(수중 침수 포함)을 견뎌야 한다. 전자 펀치가 없는 경우 사용할 수 있도록 백업 카드를 표시하는 것은 선수의 책임이다.

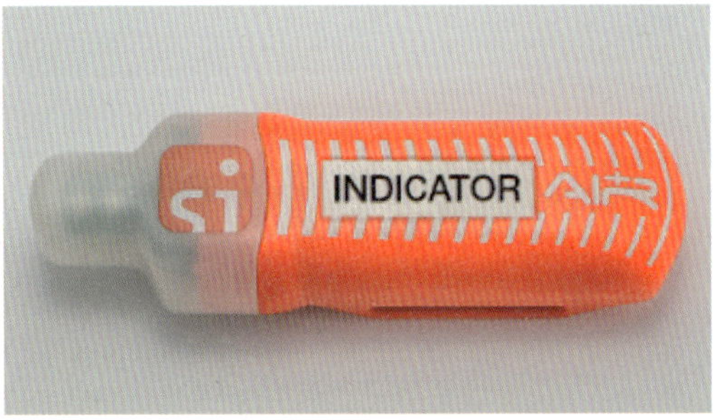

〈Si 전자식 컨트롤 카드〉

〈Si 전자식 펀치기〉

전통적인 SPORTident 시스템과 관련하여 각 컨트롤에 백업 바늘(핀) 펀치가 있어야 한다. 피드백 신호가 수신될 때까지 e-카드를 제거하지 않음으로써 전자 펀치가 e-카드에 있는지 확인하는 것은 선수의 책임이다. 피드백 신호가 수신되지 않는 경우 선수는 백업 펀치를 사용해야 한다.

컨트롤 카드는 모든 컨트롤을 방문했음을 명확하게 표시해야 한다. 컨트롤 펀치가 없거나 식별할 수 없는 선수는 펀치가 없거나 식별할 수 없는 것이 선수의 잘못이 아니라는 것을 확실하게 확인할 수 없는 한 실격 처리된다. 이 예외적인 상황에서, 컨트롤 관리자 또는 카메라로부터의 증거 또는 컨트롤 유닛으로부터의 판독과 같은 다른 증거가 선수가 컨트롤을 방문했다는 것을 증명하기 위해 사용될 수 있다. 다른 모든 상황에서 그러한 증거는 허용될 수 없으며 선수는 실격 처리되어야 한다. 전통적인(비접촉식이 아닌) SPORTident, SFR 및 Learnjoy의 경우 이 규정은 다음을 의미한다.

- 하나의 장치가 작동하지 않으면 선수는 제공된 백업을 사용해야 하며 펀치가 기록되지 않으면 실격 처리된다.
- 선수가 너무 빨리 펀칭하여 피드백 신호를 수신하지 못하면 카드에 펀치가 포함되지 않

으며 컨트롤 장치가 선수의 카드 번호를 오류 펀치로 기록한 경우에도 실격처리 한다.

- 관리자는 모든 컨트롤에서 백업을 읽을 수 있다. 선수는 주최자가 20 EUR (또는 현지 통화로 이에 상응하는 금액)의 지불에 따라 컨트롤에서 백업을 읽도록 요구할 수 있다. 컨트롤에 오류가 없는 펀치가 포함 된 것으로 확인 된 경우 선수는 컨트롤을 정확하게 펀칭한 것으로 기록되고 수수료는 반환된다. 그렇지 않으면 주최자가 수수료를 반환하지 않는다.

(2) 전자 펀칭 시스템 운영

현장(컨트롤 위치)에는 컨트롤 플랙, 전자 Unit(컨트롤 기호)가 설치되어 있고, 경기자는 전자카드(Emit Card, Si Card)를 소지하고 매 컨트롤에서 Unit 와 전자카드를 세팅하는 펀칭 작업(전자펀칭)을 하게 되는 것이다.

① Emit 전자 펀칭 시스템 사용 방법

- 절대적으로 지도에 표기된 순번대로 경기(펀칭 행위)를 해야 한다.
- 경기용 지도의 순번을 우선하며 그에 따른 펀칭이 명확하여야 한다.
- 전자 기록을 우선하며 그 판정이 어려울 때는 후면 라벨지를 확인하여 판정한다.
- 전자 펀칭 인시 확인을 현장에 컨트롤 플랙과 같이 설치된 Unit에 점등이 되면 감지된 것이다.
- 도착 지점 표시 지점에 'Finish unit'를 반드시 찍어야 한다(기록이 마지막으로 저장되는 지점임).

② SPORTident 전자 펀치기 사용법

〈Si 컨트롤 카드 펀치기〉

〈Si 카드 펀칭〉

Si 컨트롤카드는 Emit System보다 크기가 작아 휴대하기가 편리하나 뒷면 라벨지가 없어 전자펀치기 오작동이나 경기자의 실수로 펀칭이 되지 않았을 때 보완 방법이 없어 논란을 일으키나 최근 우리나라에서는 대부분 공인경기에서 Si 컨트롤카드를 사용하고 있다.

- 초기화: 출발레인 진입 전 Si 컨트롤카드를 Clear 전자펀치기에 갖다 대어 이전 기록을 삭제한다.

〈초기화 전자 펀치기〉

- 정상 작동 점검: 출발레인 진입 전 컨트롤카드의 정상 작동 여부를 확인하기 위하여 전자 펀치기에 컨트롤카드를 꽂으면 불이 들어오고 신호음이 들리면 정상 작동 상태이다.

〈정상 작동 점검 전자 펀치기〉

- 출발: 출발 레인에 들어서면 전자펀치기에 컨트롤 카드를 꽂고 있다가 신호음과 동시에 컨트롤 카드를 빼고 출발한다. 컨트롤 고유번호가 없다.

〈출발용 전자 펀치기〉

• 컨트롤(통과 지점): 출발하여 고유번호가 부착된 컨트롤에 설치된 전자펀치기에 컨트롤 카드를 꽂고 신호음과 불빛을 확인하고 다음 컨트롤로 출발한다. 이때 시간이 기록된다.

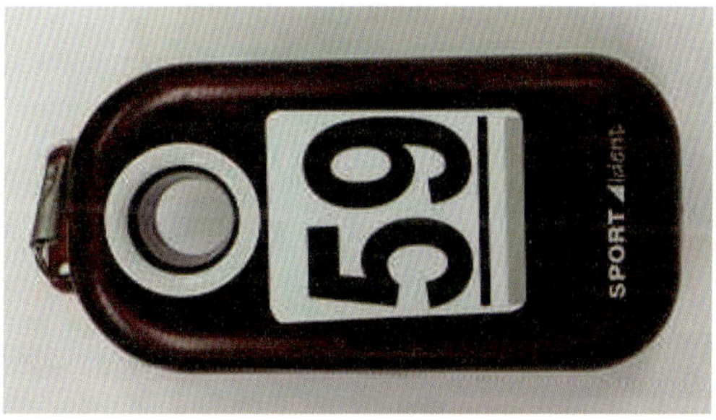

〈컨트롤용 전자 펀치기〉

• 도착: 정해진 컨트롤을 모두 돌아서 정해진 지점에 도착하여 고유번호가 없이 Finish 라고 쓰인 전자펀치기에 컨트롤 카드를 꽂으면 경기가 끝이 나고 경기 종료시간이 기록된다. 더 이상 뛸 필요가 없다.

〈도착 전자 펀치기〉

• 반납 및 기록 확인: 본부에 도착하여 기록을 확인하고 Si카드를 대여하였을 경우 반납한다.

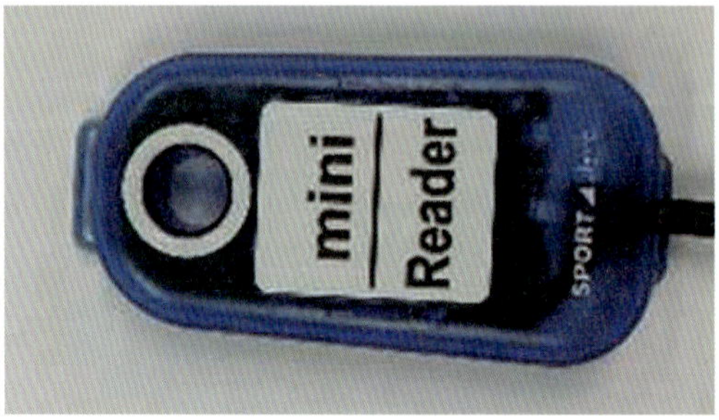

〈반납 및 기록 확인〉

• 주의사항

- 각 컨트롤 위치에 설치된 인식장치(스테이션)의 홈에 카드를 삽입하면 램프가 켜지거나 "삐~" 소리가 나면 정상적으로 인식된 것이다.
- 램프가 켜지지 않고 소리도 나지 않는 경우는 오류가 있는 것으로 함께 설치되어 있는 핀 펀치를 이용하여 지도에 있는 R1~R3란에 펀칭하면 된다. 경기 종료 후 심판관(운영진)에게 카드와 지도를 함께 제출하면 경기기록을 판정해 준다.
- 지도에 제시된 순서대로 펀칭하지 않으면 실격으로 처리된다.

③ SPORTident AIR 전자 펀치기 사용법

Si 컨트롤 카드시스템과 이용방법은 동일하나 직접 펀칭하지 않아도 근처에 가면 자동으로 삑 소리가 나며 읽힌다.

2) 전통 핀 펀치

전통 방식의 핀 펀치는 컨트롤 카드를 사용한다.

1	2	3	4	5	6	7	8	9	10
11	12	13	14	15	16	17	18	19	20

클래스 CLASS	도착시간(FINISH TIME) : :	판 정	
이름 NAME	출발시간(START TIME) : :		
소속 CLUB	소요시간(LAP TIME) : :		

〈전통 핀 펀치용 컨트롤 카드〉

5. 컨트롤 위치 설명표(Description Symbol)

컨트롤로 이용하는 특징물의 모양과 위치 정보를 기호(Description Symbol)로 사용하여 제공되는데 IOF에서 공시하여 세계가 동일하게 사용하고 있다. 국제 경기에 참가하는 선수들은 어떤 언어를 사용하거나 통역 없이도 이용할 수 있도록 기호와 숫자로 알려 준다. 컨트롤 위치 설명표는 지도 앞면에 인쇄하거나 고정하여야 한다. 시차 출발 경기의 경우, 각 코스에서 각 선수에 대한 별도의 컨트롤 설명표는 출발 전 또는 출발 레인에서 지급되어야 하지만, 그 지점 전에는 제공하지 않는다.

6. 개인 장비

오리엔티어링을 위하여 나침반을 제외한 특별한 장비나 복장은 필요 없으나, 오리엔티어링 전용 경기복은 나무 등으로부터 긁힘을 방지하고 체온 분산을 위한 구조로 되어 있어 경기력 향상과 안전에 도움이 된다.

1) 오리엔티어링 경기복

경기복은 통기성과 발수성이 뛰어난 나일론 계통의 소재를 주로 사용한다.

2) 오리엔티어링 신발

일반 달리기용 신발을 사용하여도 되나, 오리엔티어링 전용화는 바닥에 징(Spikes)이 박혀 있어 미끄럼을 방지해준다. 일부 경기장 사정에 따라 신발 착용을 제한하기도 한다.

3) 오리엔티어링 정강이 보호대

4) 오리엔티어링용 나침반

5) 호루라기(비상시 위치를 알리기 위해 사용)

6) 기타: 시계, 점착테이프 또는 반창고, 필기구, 구급약, 칼 등

- 지도, 컨트롤카드, 배번은 주최 측에서 지급한다.

7. 경기장(TerraIn)

경기장은 경쟁력 있는 오리엔티어링 코스를 설정하는 데 적합해야 하며, 경기장 및 대회장을 선택하고 코스를 설계할 때는 흥미진지하게 계획하여야 하며 TV 중계 등 미디어를 위한 배려를 하여야 한다. 경기장으로 결정되는 즉시 선수들의 출입이 금지된다. 오리엔티어링 특유의 성격에 맞게 경기자의 방향 탐지 능력과 주력을 시험할 수 있고 교통수단이 용이한 곳이 좋다. 접근성이 양호하며, 좋은 경기장은 지속적인 오리엔티어링 참여에 도움이 된다.

1) 적합한 경기장

(1) 나무가 우거져 숲을 이루고 앞이 잘 내다보이지 않는다.

(2) 분명히 눈에 띄며 오밀 조밀하다.

(3) 작은 특징물이 많으며 길이 많지 않고 표고차가 크지 않다.

(4) 경작지가 적으며 자연 그대로의 모습이다.

(5) 덤불이 많지 않으며 달리기 좋다.

(6) 지형의 변화가 많으며 경기자가 처음 대하는 지역이다.

〈2017년 에스토니아 세계오리엔티어링선수권대회〉

2) 부적합한 경기장

(1) 지형이 단조로워 사방이 트여서 멀리 보인다.

(2) 특징물이 적고 길이 많으며 선상 특징물이나 큰 특징물이 많다.

(3) 경작지가 많으며 표고차가 심하다.

(4) 마을이나 큰 호수 등이 많고 위험한 곳이 많다.

(5) 덤불이 많거나 잘 알려진 지역 또는 자연보호(통제)구역이다.

8. 오리엔티어링 코스

코스 설정의 목표는 선수에게 기대되는 능력에 맞게 올바르게 설계된 코스를 제공하는 것으로 선수의 기술적, 신체적 능력을 반영해야 한다. 코스 설정 시 시간을 다투어 미지의 지형을 통과하는 최상의 길을 찾기 위하여, 정확한 지도 읽기, 루트 선택 평가, 나침반 사용, 스트레스 상황에서의 집중력, 빠른 의사결정, 자연 지형에서의 달리기 등의 특성을 반영하여야 하며, 공정한 경기와 선수의 즐거움, 야생생물과 환경보호, 미디어와 관중의 요구가 반영 되어야 한다.

1) 공정성

공정성은 경쟁적인 스포츠의 기본으로 코스 계획 및 코스 설정의 각 단계에서 최대한 주의를 기울이지 않으면 오리엔티어링 대회에서 운이 결과를 결정지을 수 있다. 코스 설정자는 경기가 공정하고 모든 참가자가 코스의 모든 부분에서 동일한 조건에 직면 할 수 있도록 이러한 모든 요소를 고려해야 한다. 경쟁 조건 하에서 선수가 지도에서 예측할 수 없는 장점이나 단점을 제공하는 루트 선택은 구간 설정에 포함되어서는 안 된다. 선수가 금지 구역이나 위험한 구역을 통과하도록 하는 중간구간은 피해야 한다.

2) 선수의 즐거움

오리엔티어링의 인지도는 선수가 주어진 코스에 만족하는 경우에만 향상될 수 있다. 그러므로 코스의 길이, 신체적 및 기술적 난이도, 컨트롤 위치 등의 측면에서 적절한 코스를 보장하기 위해서는 신중한 코스 계획이 필요하다. 이와 관련하여 각 코스가 해당 코스를 수행하는 선수에게 적합한 것이 특히 중요하다.

3) 야생 생물과 환경보호

환경은 민감하여 야생 생물이 교란 될 수 있으며 식생뿐만 아니라 지면도 과다사용으로 시달릴 수 있다. 환경에는 경기 지역, 벽, 울타리, 경작지, 건물 및 기타 건축물 등에 사는 사람들도 포함된다. 일반적으로 손상 없이 가장 민감한 지역과의 간섭을 피하는 방법을 찾는 것이 중요하다. 야생생물과 환경 보호를 위하여 올바른 예방 조치를 취하고 코스를 잘 계획하면 큰 대회도 민감한 지역에서 영구적인 손상 없이 개최할 수 있다. 코스 설정자가 선택한 경기장에 접근할 수 있고 경기장의 민감한 영역이 미리 발견 되도록 하는 것이 매우 중요하다.

4) 미디어와 관중

오리엔티어링 스포츠에 대한 좋은 공공 이미지를 제공할 필요성은 코스 설정자에게 불변의 관심사가 되어야한다. 코스 설정자는 관중과 언론에게 스포츠의 공정성을 손상시키지 않으면서 경기의 진행상황을 가능한 한 가깝게 다가갈 수 있는 기회를 제공하기 위해 노력해야 한다.

〈2017년 에스토니아 WOC〉

5) 코스 설정 시 주의사항

(1) 경기장

경기장은 모든 선수들에게 공정한 경기를 제공할 수 있어야 하며, 오리엔티어링 특성에 맞게 경기장은 달릴 수 있어야 하며 선수의 오리엔티어링 기술을 테스트하기에 적합해야 한다.

(2) 오리엔티어링 코스

① 출발지점

여러 사람이 집결할 수 있는 장소(워밍업, 대기)를 선택 하여 실제 출발하는 지점과 출발 컨트롤을 구분하여 배치한다. 오리엔티어링이 시작되는 지점인 출발 컨트롤은 현장에 컨트롤 기호와 펀치기가 없는 컨트롤 플랙을 설치하고 지도에는 삼각형으로 표시한다. 출발 컨트롤에서 1번 컨트롤을 향해 가는 경기자가 보이지 않도록 배치하고 실제 출발 지점과 출발 컨트롤 사이의 구간은 유도 표시를 해야 한다. 1번 컨트롤은 난이도가 높지 않게 하고, 내리막일 경우에는 난이도를 높이는 것이 바람직하다.

② **컨트롤 지점**

- 특징물이 있는 장소에 설치(벽의 중간 부분, 모서리 또는 벽과 길의 연결부분이 더 좋은 장소, 운동장 가운데는 컨트롤 플래의 위치에 특징물이 없어서 적당하지 않음)
- 울타리의 끝 부분이 적합한 컨트롤 위치
- 밋밋한 등고선이 같은 간격으로 형성된 지역은 좋지 않음
- 능선이나 계곡, 길, 울타리 등이 꺾이는 곳도 특징물로 활용할 수 있음
- 통행곤란 삼림지역, 너무 많은 특징물이 있는 지역은 제외
- 주행 중에 인식할 수 없는 작은 특징물은 제외
- 큰 특징물 이후보다는 이전이 좋은 위치
- 경기의 흥행과 중계를 위한 관전자 컨트롤(Spectator control)을 운영

③ **도착지점**

도착지점은 주위가 트이고 넓은 장소를 선정하고, 마지막 컨트롤에서 도착지점까지의 진입로는 테이프, 로프 또는 울타리로 제한해야 한다. 마지막 20m는 직선이어야 한다.

④ 중간구간(Legs)

지나치게 복잡한 루트를 피하여 선수가 자신의 능력 수준에 적합하게 코스를 주행할 수 있도록 설정해야 한다. 코스의 총 등행 거리는 일반적으로 가장 짧은 루트 길이의 4%를 초과하지 않아야 한다.

마스터 클래스에서 선수의 연령이 증가함에 따라 코스의 체력적 어려움이 점차 감소해야 한다. M70급과 W65급 이상의 코스는 너무 체력적 요소가 요구되지 않도록 특별한 주의를 기울여야 한다.

(3) 좋은 구간(Leg)

좋은 구간 설정은 선수들에게 흥미로운 지도 읽기를 제공하여 선수들의 대회 참가 만족도를 높인다. 출발은 대회장에서 시작해야 하며 코스는 경기 도중 주자가 대회장을 통과하도록 하는 것이 좋다. 동일한 코스 내에서 다양한 유형의 구간이 제공되어야 하며, 그 중 일부는 집중적인 지도 읽기를 기반으로 하고, 다른 구간은 보다 쉬운 루트로 한다. 선수가 다양한 오리엔티어링 기술과 주행 속도를 사용하게 하는 구간 길이와 난이도에 대해 변화가 있어야 한다. 코스 설정자는 연속된 구간의 일반적인 방향을 바꾸어 선수가 자주 방향을 바꾸도록 노력해야 한다. 품질이 낮은 많은 수의 구간 보다는 품질을 향상시키도록 설계된 짧은 구간으로 연결된 몇 개의 매우 좋은 구간을 갖는 코스가 바람직하다.

〈2017년 에스토니아 WOC〉

제6장

나침반 사용법

01 오리엔티어링 니침반 구조

02 나침반 구조별 역할

03 오리엔티어링용 나침반의 장점

04 방위각 측정

05 오리엔티어링 신 나침반 조작법(나침반 1.2.3, 나침반 A.B.C)

06 자북선 긋기

07 전방 교차법(목표지점 찾기)

08 후방 교차법(나의 위치 찾기)

09 후퇴 방위각

10 지도정치(地圖正置)

11 거리의 측정

12 높이의 측정

제6장

나침반 사용법

1. 오리엔티어링 나침반 구조

1) 자침(Magnetic Needle), 회전하는 틀(Ring housing), 투명한 밑판(Plate)의 3개의 기본 부분으로 구성되어 있다.

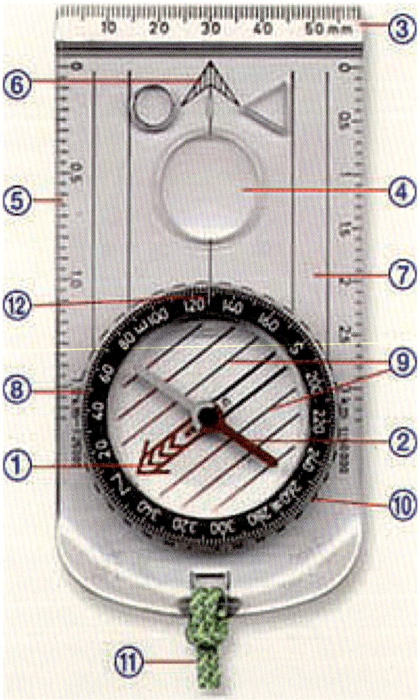

북방지시 화살표…… ①

자침(적침)…… ②

앞면…… ③ 확대경…… ④

옆면…… ⑤ 진행 화살표…… ⑥

기판…… ⑦ 방위각 링…… ⑧

북방지시 보조선…… ⑨

각도표시 다이얼…… ⑩

고정줄…… ⑪ 방위각 측정선…… ⑫

2. 나침반 구조별 역할

1) 북방지시화살표: 이 화살표는 지도에서 내가 가야 할 곳이나 방위각 측정시 지도의 자북선이나 자침 적색부분을 이 화살표 상단 부분을 일치시키는 역할만 하며 나의 갈 방향과는 무관하다. 이 화살표는 방위각을 측정하고자 할 때 세계적으로 쓰이는 360도 기준을 설정하기 위하여 자북선과 동일 또는 나란히 하여 0(360)도를 일치시키는 것이다.

2) 자침: 붉은색과 흰색의 막대로 남과 북을 가리키며, 캐나다의 북쪽을 가리키고 있다. 그 지점은 서서히 이동하고 있으며, 2005년까지는 허드슨만을 가리키는 것으로 알려져 있다.

3) 앞면: 거리를 측정할 수 있는 자가 있다.

4) 확대경: 아주 작은 특징물이나 시력이 좋지 않은 경기자가 필요 시 이용할 수 있는 확대경이다.

5) 옆면: 나침반 조작 시 지도상에서 현 지점과 목적지점을 나침반으로 확인할 때 기준이 되는 부분이다.

6) 진행화살표: 방향이나 방위각을 측정하기 위한 모든 나침반 조작을 완료하면 나의 진행 방향을 알려주는 역할을 한다.

7) 기판: 나침반의 기본이 되는 판을 말한다.

8) 방위각 링: 일반적으로 한 눈금 당 2도씩 360도로 표기 되어 있으며 이 눈금이 방위각 측정선에 있을 때 조작하여 구한 방위각의 표시가 된다.

9) 북방지시 보조선: 북방지시 화살표와 나란히 하고 있어 북방지시화살표를 조작 시 자북선과 평행이 되도록 도움을 주는 보조역할을 한다.

10) 각도 표시 다이얼: 방위각 측정을 위해 돌리는 부분이다.

11) 고정줄: 나침반을 연결하는 줄

12) 방위각 측정선: 방위각을 측정 후 이 지점에서 확정 방위각을 읽는다.

3. 오리엔티어링용 나침반의 장점

1) 각도기의 기능을 보유한 각도기형 나침반이다. 지도상에서 목적지의 각도를 젤 때 각도기와 같이 사용할 수 있다.
2) 나침반 틀 속에 특수한 기름을 사용하였기 때문에 자침이 흔들림 없이 빨리 정지하여 각도 측정이 빠르고 쉬우며 손이 떨려도 기름에 흡수 되어 정확한 각도를 읽을 수 있다.
3) 특수 투명판으로 지도 위에 올려놓았을 때 밑의 지도 내용을 볼 수 있고 또 확대경이 있어 작은 기호도 잘 읽을 수 있다.
4) 조작이 매우 간편하다.

4. 방위각 측정

북을 기준으로 어느 측선까지 시계 방향으로 잰 수평각을 방위각이라 한다. 시계 방향으로 측정한 수평각으로 진북 방위각, 자북을 기준으로 한 자북방위각, 도북을 기준으로 한 도북 방위각이 있다.

1) 방위각 측정(=자북방위각)

① 진행화살표가 목표 지점을 향해 똑바로 선후, 나침반을 손바닥에 평행하게 잡아 배꼽 부위에 나침반을 잡은 손이 오게 한다.
② 나침반의 링을 돌려 북방 지시 화살표를 자침의 N에 일치시킨다.
③ 나침반 링의 방위각 측정선(검정 선)에 해당하는 각을 읽는다.

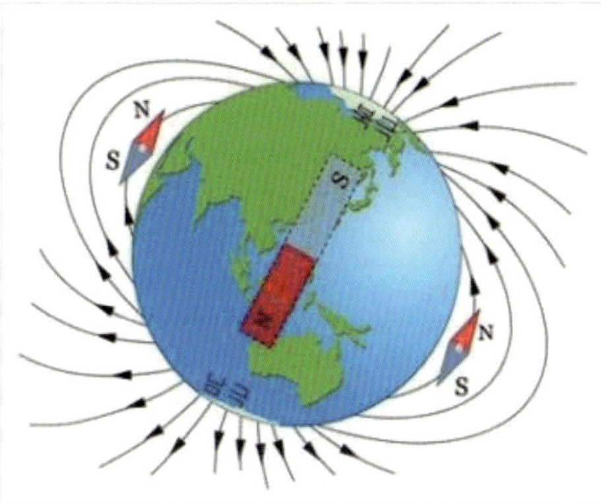

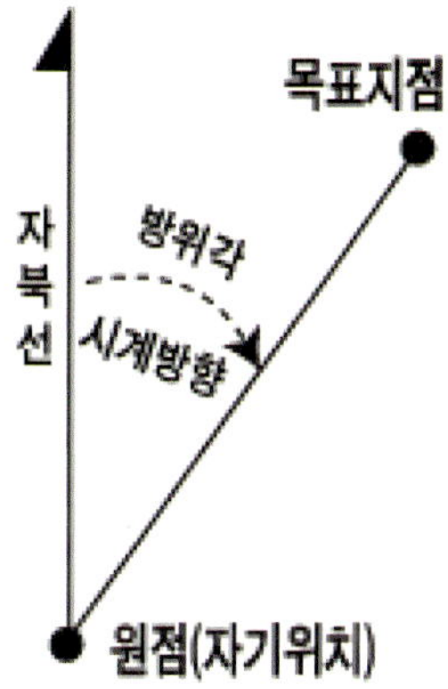

2) 도상에서 방위각 측정(=도북 방위각)

① 나침반 기저 판의 진행화살표를 목표 방향으로 향하게 한다.

② 그 상태에서 나침반의 북방지시화살표를 지도의 도북선(수직선)에 평행하게 한다.

③ 나침반의 링의 방위각 측정선에 해당하는 숫자(각)를 읽는다.

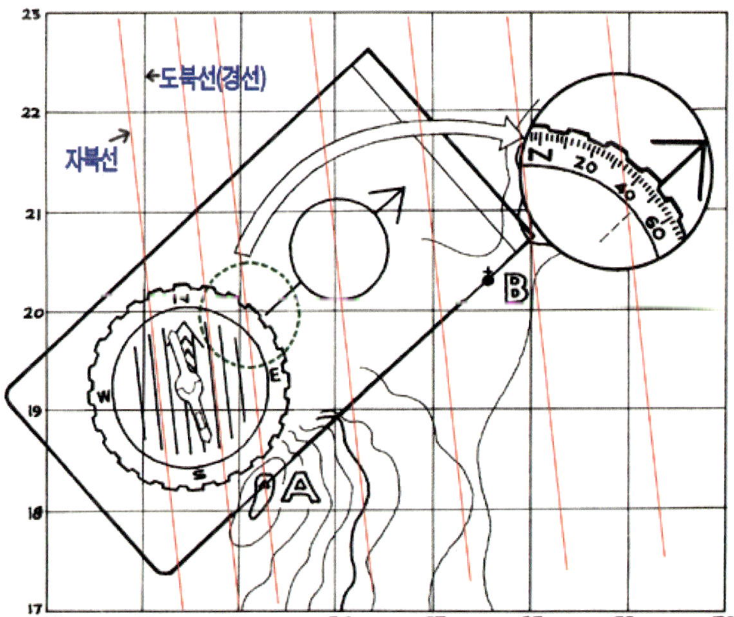

5. 오리엔티어링 신 나침반 조작법(나침반 1.2.3, 나침반 A.B.C)

오리엔티어링은 현재 알고 있는 나의 위치에서 다음 목적 지점까지의 방향을 정하여 안전하고 가장 빠르게 가는 기록경기이다. 내가 있는 현 지점에서 가야 할 목적 지점을 찾아 갈 때 현 지점에서 목적 지점의 방향이나 방위각을 알아야 진행할 수 있다.

이때 나침반을 활용하는 방법을 '신 나침반 조작법', '나침반 1.2.3' 또는 '나침반 A.B.C'라고 한다

1) 오리엔티어링 나침반 조작법

오리엔티어링 나침반 조작법은 지도의 자북선과 나침반의 구조와 역할을 이해하고 나침반을 조작 하여 실행하게 된다. 지도에서 가야 할 방향의 방위각을 구하는 것이다.

오리엔티어링 나침반 조작법 순서

1단계: 오리엔티어링 지도에서 자북선을 확인한다.

2단계: 내가 있는 지점과 가야 할 목적 지점을 알아야 한다. 이후 현 지점에서 목표지점을 향함. 나침반 진행화살표가 향하게 나침반 옆면을 댄다.

3단계: 방위각 측정링을 돌려 북방지시화살표(방위각 링 안의 적색)나 북방지시보조선이 자북선과 평행이 되도록 한다.

4단계: 지도에서 나침반을 집어 들어 진행화살표가 앞으로 향하도록 하고 수평을 유지하여 배 부분에 대고 적색 자침이 방위각 링의 북방지시 화살표와 일치(자침의 적색과 북방지시 화살표의 적색) 할 때까지 몸을 돌린다.

5단계: 이렇게 해서 현 지점에서 가야하는 목적 지점까지의 방향 방위각이 구해 진 것이다. 진행화살표 방향이 목적 지점의 방향이며 그 방향으로 진행하고자 할 때는 나침반을 보고 가는 것이 아니고 보이는 부분까지의 가상 목표물을 정하고 진행한다.

6단계: 이미 정한 가상 목표물까지 전진하고 거기서 다시 보이는 부분에 또 가상 목표물

을 정하여 동일한 방법으로 진행하면 되나 지형의 상태를 파악하여 적당한 코스 전진 방법을 택해야 한다.

2) 신 나침반 조작(나침반 1.2.3, 나침반 A.B.C)

① 댄다: 나침반의 옆면을 현 지점과 목표 지점에 옆면을 댄다.

• 주의 - 진행화살표는 목표지점을 향함

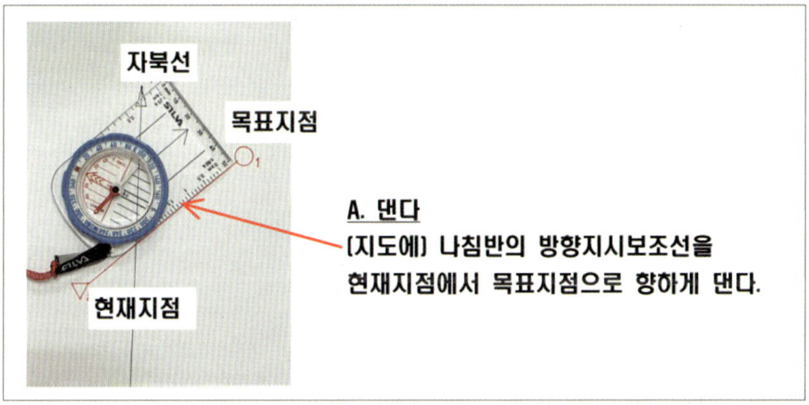

② 돌린다: 다이얼을 돌려서 북방지시화살표나 보조선이 자북선과 평행이 되도록 한다.

• 주의 - 북방지시화살표는 자북선 북을 향함

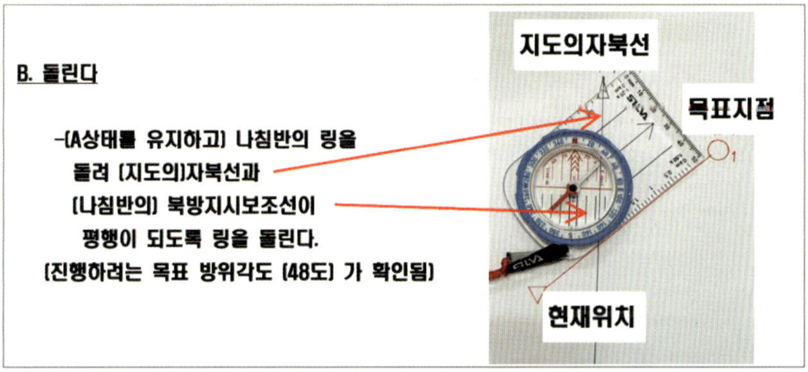

③ 선다: 나침반을 집어 들어 진행화살표가 앞으로 향하도록 배 부분에 대고 적색 자침이 다이얼의 북방지시화살표와 일치할 때까지 몸을 돌린다.

- 주의 - 진행화살표가 나의 갈 방향

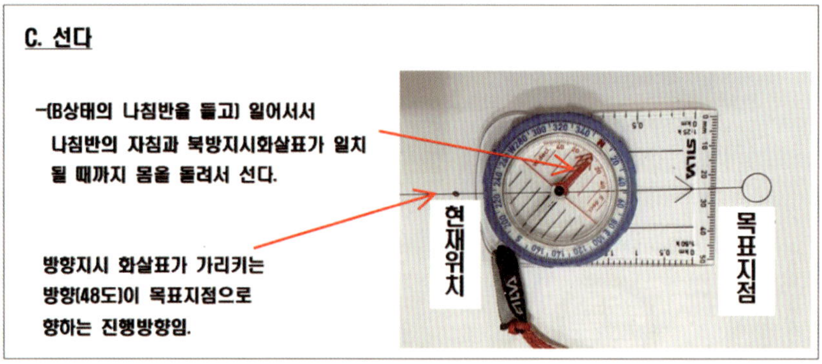

6. 자북선 긋기

우리가 어느 곳에 위치하여도 항상 일정하게 북쪽을 알려주는 것은 나침반이다. 그런데 지도의 북쪽 방향(도북선)과 나침반의 북쪽 방향(자북선)은 도자각만큼 차이가 있어 항상 혼란스럽게 하는데 이를 극복하기 위해서 지도에 자북선을 미리 그어 지도를 사용한다면 독도를 하는데 편리할 것이다. 경기용 오리엔티어링 지도에는 자북선이 그어져 있어 자북선을 그을 필요가 없다.

(1) 자북선 기입방법

- 지도의 난외주기에 있는 방위표에서 도자각을 확인한다.
- 나침반의 진행선(눈금테)에 각도(360°-도자각)를 맞춘다. (즉 도자각이 6°라면 360-6=354°)
- 나침반의 북방지시 화살표 또는 보조지시선을 도북선(경선)에 일치시킨다.
- 나침반의 좌우변에 선을 그으면 자북선이 되며 이 자북선은 도북선과 도자각만큼 기

울어져 있다.

- 지도를 구입한 후 미리 자북선을 그어야 하는데, 보통 4㎝ 간격으로 평행을 이루는 자북선을 그어 놓으면 1:25,000의 지형도의 경우 지도상의 4㎝는 실제거리 1㎞이므로 거리를 판단하는데 편리하다.

7. 전방 교차법(목표지점 찾기)

지도상의 자기 위치는 알고 있으나 목표 지점의 위치를 지도에서 찾을 수 없을 때 이용하는 방법이다.

지도정치를 한 후 지도상에 자기 위치를 표시한다. 그리고 미지의 지점에 대한 자북방위각을 측정하고, 지도상에 미지의 지점을 나침반의 긴 변을 이용하여 선을 그린다. 그 다음 미지의 지점이 보이는 다음 장소로 이동하여 지도상에 이 지점의 위치를 표시하고, 다시 나침반을 지도를 정치한다. 위의 순서를 반복하면 두 선이 합쳐지는 교차점이 나온다. 이 점이 알고자 하는 지점이다.

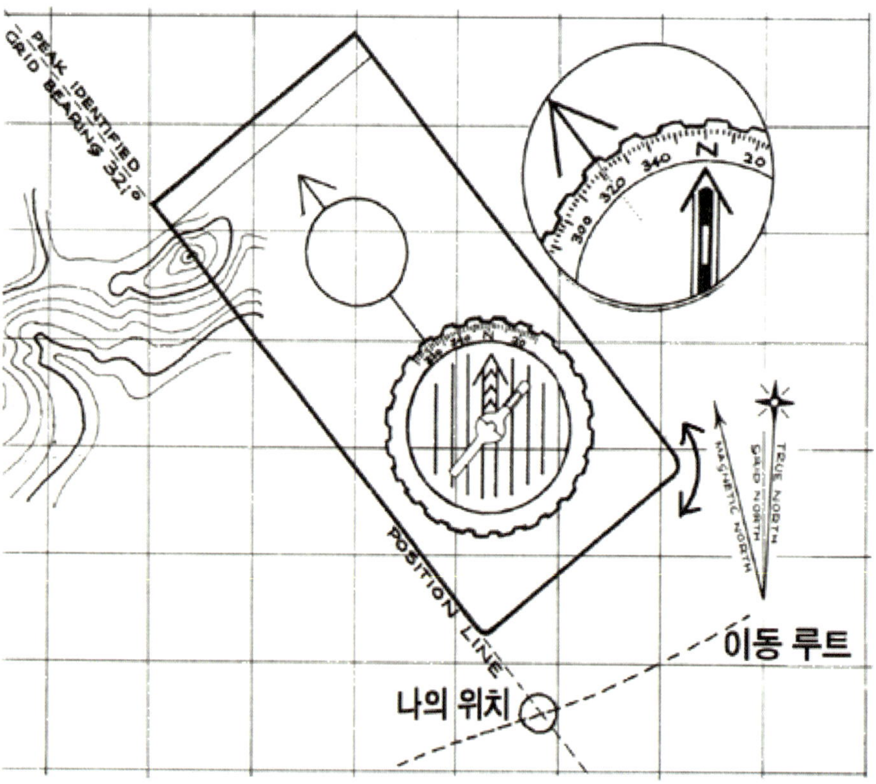

8. 후방 교차법(나의 위치 찾기)

자기 위치가 지도상에 어느 곳인지 전혀 알 수 없지만, 주변에 2~3개의 알고 있는 지점을 이용하여 현재의 위치를 알아내는 방법이다. 먼저 나침반을 사용하여 지도를 정치한다. 이미 알고 있는 지상의 2개 혹은 3개의 지점 위치를 찾아내어 지도상에 표시한다. 이들 지점에 대한 자북방위각을 측정하여 지도상에 이미 알고 있는 지점으로부터 미지의 지점으로 선을 긋는다. 2번째 지점에서도 동일한 순서로 선을 그으면 교차점이 생긴다. 이 교차점이 알고자 하는 현재의 위치이다.

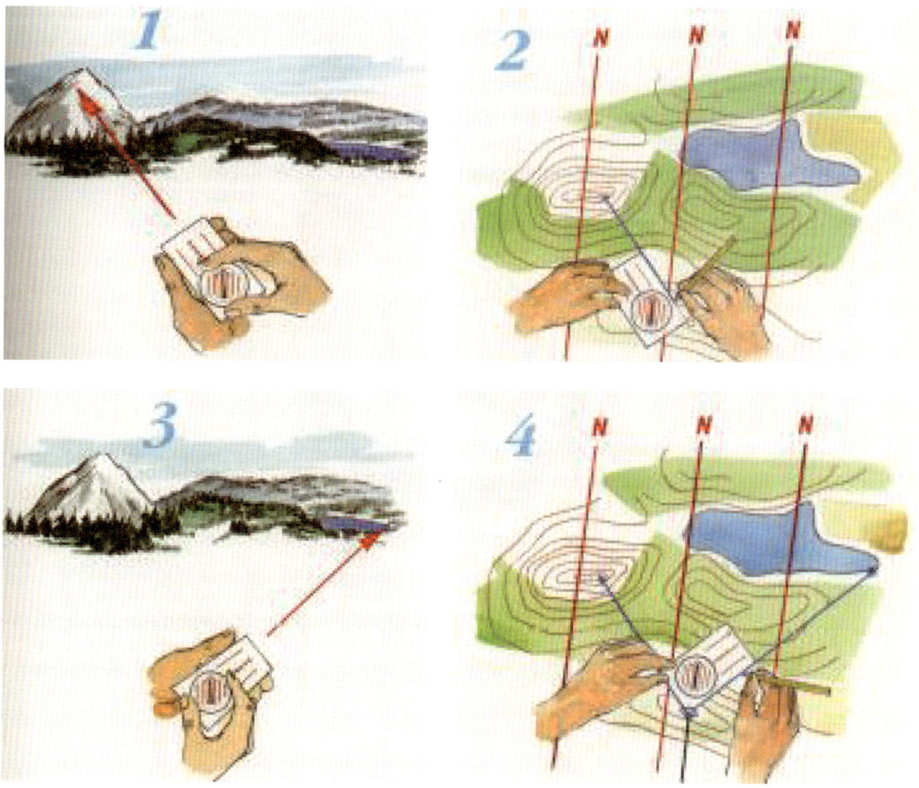

9. 후퇴 방위각

진행 중인 방향에서 되돌아오고자 하는 경우 진행방위각이 180° 보다 크면 180을 빼고 (180<-), 180° 보다 작으면 더한다. (180>+) 계산한 각도에 방위각 측정선을 맞추고 자침과 북방지시화살표가 맞는 방위로 서면 그 때 방향지시화살표가 가르치는 곳이 진행하고 있던 방위에 대한 후퇴방위각이 된다.

10. 지도정치(地圖正置)

실제의 지형과 지도의 방향이 일치되게 놓는 것을 지도정치(地圖正置)라고 한다. 즉 지도의 북쪽이 정확히 진북을 향하도록 하는 것을 말한다.

1) 지형지물에 의한 방법

나침반이 없을 때, 나침반을 사용할 수 없을 때, 도로, 철도, 제방, 학교 등 일련의 확실한 지형지물을 찾아 지도상의 지형지물과 일치시킴으로써 정치한다. 지도의 사용자가 자신의 위치를 알고 또 다른 하나의 선형지물이 보이지 않을 때는 기타 현저한 물체도 사용될 수 있다. 이때 지도 사용자는 지도상의 물체가 실제의 물체를 가리킬 때까지 지도를 돌리면 된다.

2) 나침반에 의한 방법

지도의 북쪽과 자침의 북쪽을 일치시킨 후 자침 편차각을 수정해주면 정치가 된다. (자북선이 기입되어 있는 지도의 경우 자편각 수정이 필요 없다). 그 방법은 지도를 수평으로 놓고 지도의 자북선과 나침반의 북방지시 화살표가 겹치도록 한다. 그리고 자침의 N극과 북방지시 화살표가 일치하게 하면 된다. 지도를 돌릴 때에는 나침반이 지도 위에서 움직이지 않도록 하여야 한다.

11. 거리의 측정

1) 손가락에 의한 거리 계산

거리를 재는 기구가 없을 경우에는 대략적인 거리를 간단하게 재기 위해 자기의 손가락을 사용하여 재는 방법을 알아두면 요긴하게 쓰일 때가 있다.

2) 도상 곡선 거리 측정

측정하고자 하는 도로 등의 굴곡을 따라 실이나 철사를 이용하여 굴곡형상을 대조시킨 후 곧게 펴서 눈금자로 길이를 측정한다.

(1) 곡선계에 의한 방법: 맵-미터(Map Meter)나 커브-미터(Curve Meter)로 지도상의 길 위에 똑바로 세워 대고 알고자 하는 거리를 따라 굴려 계기판에 나타난 눈금을 읽음으로써 도상거리를 알 수 있다.

(2) 걸음 수에 의한 실제거리 계산: 산길은 평지와는 달리 오르내리고 굴곡이 심하여 커브-미터(Curve Meter)를 사용한다 할지라도 지도상에서 현장의 정확한 실제거리를 계산해 내기는 어렵다.

자신의 보폭을 측정하여 걸음 수에 의한 계산으로 실제 거리를 비교적 정확히 측정할 수 있다. 숫자를 헤아리기보다 만보계를 사용하면 편리하다.

(3)보행시간에 의한 거리계산: 대부분의 등산 안내지도를 보며, 등산코스 구성의 소요 시간이 기입되어 있는데, 등산 지도에서는 코스의 거리를 알려주는 것 보다는 소요시간을 알려주는 것이 좋은 참고가 된다.

그러나 이 소요시간은 자기의 보행 속도나 인원 수, 계절, 날씨 등에 따라 달라질 수 있기 때문에 어디까지나 참고 하는데 그쳐야 한다.

이동시에는 항상 지도상에 지점을 표시하여 출발, 도착, 쉬는 시간 등을 기입해 두면 보행속도에 따른 실지거리를 계산해낼 수 있다. 참고로 성인남자의 평균적인 보행시간과 거리는 경사 5°이하인 평지에서는 1Km 걷는데 12~15분 정도 걸리고, 한 시간에 4Km 정도를 걸을 수 있다.

경사 20~30° 정도의 산길에서는 고도 100m를 오르는데 20~30분 정도 소요되므로 한 시간에 고도 200~300m를 오르를 수 있다. 일반적으로 산길에서는 2km를 가는데 1시간으로 예상하면 무난하다. 그러나 휴식시간이 많고 적음에 따라, 배낭의 무게에 따라, 피로도, 남녀별에 따라서 달라지므로 잘 따져서 사용하여야 한다.

12. 높이의 측정

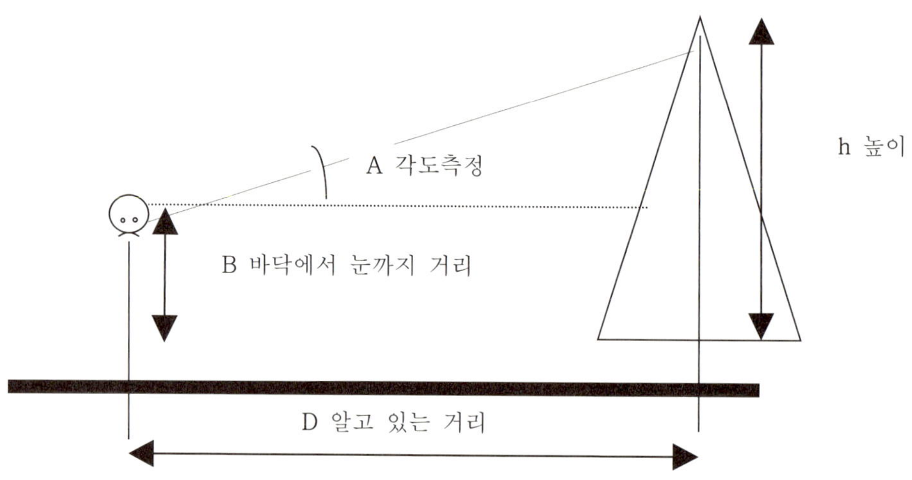

Tan(A) x D + B = 측정대상물의 높이(h)

제7장

오리엔티어링 지도

제7장

오리엔티어링 지도

1. Foot 오리엔티어링 지도의 이해

1) Foot 오리엔티어링 지도의 축척

(1) Foot 오리엔티어링 지도의 기본이 되는 축척은 1:15,000이다.

(2) 1:10,000 지도는 릴레이와 짧은 거리 경기에서 주로 사용된다.

1:10,000 축척은 45세 이상, 16세 이하 어린이그룹에 적당한데 얇은 선들, 작은 심볼, 복잡한 지도 읽기는 어렵다.

(3) 1:10,000 지도는 선 스크린과 심볼들의 치수는 1:15,000 지도에 사용된 것보다 50% 크게 그려야 한다.

(4) 1:15,000에 사용된 것과 같은 점 스크린들은 가장 읽기가 편하다.

(5) 학교 교육용은 1:2,500에서 1:15,000, 1:10,000까지 축척이 있다. 1:2,500의 큰 축척은 운동장의 기구와 같은 기호도 선 치수는 50% 확대해야 한다.

(6) 오리엔티어링 경기를 위해 필요 이상으로 지도가 커서는 안 된다. A3 이상의 큰 지도는 피해야 한다.

2) Foot 오리엔티어링 등고선 간격

(1) 오리엔티어링 지도의 등고선 간격은 5m이다. 단 평평한 지형에서는 2.5m 간격으로 사용될 수 있다.

(2) 같은 지도에서 다른 등고선 간격을 사용해서는 안 된다.

3) Foot 오리엔티어링 지도 기호

(1) 지형특징물: 갈색

Foot O 지도심볼표준	IOF기호 명 칭	설 명
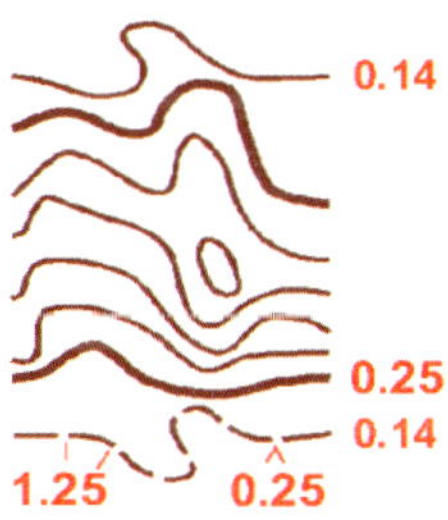	101 등고선 (주곡선)	등고선 사이의 표준 수직간격은 5m. 등고선의 중심에서 중심까지 등고선에서 가장 작은 굴곡은 0.25mm임. 색상: 갈색
	102 계곡선	굵은 선으로 5번째 마다 그려진 선. 계곡선과 기호가 많은 지역과 겹쳐질 때 보통 등고선으로 나타냄. 색상: 갈색
	103 보조선	보조등고선은 지형을 더 잘 표현하기 위하여 사용된다. 일반 등고선으로 표현할 수 없는 곳에서만 사용한다. 주변 등고선들 사이에서 하나만 사용함. 색상: 갈색
	104 경사선	경사선은 등고선의 낮은 면에 사용. 작은 골짜기나 함몰지의 선을 따라서 사용. 이것은 경사면의 방향을 명백하게 하기 위해서 사용. 색상: 갈색
	105 등고선 높이 표시	등고선의 높이 표시는 높이 차이가 많은 곳에 사용 다른 기호들에 방해가 안 되는 곳에 표시해야 하며 등고선 높이의 표시는 위쪽을 향함. 색상: 갈색
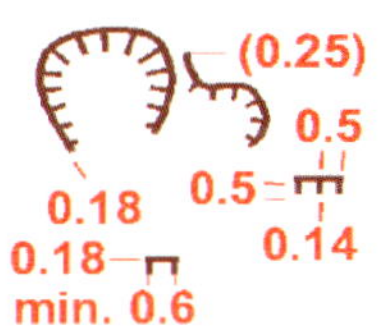	106 흙 벼랑	흙 벼랑은 주변 지형으로부터 분명히 구분될 수 있는 지형 높이에서의 뚜렷한 지형. Tag는 경사선의 끝까지 나타내 주며 두 개가 같이 있다면 생략 가능. 통행 불가능한 흙 벼랑은 201번 심볼 표시. 높은 흙 벼랑의 선 넓이는 0.25mm임. 예 자갈, 모래 구덩이, 길과 철도 끊김, 제방. 색상: 갈색
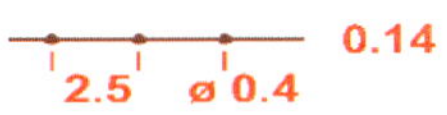	107 흙 벽	분명한 흙벽. 최소 높이 1m 색상: 갈색
	108 작은흙벽	작거나 부분적으로 부서진 흙벽은 파선 표현. 최소 높이 0.5m 색상: 갈색

	109 침식된 골	침식된 골짜기나 참호는 너무 작기 때문에 106번으로 어려워 단선으로 표현. 선의 굵기는 골의 모습임. 최소 깊이 1m. 선의 끝은 뾰쪽하게 표현 색상: 갈색
	110 침식된 작은 골	작은 침식된 골짜기나 참호. 최소 깊이 0.5m 색상: 갈색
	111 흙봉우리 (대 언덕)	언덕은 등고선으로 표시. 등고선 사이의 분명한 언덕은 만약 실제 등고선이 25%이하이면 그냥 등고선으로 표시. 더 작고 평평한 언덕이라면 보조 등고선표시 색상: 갈색
	112 흙봉우리 (소 언덕)	작고 분명한 흙무덤이나 바위언덕은 등고선 축척으로 나타낼 수 없는 곳.(흙무덤의 직경이 5m이내) 언덕의 높이는 최소 1m 색상: 갈색
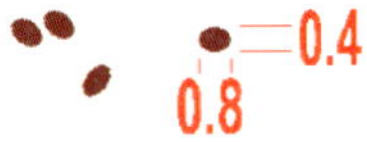	113 긴 흙봉우리	작고 분명한 길게 늘어진 언덕은 등고선 축척으로 나타낼 수 없는 곳(길이 12m와 넓이 4m이내). 언덕의 높이는 주변 지형으로부터 최소 1m 이것 보다 크다면 등고선으로 표시. 색상: 갈색
	114 함몰지	함몰지는 등고선이나 보조등고선과 경사선으로 표현 등고선사이에 분명한 함몰지, 만약 실제 등고선이 25%이하면 그냥 등고선으로 표시. 더 작고 또는 더 얕은 함몰지는 보조등고선으로 표시. 색상: 갈색
	115 작은 함몰지	등고선 축척으로 나타낼 수 없는 작고 얕은 자연적 인 함몰지는 반원으로 표현. 최소 직경 2m, 최소 깊이1m. 북향 심볼 116번 심볼은 인공 구덩이에 사용. 색상: 갈색
	116 구덩이 (갱)	뚜렷한 비탈면의 구덩이와 구멍은 106(최소 직경2m)심볼 축척으로 나타낼 수 없는 곳. 최소 깊이는 1m. 위치는 심볼의 중심이며 북향 심볼. 색상: 갈색
	117 울퉁불퉁한 지형	구덩이나 언덕들이 기호로 나타내기에 너무 복잡한 지역. 무의미하게 놓인 점들은 지형의 기호에 따라 변하게 됨. 색상: 갈색
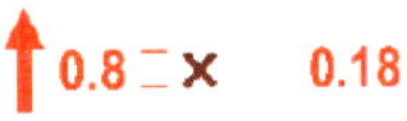	118 특별지형특 징물	이 심볼은 특별히 작은 지형물에 사용. 심볼의 지정은 지도 범례 표기. 색상: 갈색

(2) 바위와 돌 <바위군>: 흑색

바위는 지형의 특별한 분류이다. 바위는 위험과 주행 가능성에 유용한 정보를 제공한다. 뿐만 아니라 지도읽기와 컨트롤 포인트를 위해 특징물들을 제공한다. 바위는 다른 지형 특징물과 구별하기 위해 흑색으로 표시한다. 벼랑과 같은 바위 특징물은 등고선이나 보조 등고선 모양과 일치하게 하여야 한다.

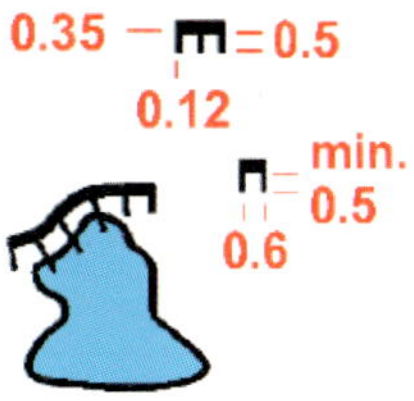	201 바위벽 통행불능	채석장, 흙둑(106 참조)은 0.35mm선과 아래로 향한 Tag들은 위에서 발치까지 내려옴을 보여 줌. 수직 바위면의 Tag들은 공간이 없다면 생략 가능. 예: 벼랑 사이의 좁은 통로는 적어도 0.3mm의 넓이로 표현. Tag는 바위면 아래를 자세히 표현하기 위해 지역 심볼을 넘어서 표현 가능. 바위 면이 물에 빠져 물의 가장자리를 따라 통과하기가 불가능할 때 물의 경계선을 생략하거나 또는 꼬리로 물의 경계선 위로 분명하게 표시. 색상: 흑색
	202 바위기둥 벼 랑	바위기둥이나 커다란 벼랑 또는 돌, 바위등과 같이 흔치 않은 경우에는 꼬리 없이 평평한 모습 표현. 색상: 흑색
	203 바위벽 통행가능	작은 수직바위면(최소 높이 1m) Tag없이 나타냄. 만약 바위면의 방향이 분명치 않다면 짧은 Tag를 벼랑 쪽으로 그림. Tag가 없는 바위 면은 명료성을 개선하기 위해 선의 끝을 둥글게 함. 색상: 흑색
	204 바위 구덩이	바위 구덩이, 구멍은 경기자에게 위험을 초래하므로 표현. 위치는 심볼의 중심이며 북향 심볼. 색상: 흑색
	205 굴	동굴은 바위 구덩이와 같은 심볼로 표시. 이 경우 심볼은 경사면 쪽으로 향함. 심볼의 중심은 열린 곳에 표시. 색상: 흑색
	206 독립바위	작고 분명한 독립바위(최소 높이 1m). 지도에 표시된 독립 바위들은 지형에서 즉시 인식할 수 있게 함. 크기를 쉽게 구별하기 위해서는 20% 크게 확대(직경0.5mm). 색상: 흑색
	207 큰 독립바위	특별히 크고 분명한 독립바위. 거대한 독립바위들은 202 심볼을 사용. 색상: 흑색
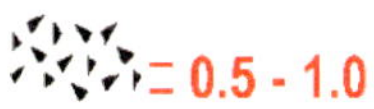	208 바위지대	개별적으로 표현할 수 없는 지대는 8:6:5 비율의 면으로 방향에 관계없이 표시. 최소 두 개의 삼각형이 사용됨. 크기를 쉽게 구별하기 위해서는 (바위크기의 차이) 20% 확대하는 것이 허용. 색상: 흑색
	209 바위군	작고 분명한 바위 그룹들의 표현. 삼각형은 북향 심볼. 크기를 쉽게 표현하기 위해서는 (바위 크기의 차이) 20% 확대하는 것이 허용. 색상: 흑색
	210 돌지대 (너덜)	경기에 영향을 미치는 돌이나 바위지대 표현. 색상: 흑색
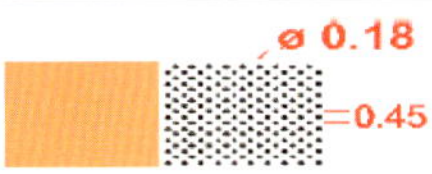	211 트인 모래지대	부드러운 모래 지형이나 식생이 없는 자갈지대리서 주행이 느린 지형. 모래 지형은 트여 있지만 주행은 좋지 않음. 트인 지대(401/402). 색상: 흑색12.5%(22lines/cm) 황색50%(403참조)
	212 암반	식생이나 흙이 없이 주행 가능한 바위지대는 암반. 잔디나 이끼 등은 트인 땅으로 표시(401/402). 색상: 흑색 30%(60 lines/cm) 또는 회색

(3) 물과 습지: 청색

청색은 물과 물의 상태(습지)에 의한 특별한 식생의 형태를 나타낸다. 경기자에게 장애물의 정도를 알려 주고 지도 읽기와 컨트롤 포인트를 위한 특징물을 제공한다. 수계 특징물 주위의 흑색선은 정상적인 날씨에서 건널 수 없음을 나타낸다. 마른 지역 특징물은 계절에 따라 달리 나타낼 수 있다.

심볼	번호/명칭	설명
	301 호수	넓은 수계 지역들은 점사 스크린 표현. 적은 수계 지역은 색상 전체로 나타냄. 흑색 경계선은 건너지 못하는 것을 나타냄. 색상: 청색 50%(60 lines/cm). 흑색 가장자리
	302 못	호수나 연못이 지도에서 1mm² 보다 작으면 경계선을 생략. 색상: 청색
	303 물웅덩이	물이 찬 구덩이나 축척으로 표시하기는 너무 작은 수계 지역. 위치는 심볼의 중심이며 북향 심볼. 색상: 청색
	304 건널 수 없는 강	건널 수 없는 강이나 운하는 흑색 경계선으로 표시. 걸어서 건널 수 있는 곳은 띄어 줌. 색상: 청색 50%(60 lines/cm). 흑색 가장자리
	305 건널 수 있는 수로	건널 수 있는 수로. 최소 2m 넓이. 수로의 넓이는 축척으로 표시하기 위해 5m이상. 색상: 청색
	306 작은 수로	건널 수 있는 수로(배수로를 포함). 최소 2m 넓이. 습지에서 수로를 더 잘 표현하기 위해서는 적절한 수로로 표시. 색상: 청색
	307 더 작은 수로	자연적, 인공적인 수로는 간헐적으로만 물이 있음. 색상: 청색
	308 좁은 습지	310 심볼(5m 이하)과 같이 너무 좁은 습지나 졸졸 흐르는 물. 색상: 청색
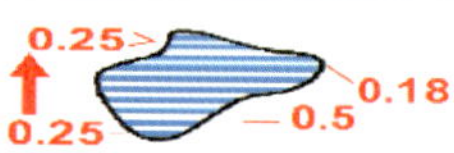	309 건널 수 없는 습지	경기자에게 위험하거나 건널 수 없는 습지. 심볼 주위를 흑색으로 표시. 색상: 청색
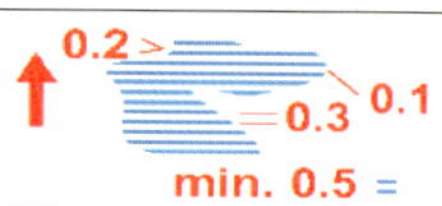	310 습지	분명한 가장자리가 있는 건널 수 있는 습지는 주행성과 트임을 나타내주는 식생계. 작은 습지대는 403/404와 함께 나타내야 하며 읽기가 쉽도록 401/402를 사용하는 것 허용. 색상: 청색
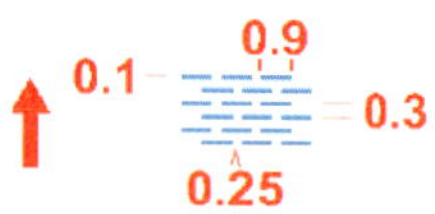	311 불분명한 습지	불분명하거나 계절적인 습지. 습지에서 단단한 지형으로 옮겨가는 지역. 가장자리는 일반적으로 불분명하고 식생계는 주위 지형과 비슷함. 이 심볼은 주행성과 트임을 나타내기 위하여 식생계와 같이 나타내야 함. 색상: 청색
	312 우물	우물과 샘. 분명히 볼 수 있음. 색상: 청색
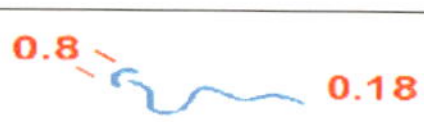	313 샘	명백히 흘러내리는 흐름의 원천. 심볼은 물이 흘러내리는 쪽으로 향함. 색상: 청색
	314 특별 수계 특징물	특별히 작은 수계. 심볼의 지정은 항상 지도 범례에 표시. 색상: 청색

(4) 식생계

① 색상

- 흰색: 주행 가능한 숲
- 황색: 몇 개의 분류로 나누어진 트인 지역
- 녹색: 숲의 밀집도와 주행성에 따른 잡목과 몇 개의 분류로 나누어짐

② 주행성

주행성은 자연적인 숲에 달려 있다(나무의 밀집도, 잡목, 가시나무 등). 숲에서의 주행성은 주행 속도에 따라 4가지 분류로 나누었다.

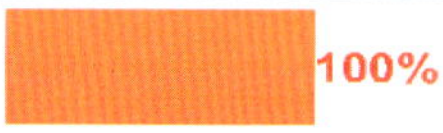	401 트인 땅	경작된 땅, 풀밭, 초원 등 나무가 없으며 주행용이. 만약 황색이 현저한 경우 75%만 사용. 색상: 황색
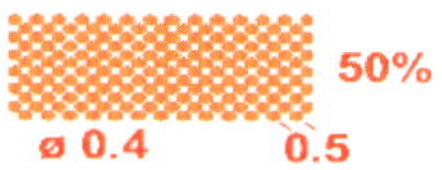	402 나무가 있는 트인 땅	흩어진 나무의 초원 또는 잔디나 비슷한 지형. 지도에서 10mm² 보다 작은 지역은 트인 땅 표현(401). 독립 나무 등 (418, 419, 420)과 같이 추가. 만약 황색이 현저한 경우 75%만 사용. 색상: 황색(20 lines/cm)
	403 거친 트인 땅	황야에 무성한 관목(히이드), 황무지, 새로이 식물이 자란 지역(1m 미만) 또는 식생계의 거친 지형. 히이드나 큰 잔디.403 심볼은 주행성을 줄이는 것을 나타내기 위해서 407이나 409 심볼과 같이 사용. 색상: 황색 50% (60 lines/cm)
	404 나무가 있는 거친 트인 땅	거친 트인 땅에서 흩어진 나무들이 있는 곳. 황색 화면에서 큰 하얀 점들은 규칙적으로 사용. 지도에서 16mm²보다 작은 지역은 거친 트인 땅(403)으로 표시한다. 독립수 등은 418, 419, 420과 같이 추가. 색상: 황색70%(60lines/cm)백색48.5%(14.3 lines/cm)
	405 숲(주행)	다른 곳과 특별한 형태의 지형으로 주행 가능한 숲. 만약에 그런 부분이 없다면 지도에 표시하지 않음. 색상: 백색
	406 숲 (느린주행)	울창한 나무(시야가 안 좋은)가 있는 지역은 보통 속도보다 60-80% 줄어듬. 색상: 녹색 30%(60 lines/cm)
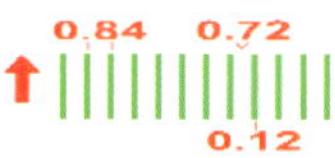	407 관목 (느린주행)	울창한 관목 지역(가시나무, 히이드, 작은 수풀, 나무 가지). 보통 속도보다 60-80% 줄어듬. 이 심볼은 406, 408과 같이 사용하지 않음. 색상: 녹색 14.3%(11.9 lines/cm)
	408 숲 (보행)	울창한 나무 또는 덤불 지역(시야가 안 좋음). 보통 속도보다 20-60% 줄어듬. 색상: 녹색 60%(60lines/cm)
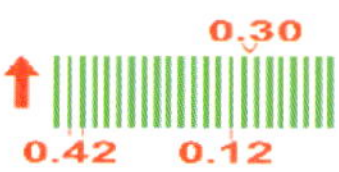	409 관목 (보행)	울창한 관목 지역(가시나무, 히이드, 작은 수풀, 나무 가지). 보통 속도보다 20-60% 줄어듬. 이 심볼은 406, 408과 같이 사용하지 않음. 색상: 녹색 28.6%(23.8 lines/cm)

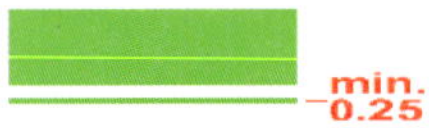	410 숲 (통행곤란)	울창한 식생지역(나무와 관목). 보통 속도보다 0-20% 줄어 둠. 색상: 녹색 100%
	411 숲 (한 방향)	한 쪽 방향으로 좋은 주행성을 제공하지만 다른 쪽은 그렇지 않은 곳. 왼쪽의 흰색 줄무늬는 좋은 주행성을 보여 줌. 색상: 녹색, 백색
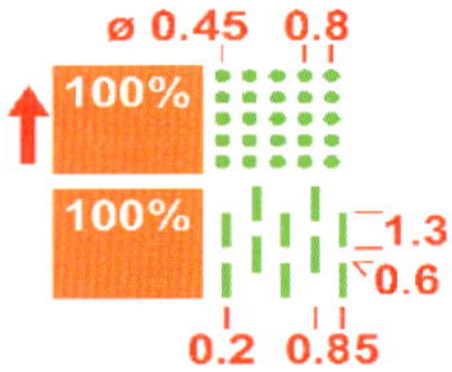	412 과수원	과일나무나 관목이 심어진 땅. 점선은 심어진 방향을 향함. 만약 황색이 지배적이면 75% 사용. 색상: 황색과 녹색 25%(12.5 lines/cm)
	413 포도원	녹색선은 심어진 방향으로 향함. 만약 황색이 지배적이면 75% 사용. 색상: 황색과 녹색
	414 경작지 경계선 (분명)	경작된 땅의 경계가 다른 심볼로 나타내지 않을 때(울타리, 벽, 길 등) 흑색 선으로 표시. 영속적인 경계선과 다른 형식의 경작된 땅의 차이는 이 심볼로 나타냄. 색상: 흑색
	415 경작지	재배하는 곡물로 인해 계절적인 경작지는 흑색점으로 표시. 색상: 황색 100% 흑색 5%(12.5 lines/cm)
	416 식생경계 (분명)	숲 가장자리 또는 숲에 한해서 매우 분명한 식생 경계. 색상: 흑색
	417 식생경계 (불분명)	녹색 지역사이 불분명한 경계. 황색과 흰색은 선 없이 보여줌. 지역의 가장자리는 색의 변화나 점으로만 나타냄.
	418, 419, 420 특별 식생 특징물	418, 419, 420 심볼은 특별이 작은 특징물을 위해 사용. 심볼의 지정은 지도 범례에 반드시 표시. 색상: 녹색

(5) 인공 특징물: 흑색과 갈색

도로망은 경기자에게 중요한 정보를 제공하며 이것의 분류는 지도에 명백히 인식할 수 있어야 한다. 경기자에게 특히 중요한 것은 소로의 분류이다. 길의 넓이뿐만 아니라 명확성이 경기자에게 설명되어야 한다. 다른 인공 특징물도 지도 읽기와 컨트롤 포인트를 위해 또한 중요하다.

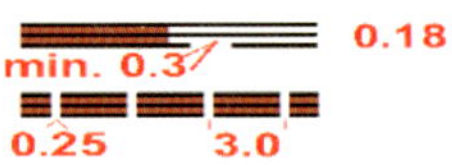	501 전용도로	두개의 차로. 심볼은 축척에 맞게 그려야 하지만 최소 넓이보다 작아서는 안 됨. 바깥 경계선은 519, 521, 522, 524 심볼로 교체 가능. 만약 울타리, 벽이 도로 가장자리와 너무 가깝다면 실질적으로 개별 심볼로 나타냄. 흑색선 사이 공간은 갈색으로 채워져야 함(50%). 공사 중인 도로는 끊어진 선 표현. 색상: 흑색과 갈색 50%(60 lines/cm)

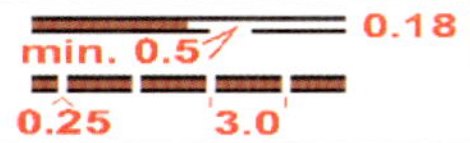	502 주요 도로	넓이 5m 이상의 도로.(이하 내용 501 과 같음.) 색상: 흑색과 갈색 50%(60 lines/cm)
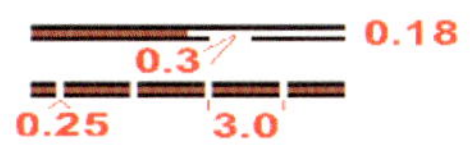	503 작은 도로	넓이 3-5m 도로. 흑색선 사이 공간은 갈색 채움. 공사 중인 도로는 끊어진 선으로 표현. 색상: 흑색과 갈색 50%(60 lines/cm)
	504 도로	날씨에 관계없이 자동차등이 다닐 수 있는 도로. 넓이 3m 이내 색상: 흑색
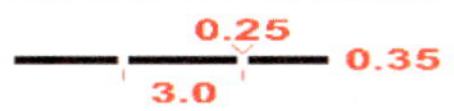	505 찻길	자동차등이 천천히 갈 때 만 유지되는 도로. 넓이 3m 이내 색상: 흑색
	506 길	큰 길 또는 오래된 찻길. 지형에서 분명히 표현. 색상: 흑색
	507 작은길	작은 길 또는 경기를 위하여 임시적으로 숲속에 만든 길. 색상: 흑색
	508 작은길 (불분명)	불분명한 작은 길 또는 경기를 위하여 임시적으로 숲속에 만든 길. 색상: 흑색
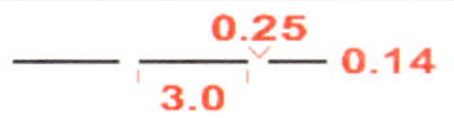	509 승마로	5m 이하의 분명한 마차로, 숲에서 분명하지 않은 길(보통 농원). 마차로를 따라 길이 있는 곳에 509 심볼대신 507, 508 이 사용. 색상: 흑색
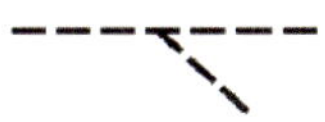	510 도로분기 (분명)	길의 교차점이나 분기점이 보이는 곳. 심볼의 틈새가 분기점에서 연결. 색상: 흑색
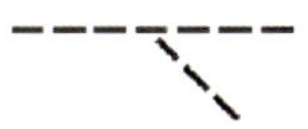	511 도로분기 (불분명)	길의 교차점이나 분기점이 분명하지 않을 때. 심볼의 틈새는 연결치 않음. 색상: 흑색
	512 다리	길이 없는 다리. 색상: 흑색
	513 건너는 지점 (다리 有)	다리로 강, 냇가, 수로 등을 건널 수 있는 길. 색상: 흑색
	514 건너는 지점 (다리 無)	다리 없이 강, 냇가, 수로 등을 건널 수 있는 길. 색상: 흑색
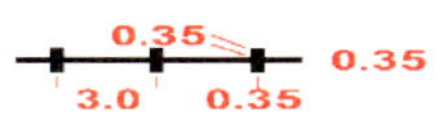	515 철도	철도나 다른 종류의 레일로 된 길(광산 삭도 등). 색상: 흑색
	516 송전선	송전선, 케이블 길, 스키 리프트. 막대기는 탑의 정확한 위치를 나타냄. 색상: 흑색
	517 송전선(대)	많은 송전선은 2중으로 그려야 한다. 선들 사이의 공간은 송전선의 넓이를 나타냄. 색상: 흑색
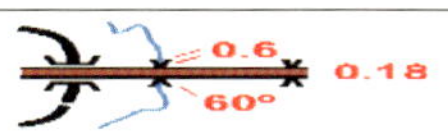	518 터널	경기자가 사용할 수 있는 도로나 아랫길. 이 심볼은 터널에 길이 있던 없던지 사용. 색상: 흑색
	519 돌담	돌담이나 돌 모양의 담. 색상: 흑색
	520 무너진 돌담	무너진 돌담은 갈라진 선으로 표시. 색상: 흑색
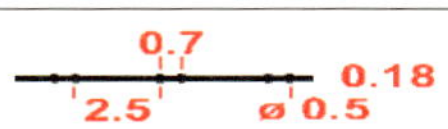	521 높은 돌담	1.5m 이상의 높은 돌담. 반적인 경기자는 넘지 못함. 색상: 흑색

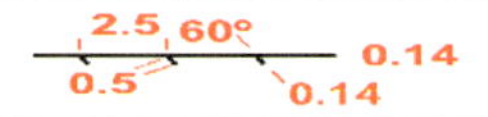	522 울타리	1.5m보다 낮은 나무, 철망 등으로 된 울타리. 색상: 흑색
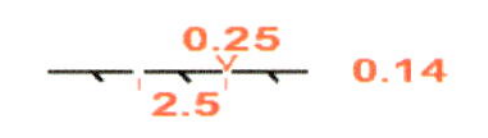	523 무너진 울타리	무너진 울타리는 갈라진 선으로 표시 색상: 흑색
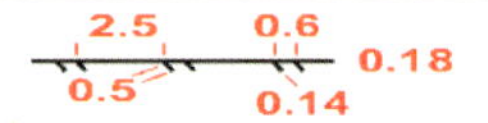	524 울타리(고)	판이나 철조망 등 1.5m 이상의 높은 울타리. 일반적인 경기자는 넘지 못 함. 색상: 흑색
	525 통과 지점	높은 울타리, 담의 모든 통과 길은 표시. 돌담의 층계(519), 울타리(522), 파이프라인(534)의 통과 부분을 위해 사용. 색상: 흑색
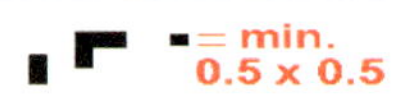	526 건물	건물은 축척이 허용하는 한 표현. 색상: 흑색
	527 건물 밀집지	집과 정원 그리고 다른 건물지역. 도로, 빌딩과 다른 중요한 특징물은 밀집지 안에 표시. 만약 모든 건물을 나타낼 수 없다면 다른 하나의 심볼(흑색 라인)을 선택. 색상: 녹색 50%(60 lines/cm) 황색 100% 선택적인 흑색 32.5% (271 lines/cm)
	528 영구 출입금지	계속적으로 금지되어 있는 지역은 출입금지 표기. 화면은 정상적인 지도 기호에 겹쳐져 있음. 만약 자연적 경계가 없다면 경계선 삽입. 색상: 흑색 또는 자주 33.3% (13.3 lines/cm)
	529 포장지역	주차장 또는 다른 목적으로 사용된 지역. 색상: 흑색과 갈색 50% (60 lines/cm)
	530 집터	최소 규격으로 그릴 때는 축척에 반영. 매우 작은 집터는 실선으로 나타냄. 색상: 흑색
	531 사격장	사격장은 주위를 요하는 특별 심볼로 나타냄. 건물과 관련된 곳은 개별적으로 표시. 색상: 흑색
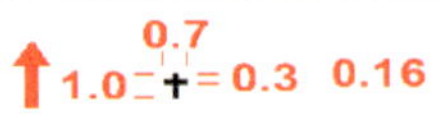	532 무덤	돌 또는 묘로 표시된 분명한 무덤. 위치는 심볼의 중심이며 북향 심볼. 묘지는 공간이 허용되는 한 무덤 심볼로 표시. 색상: 흑색
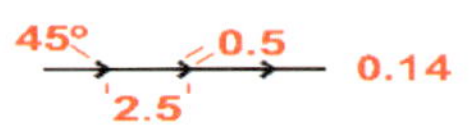	533 송수관 통과 가능	가스, 물, 기름등의 파이프라인. 위로나 아래로 지날 수 있는 곳. 색상: 흑색
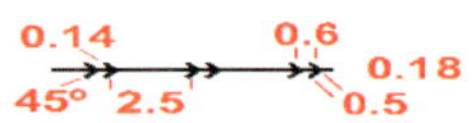	534 송수관 통과 불능	통과할 수 없는 파이프라인. 색상: 흑색
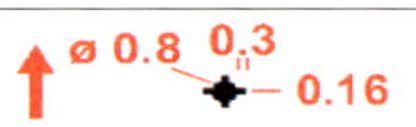	535 높은 타워	높은 타워 또는 큰 철탑. 숲 주위보다 높은 곳에 서 있는 위치는 심볼의 중심. 색상: 흑색
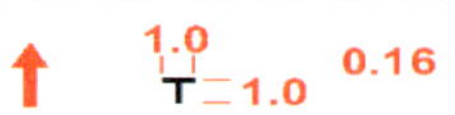	536 작은 탑	사격대, 좌석 등 낮은 탑 위치는 심볼 중심. 색상: 흑색
	537 돌탑 (캐른)	돌탑, 돌 기념비, 경계석(일부국가의 삼각점) 높이 0.5m 이상 색상: 흑색
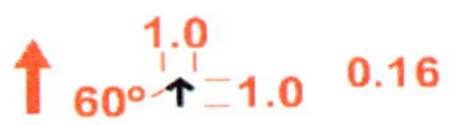	538 사료대	나무에 세우거나 따로 서 있는 사료대. 위치는 심볼의 중심. 지형에 따라 생략 가능. 색상: 흑색
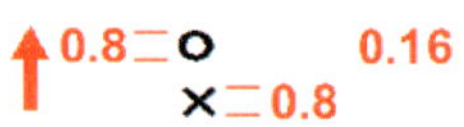	539,540 특별 인공 특징물	특별 인공특징물은 이들 심볼로 표현. 심볼의 지정은 지도 범례에 표시. 색상: 흑색

(6) 기술적 기호(Technical symbols)

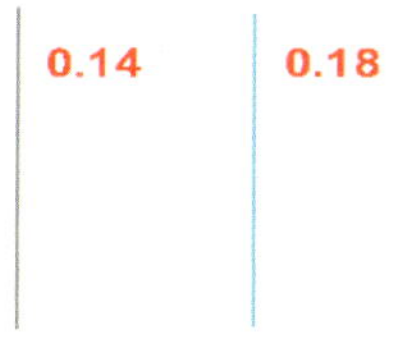	601 자북선	자북선은 지도에서 자북을 가리키는 선이다. 1:15,000 축척에서 지형에 500m(33.33mm)임. 다른 축척은 50,100,250,500m이고 간격은 지도에서 20이나 40mm임. 자북선은 작은 특징물(돌, 작은 언덕, 벼랑, 개울 분기점, 도로의 끝 등)이 있는 곳은 띄워서 표시. 수계 특징물이 적은 곳은 청색 선을 사용. 색상: 흑색, 청색
	602 등록 마크 (패스)	지도 프레임 안에 적어도 3개 이상의 등록 마크를 표시. 추가로 가능하면 컬러 체크해야 함. 색상: 프린트한 모든 색상
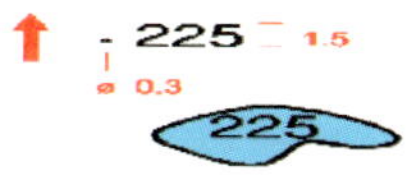	603 고도점	고도 표시는 높이의 차이를 나타내는데 사용. 고도는 가장 가까운 높이를 표시하고 북향 심볼. 수계의 높이는 점 없이 표시. 색상: 흑색

(7) 추가 인쇄 기호

① 코스는 최소한 엘리트 클래스를 위해 추가 인쇄해야 한다. 다른 클래스는 손으로 직접 그릴 수도 있다.

② 추가 인쇄 기호의 크기는 1:15,000 지도에 주어진다.

③ 1:10,000 축척 지도의 이러한 심볼 크기는 1:15,000 지도와 같아야 한다.

④ 1:10,000과 1:15,000 지도가 사용되는 여러 연령의 경기에서 1:10,000 지도의 심볼 크기는 1:15,000 지도보다 150% 더 커야 한다.

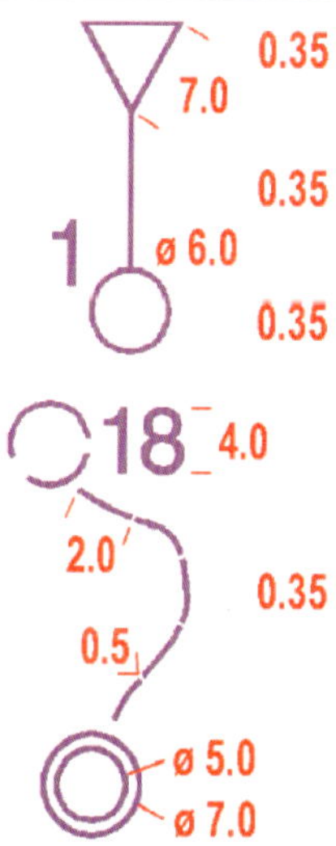	701 출발	출발 지점은 첫 번째 컨트롤 쪽으로 삼각형 포인트(하나의 각이 1번 쪽을 향함)를 나타냄. 삼각형의 중심은 출발지점의 정확한 위치. 색상: 자주색
	702 컨트롤 포인트	컨트롤 포인트는 원 표시. 원의 중심은 특징물의 정확한 위치임. 원의 부분은 중요한 기호를 보여 주기 위하여 생략 가능. 색상: 자주색
	703 컨트롤 번호	컨트롤 번호는 컨트롤 지점의 원에 가까이 놓아야 하며 이 경우 중요한 기호를 방해해서는 안 됨. 숫자는 북쪽을 향하여야 함. 색상: 자주색
	704 라인	순서대로 통과하여야 할 컨트롤, 출발, 컨트롤 지점과 도착지는 직선으로 함께 연결. 라인의 부분은 중요한 기호를 보여 주기 위하여 생략 가능. 색상: 자주색
	705 유도 구간	유도 구간은 파선으로 지도에 나타냄. 색상: 자주색
	706 도착	도착은 두 개의 원으로 표시. 색상: 자주색

<table>
<tr><td rowspan="2">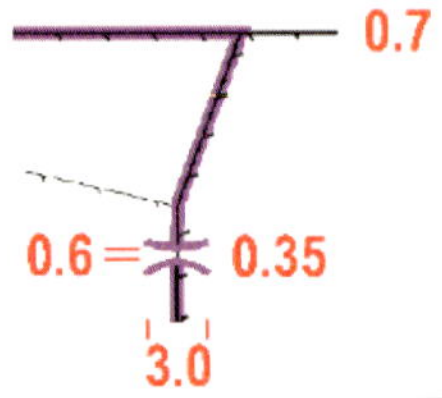
</td><td>707
통과불능
지역</td><td>통과를 허락하지 않는 경계선. 색상: 자주색</td></tr>
<tr><td>708
통과지점</td><td>담이나 울타리의 통과 지점 또는 도로, 철길의 횡단로, 터널이나 출입금지의 통과는 바깥쪽으로 구부러진 두개의 선으로 지도에 나타 냄.
색상: 자주색</td></tr>
<tr><td>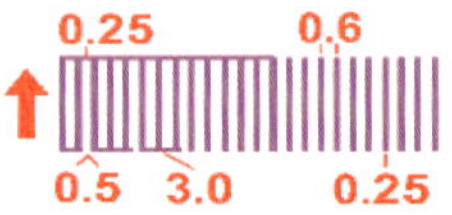
</td><td>709
출입
금지구역</td><td>수직 줄무늬로 나타내며 만약 자연적인 경계가 없다면 다음과 같다.
• 짙은 선은 지면에 연속적으로 표시(테이프 등)된 경계를 나타냄.
• 잘린 선은 지면에 간헐적인 표시를 나타냄.
• 선이 없는 것은 지면에 표시 없음을 나타냄.
색상: 자주색</td></tr>
<tr><td>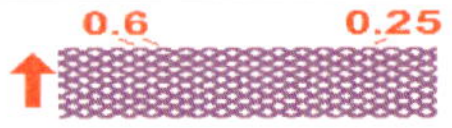
</td><td>710
위험구역</td><td>경기자에게 위험을 나타내는 지역은 사선 겹침.
색상: 자주색</td></tr>
<tr><td>
</td><td>711
금지된 루트</td><td>출입금지 루트는 X 표시를 나타냄. 색상: 자주색</td></tr>
<tr><td>
</td><td>712
구급 포인트</td><td>구급 컨트롤의 위치. 색상: 자주색</td></tr>
<tr><td>
</td><td>713
급수
포인트</td><td>컨트롤이 아닌 급수 컨트롤의 지점. 색상: 자주색</td></tr>
</table>

(8) Foot 오리엔티어링용 지도(계명대학교 성서캠퍼스)

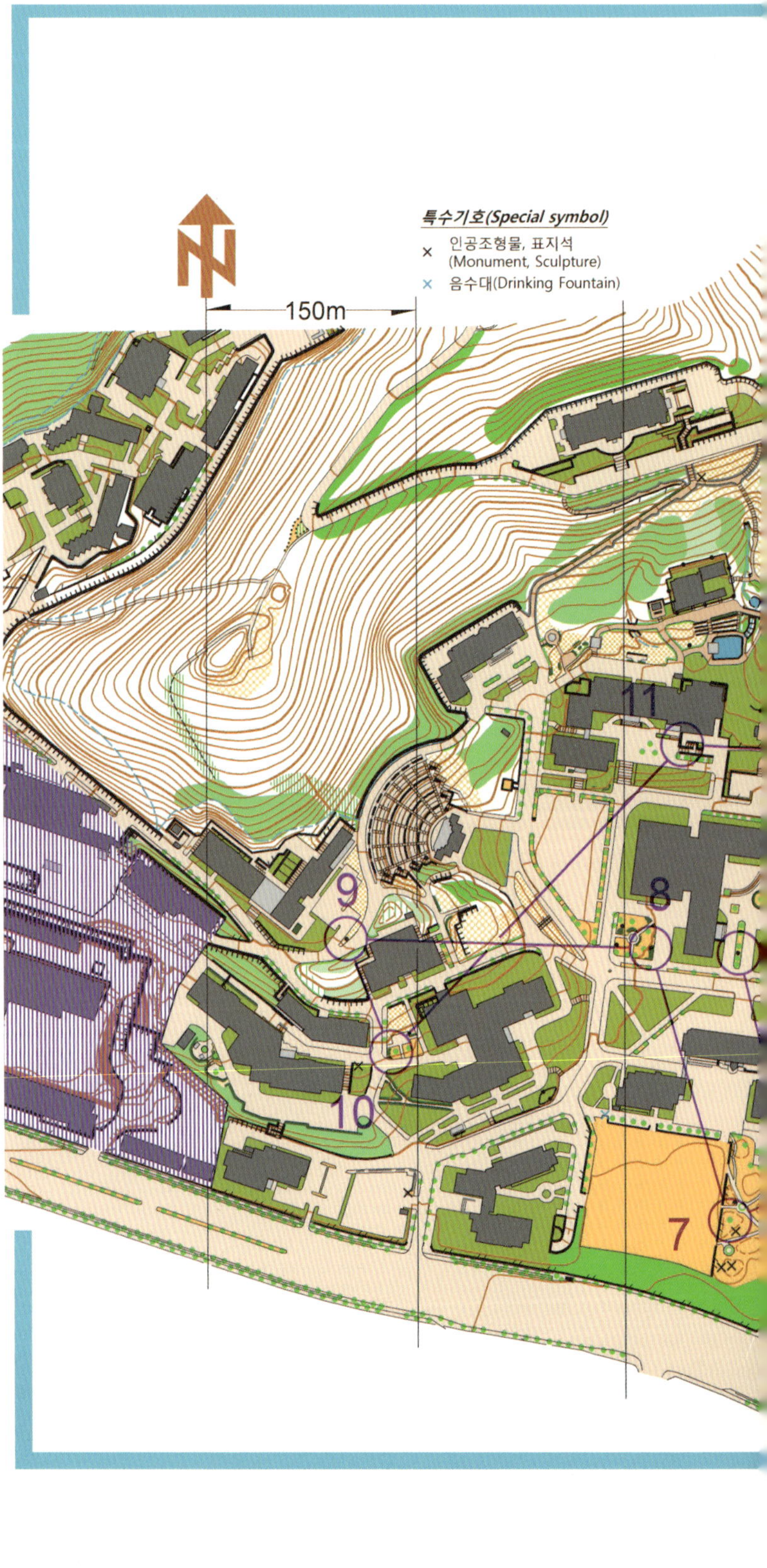

계명대학교 (성서캠퍼스)

축척 1: 5,000 / 등고선간격 2m

#4

W20E, M19

계명대성서캠퍼스							
W20E, M19							
#4			3.2 km			32 m	
▷			♤				
1	51		♤				
2	50		※			○·	
3	52		♤				
4	40		※			·○	
5	53		▲		1.5	·○	
6	56		♤				
7	55		♤				
8	68		▲		1.0	○̇	
9	32		▲		1.0	○·	
10	33		※			○·	
11	34		▨			⌊	
12	59		▨			⌈	
13	67		※			·○	
14	37		※			♀	
15	65		▨			⌉	
16	64		♤			♀	
17	36		◇			⌋	
18	39		▲		1.0	♂	
19	100		▨			⌈	
○--- 70 m ---> ◎							

(9) Foot 오리엔티어링용 지도(계명대학교 모빌리티캠퍼스 / 구, 달성캠퍼스)

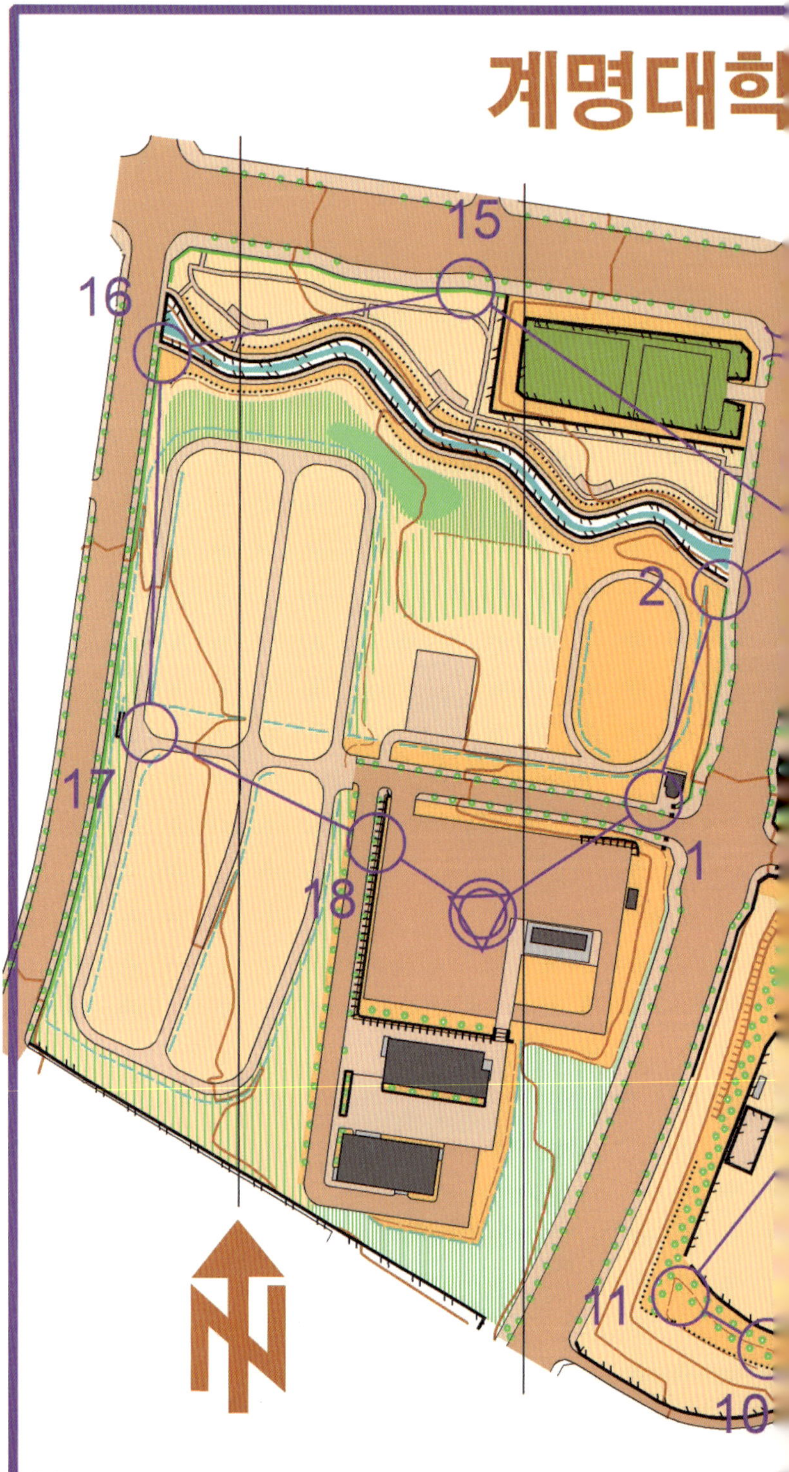

달성캠퍼스

SCALE 1:3,000
CONTOUR 2M

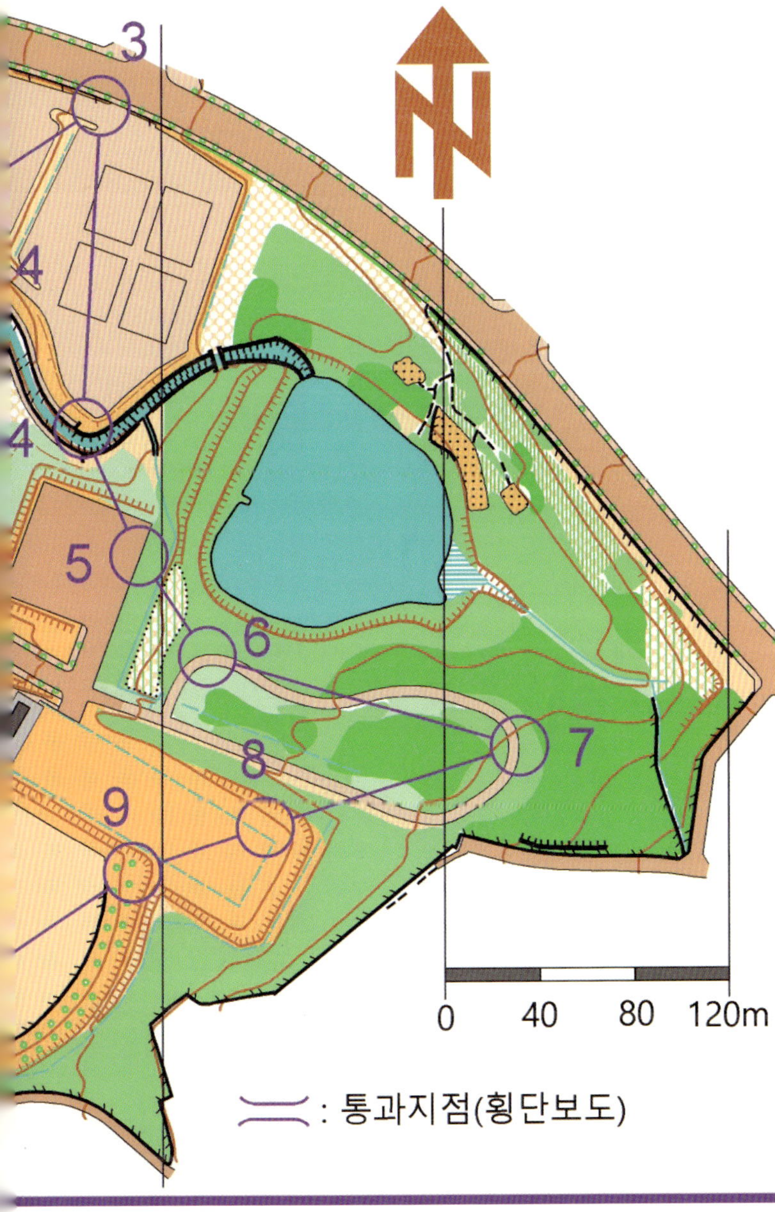

Course 5		2.1 km					
▷							
1	55						
2	61						
3	50						
4	63						
5	44						
6	59						
7	51						
8	45						
9	65						
10	43						
11	42						
12	71						
13	54						
14	48						
15	49						
16	52						
17	53						
18	41						
		50 m					

(10) Foot 오리엔티어링 지도 기호 모음

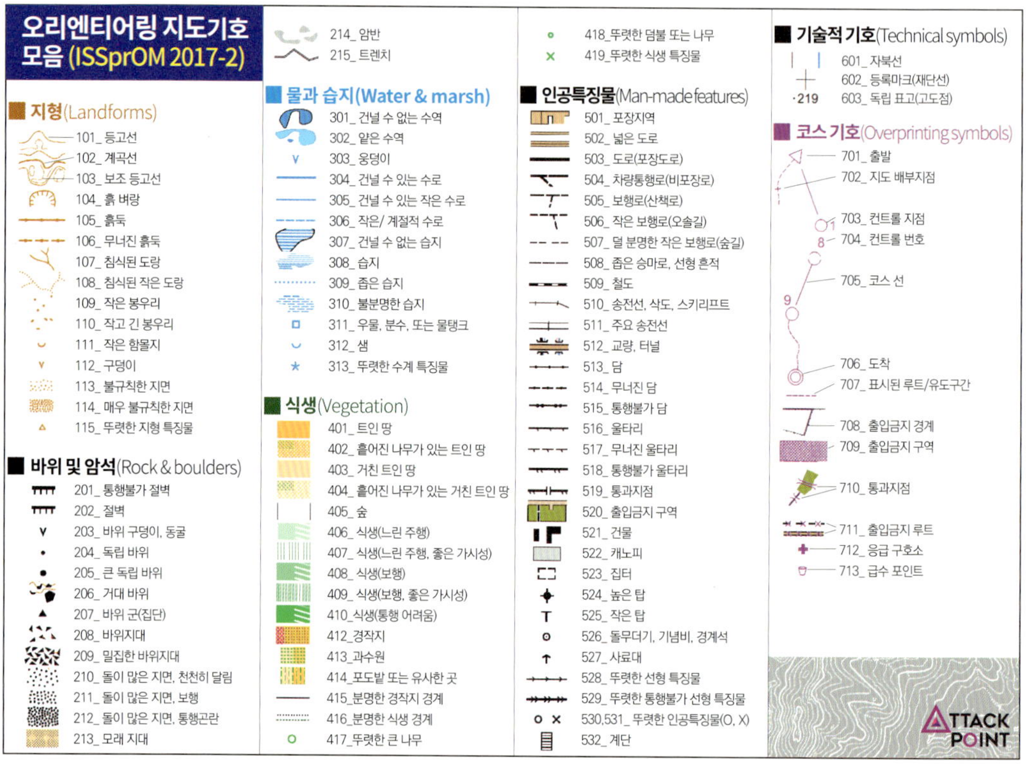

(11) 실내 오리엔티어링용 지도

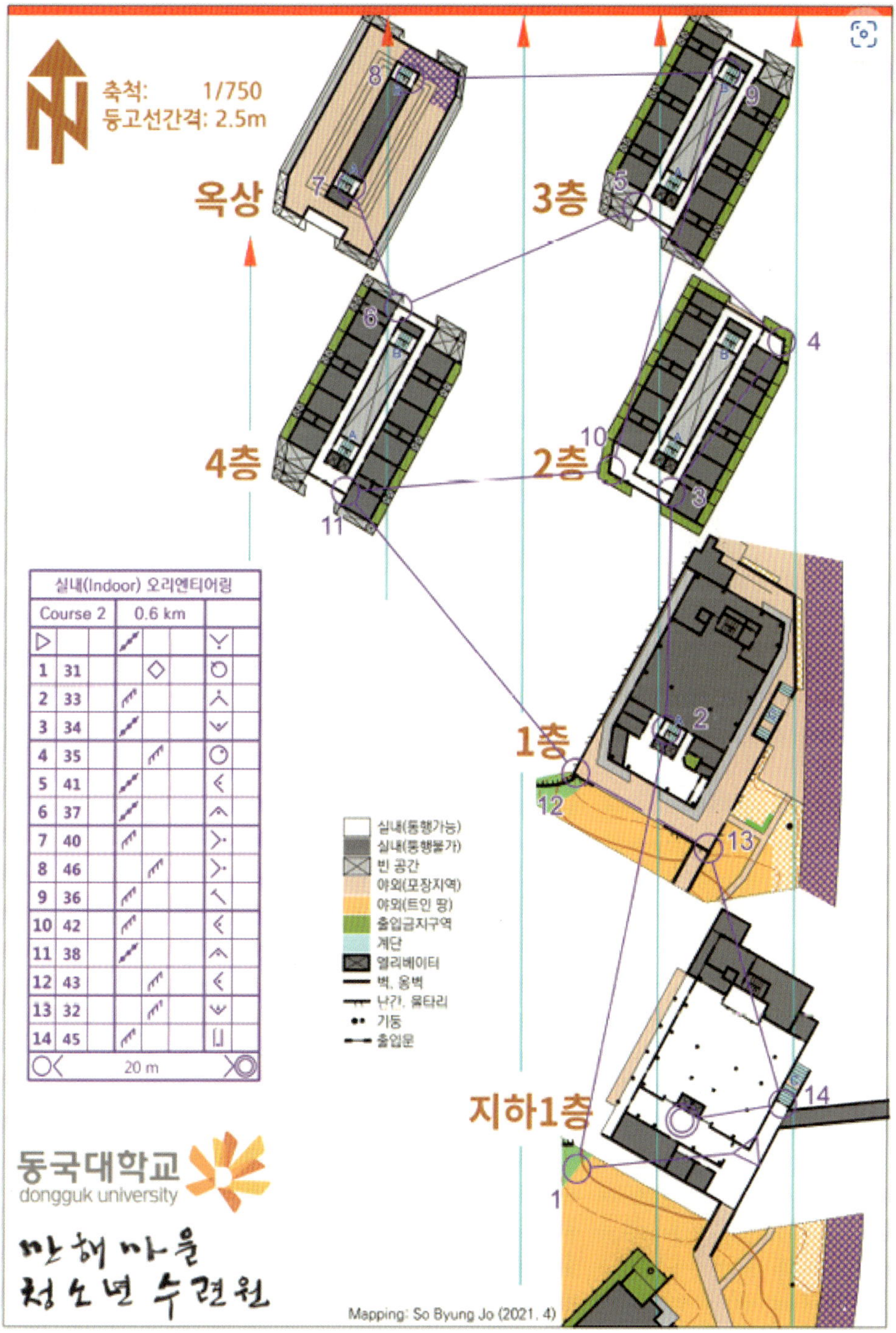

〈소병조, 2021년〉

(12) 세계 여러 나라의 오리엔티어링 지도

① 이탈리아(WOC, 2014)

② 대만(AsOC, 2016)

③ 에스토니아(WOC, 2017)

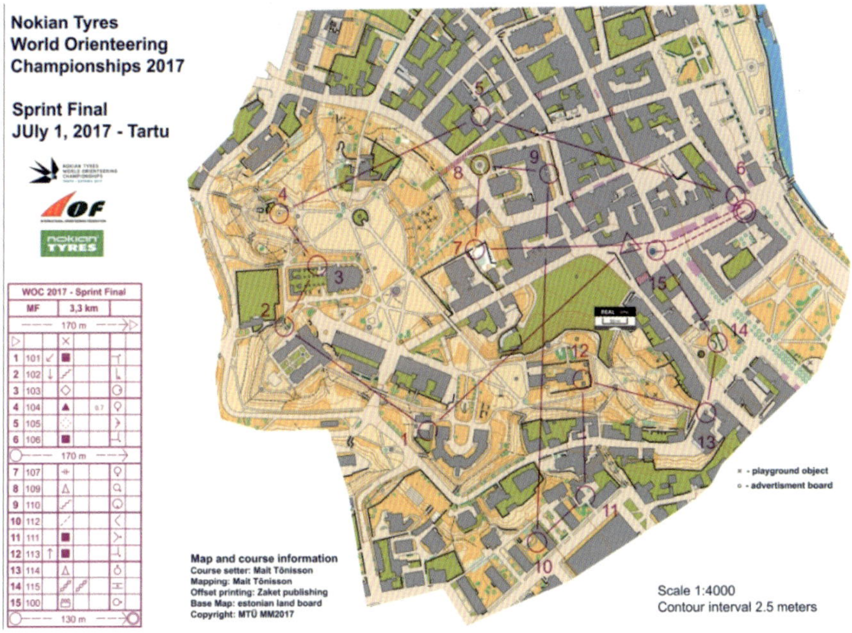

④ 중국(AsJYOC, 2017)

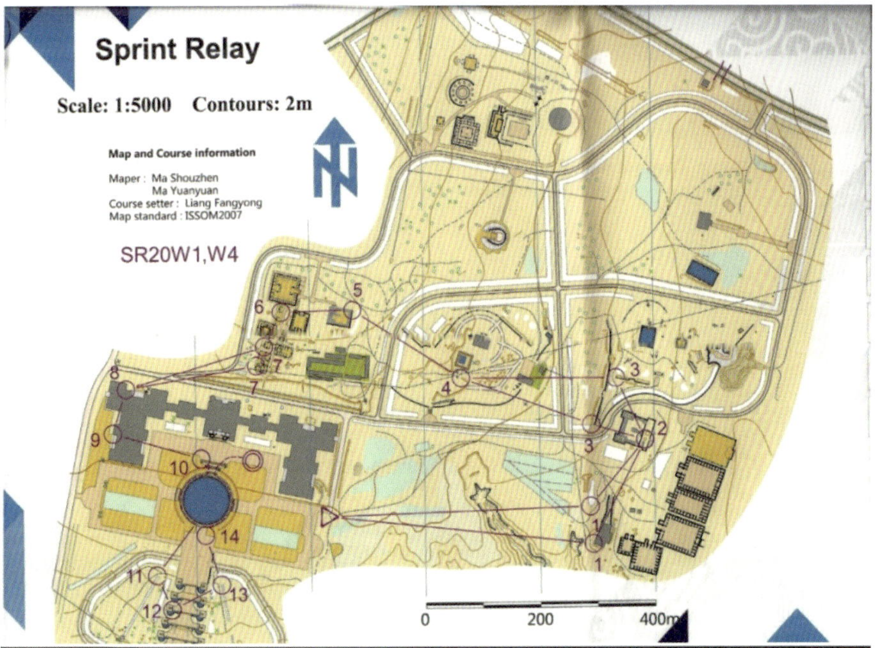

⑤ 일본(AsJYOC, 2019)

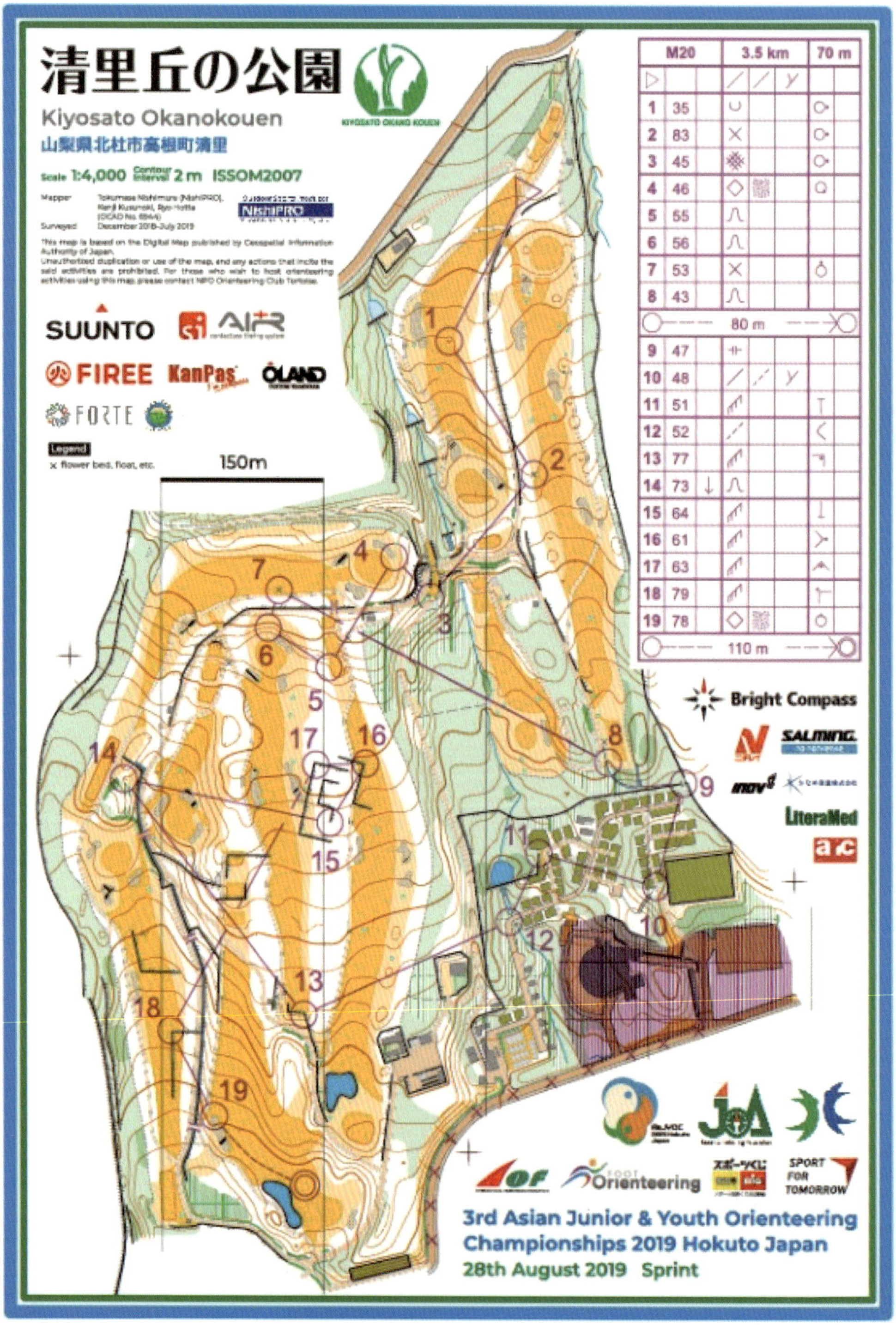

2. Ski 오리엔티어링 지도의 이해

스키 오리엔티어링 지도는 국제오리엔티어링 지도 제작 규정(ISOM)을 기반으로 한다. 하지만 해당 종목의 특정 요구사항을 충족하려면 오리엔티어링 지도 기준에 특정 심볼을 추가로 지정하여 사용한다.

스키 오리엔티어링 지도의 크기는 A4(210mm×297mm)를 초과해서는 안 된다. 스키 오리엔티어링 지도는 양질의 용지에 인쇄해야 하며 방수(무게 100-120g/m^2)면 더욱 좋다. 종이는 비닐 코팅 되어서는 안 되지만, 색상은 방수 처리되어야 한다.

1) 스키 오리엔티어링 지도 기호

(1) 트랙 기호(Track symbols)

801 매우 넓은 트랙 > 3.0m (선) 

스키 트레일 정설기 또는 트랙 평탄기로 만든 스키 센터의 매우 빠르고 넓은 스키 드랙.

802 넓은 트랙 1.5-3.0m (선) 

설상차로 만든 빠르고 스케이트 가능한 트랙으로 너비는 보통 1.5~3.0m이다 스케이트 가능한 트랙은 그 지역의 넓은 스케이트 가능한 트랙보다 더 거칠고 부드럽다.

803 트랙 0.8-1.2m (선) 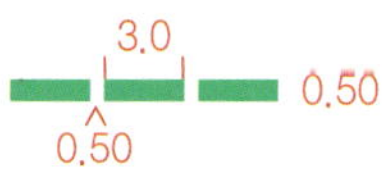

보통 폭이 0.8~1.2m인 설상차로 만든 좋은 트랙. 가파른 경사면에서는 트랙을 더 넓게 만들어 경기 중에 넓어지는 것을 줄일 수 있다.

804 트랙, 저속 0.8-1.0m (선) 

눈 또는 약간의 덤불이 있는 거칠고 느린 트랙. 이 기호는 트랙의 폭이 오르막에 헤링본 스텝(크로스컨트리 스키 등에서 V자 모양으로 발을 벌려 걷는 방법)을 사용하도록 허용하거나 감속 및 정지를 위한 스노우 플로잉 기술을 사용할 수 있는 경우. 가파른 경사면에서는 사용하지 않는다.

연결부를 명확하게 하기 위해 느린 트랙의 시작 부분을 짧은 선으로 그린다.

805 눈 덮인 도로 (선)

정설 되고 스키를 탈 수 있는 도로는 일반 도로 기호로 그려지지만 더 넓다.

806 모래를 뿌리거나 눈이 없는 도로 (선)

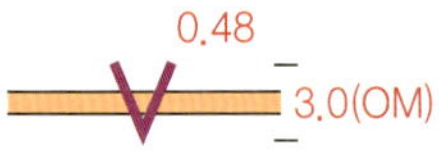

경기 기간 동안 모래를 뿌리거나 눈이 없는 지도상의 도로. 도로 기호를 가로지르는 일련의 V 표시는 해당 도로가 스키를 탈 수 없음을 나타낸다. 눈이 없는 도로와 모래가 많은 도로는 일반적으로 금지된 루트로 표시 되어야 한다.

807 정설 되지 않은 도로 (선)

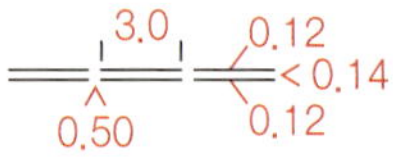

교통이 통제되지 않는 도로, 스키를 탈 수 있는 트랙이 아니다.

808 준비구역 (면)

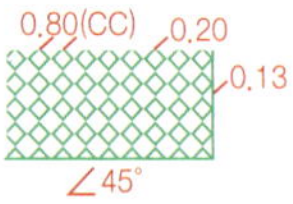

활강 슬로프(알파인 스키 슬로프) 및 기타 넓고 스키 가능하며 단단한 지역. 준비구역의 경계는 모든 가장자리를 명확하게 읽을 수 있도록 좁은 녹색 선(0.13mm)으로 표시된다.

809 금지된 루트, 횡단 가능 (선)

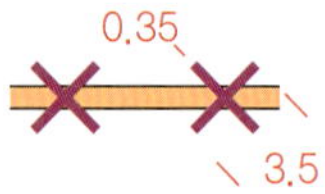

금지된 루트 기호로 표시된 선형 특징물은 교차할 수 있지만 따라갈 수는 없다. 금지된 루트를 표시하려면 최소한 두 개의 기호를 사용해야 한다. 출입금지 루트(711) 기호는 스키 오리엔티어링 지도에서 더 크게 그려서 트랙 연결망에서 더 명확하게 볼 수 있다.

813 일반 설상차 이동로 (선)

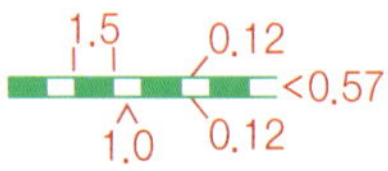

스키 오리엔티어링 경기 동안 사용할 수 있는 설상차를 위한 일반 및 표시된 이동로. 이러한 이동로는 종종 고르지 않고 폭과 품질이 다양하다. 주최자는 대회 지침에 이러한 이동

로 (예: 사진과 함께)의 품질에 대해 경기자에게 알리고, 이동로를 일시적으로 폐쇄하거나 이동로를 유지하거나 기타 수단을 통해 설상차 운전자에게 이동로에서 스키 오리엔티어를 마주칠 가능성을 알려 경기자의 안전을 보장해야 한다. 경기자의 안전을 보장할 수 없는 경우, 이동로를 금지로 표시하고 안전한 통행을 보장해야 한다.

814 금지된 루트, 횡단 금지 (선)

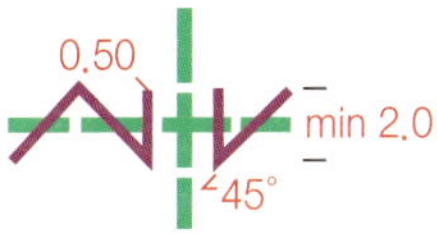

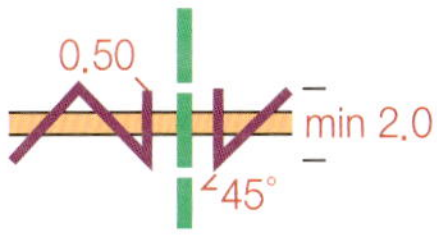

금지된 루트 기호로 표시된 선형 특징물은 따라갈 수 없으며, 특별히 표시된 횡단지점을 제외하고는 횡단할 수 없다. 도로가 정설이 불량하거나, 빙판으로 덮였거나, 교통량이 없었는지 여부에 관계없이 도로에 진입하지 않는다.

경계를 벗어나고 횡단이 금지된 루트는 지그재그로 표시된다. 지그재그 선은 가능한 한 연속적이어야 한다. 금지된 경로 위에 횡단지점이 있는 경우 금지된 루트 위에 두개의 수직선으로 게이트처럼 표시되어야 한다. 또한 지그재그 선의 끝 부분에 수직선을 사용하여 더 긴 횡단면을 지도에 명확하게 표시한다.

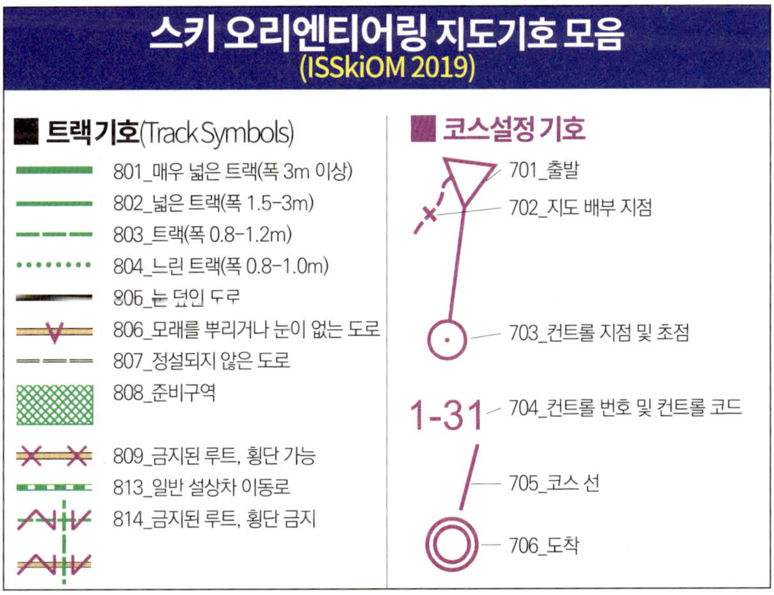

2) Ski 오리엔티어링 지도 축척과 등고선 간격

(1) 축척은 1:15,000(장거리), 1:10,000(중거리 및 릴레이), 1:5,000(스프린트 및 릴레이)이다.

(2) 등고선 간격은 5m이며 2.5m 또는 10m를 사용하기도 한다.

3) Ski 오리엔티어링 지도

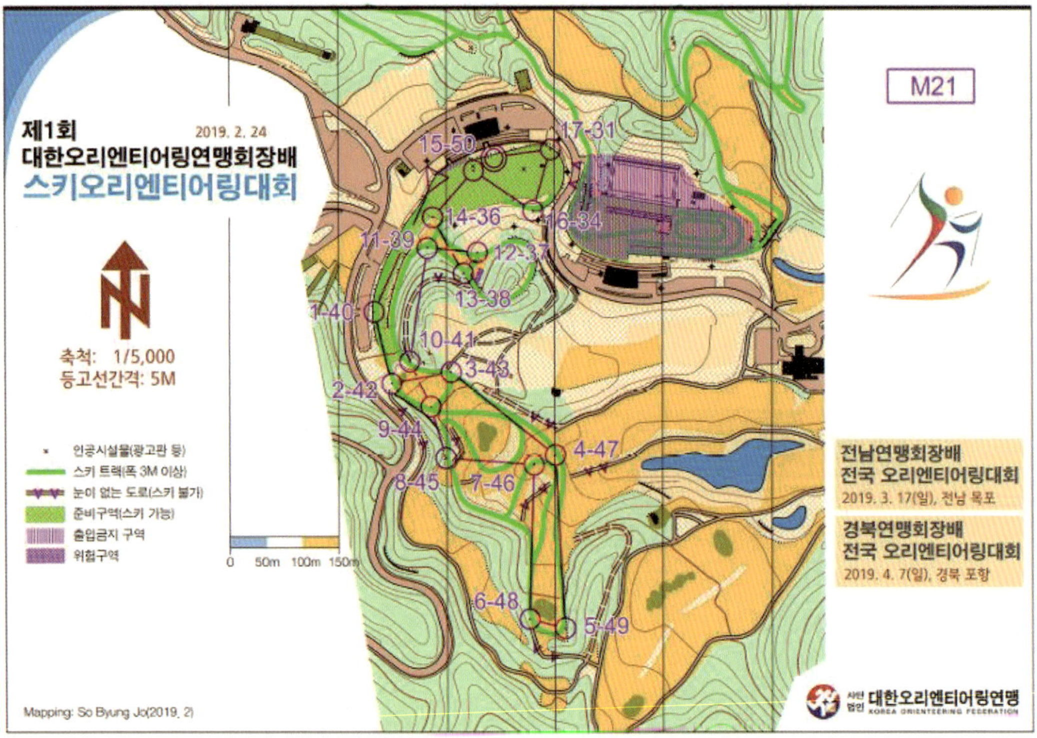

3. MTB 오리엔티어링 지도의 이해

MTB 오리엔티어링도 Foot 오리엔티어링 지도 규정을 적용하고 있다. 제한된 통행로에서 스피드를 내야하는 경기의 특성상 별도의 트랙과 기존 도로를 이용한 트랙을 추가로 사용한다.

1) MTB 지도 축척과 등고선 간격

(1) 축척은 1:10,000, 1:15,000, 1:20,000을 사용한다.

1:10,000은 Relay와 Sprint 경기에 사용하며 1:15,000와 1:20,000은 Relay, Long-D과 Middle-D에 사용된다.

(2) 모든 축적에서의 크기는 동일하다.

(3) 등고선 간격은 5m이며 아주 가파른 지역에서는 10m로 평평한 곳에서는 2.5m로 한다.

2) 특기사항

(1) 지도 규격은 A3를 넘어서는 안 된다.

(2) 도로와 길만 이용하여 경기를 해야 한다. Foot 오리엔티어링과 다르게 지형을 자유로이 들어가지 못한다. 그래서 지도에 트랙을 표시한다.

(3) 트랙과 길의 속도는 3단계 즉 '자전거 달리기 쉬움, 자전거 달리기 천천히, 자전거 달리기 어려움'으로 구분한다.

(4) 트랙과 길의 넓이는 2단계 즉, 1.5m보다 넓은(트랙) 1.5m보다 좁은(길)로 구분하여 사용한다.

4. Trail 오리엔티어링 지도의 이해

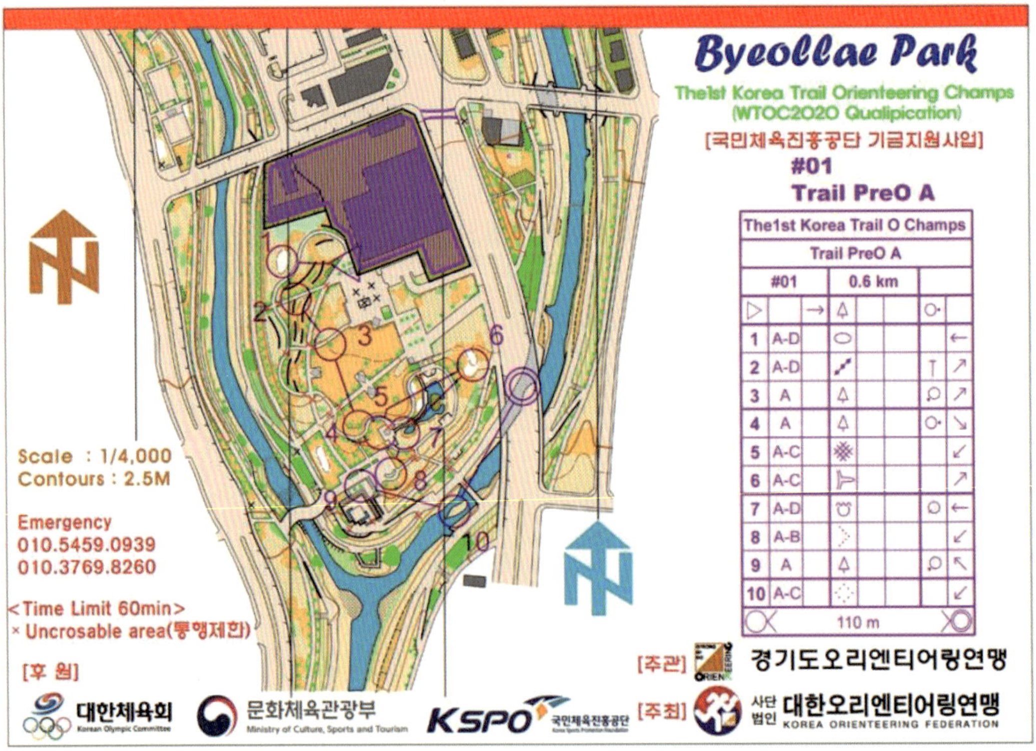

Trail 오리엔티어링 지도는 'Park 오리엔티어링 지도 제작 규정'에 의하여 제작 사용되어

오다가 2005년 ISSOM 규정이 처음 제정되어 적용되었으며 2007년 개정하여 사용하고 있다(ISSOM 2007).

시간 측정용 지도는 기본 축척과 동일한 축척이 적용된다. 시간 측정 컨트롤용은 그 해당 장소마다 한 개씩 있어야 한다. ISSOM은 Sprint 오리엔티어링, Micro 오리엔티어링에도 적용한다. 축척은 1:5,000(1:4,000)을 사용한다.

등고선 간격은 5m 또는 2.5m이다.

제8장

컨트롤 위치 설명표 (Description)의 이해

제8장

컨트롤 위치 설명표(Description)의 이해

컨트롤 위치 설명표 기호의 목적은 모든 국가의 오리엔티어링 참가자가 모호성이나 언어 번역의 필요성 없이 컨트롤 설명을 이해할 수 있도록 표준화된 방법을 제공하는 것이다. 컨트롤 설명표는 검정색으로 인쇄되어야 하며 박스는 측면 치수가 5mm에서 7mm 사이인 정사각형이어야 하며 지도에 인쇄하거나 별도로 지급한다. 2004년 1월 IOF에서는 '2004 Description Symbol'을 공표한 후 2024년 기준이 발표 되었다.

1. 컨트롤 위치 설명표 양식

양식

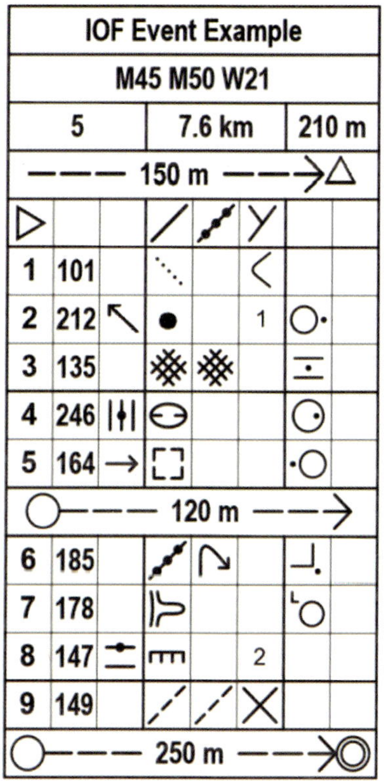

컨트롤 위치 설명표 설명

대회명칭(IOF 이벤트 예시)		
클래스 (M45 M50 W21)		
코스번호(5)	거리 (7.6km)	등행고도 (210m)
출발지점 (출발지점 삼각형까지 150m 거리)		
출발		도로, 벽 합류지점
1	101	좁은 습지, 굽은 곳
2	212	북서쪽 작은 봉우리, 1m 높이, 동쪽
3	135	덤불 사이
4	246	가운데 함몰지, 동쪽 부분
5	164	동쪽 집터, 서쪽
컨트롤에서부터 표시된 루트를 따라 120m를 가시오.		
6	185	돌담, 무너진, 남동쪽 모서리(바깥쪽)
7	178	돌출부, 북서쪽 발치
8	147	위쪽 절벽, 2m 높이
9	149	좁은 길, 교차점
마지막 컨트롤에서 도착지점(F)까지 표시된 루트 250m를 따라가시오.		

컨트롤 위치 설명표는 다음 정보를 포함 한다.

- 대회 명칭
- 출발 위치: 출발구역으로부터 출발 지점(지도상의 삼각형)까지 거리의 세부사항
- 코스 중 표시된 구간의 길이와 특성 같은 특별한 설명을 포함하는 개별 컨트롤에 대한 설명
- 마지막 컨트롤에서 도착지점까지 구간의 특성

2. 컨트롤 위치 설명표의 구성

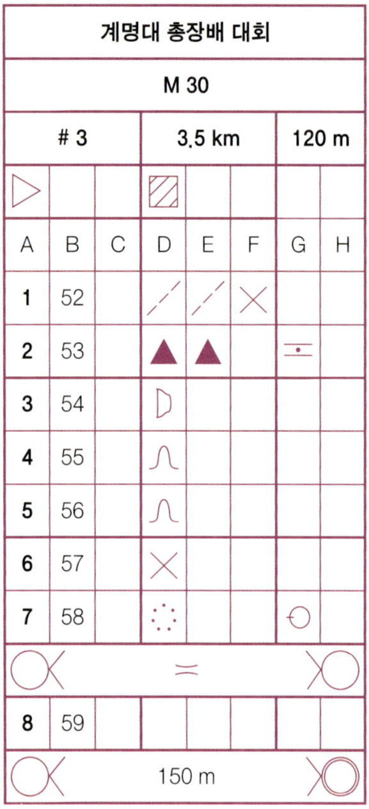

대회명칭 란

클래스(등급)명 란

코스코드/주행거리(km)/등행고도(m)

△: 출발(Start) 컨트롤

A: 컨트롤 순번(번호)

B: 컨트롤 기호

C: 컨트롤(○)안에 2개 이상 동일 특징물의 표기

D: 특징물(부)

E: 특징물의 상태(외양), 모양

F: 특징물의 치수(크기/높이), 결합(X, Y), 굽음 심볼

G: 컨트롤(플랙)이 원의 중심에 없을 때 위치 표시

컨트롤 구간 통과지점 유도(중간 유도)

H: 그 밖의 기타사항

마지막 컨트롤에서 도착지점까지 유도정보(150m)

3. 컨트롤 위치 설명표의 이해

(1) A : 컨트롤 순번

경기자가 통과해야 하는 순서

(2) B : 컨트롤 기호

31 이상의 숫자나 문자로 표시한다.

혼동될 수 있는 숫자는 피한다(66, 99, 68, 89 등).

(3) C : 컨트롤(○)안에 동일 특징물이 2개 이상 있을 때 표시

기호	명칭	설 명
↑	북쪽	2개의 비슷한 특징물의 더 북쪽, 또는 여러 비슷한 특징물의 가장 북쪽.

(4) D : 특징물(부)

경기자가 찾는 특징물(부)의 기호 표기이다. 지도에 표시된 대로 컨트롤 사이트를 정의하는 원의 중심에 있는 특징물. 국가별 기호를 소개하는 것은 일반적으로 권장하지 않는다. 다양한 국가에서 참가할 경우 경기에서 지역 기호가 사용 된다면 이것들에 대한 정보가 경기 전 경기자에게 제공되어야 한다. 지형물, 바위(돌)돌, 물과 습지, 식생상태(계), 인공 특징물, 일부 국가에서 사용되는 기호, 선형특징물의 결합 등으로 구분된다.

ISOM 2017-2(오리엔티어링 지도에 대한 국제기준) 및 ISSprOM 2019-2(스프린트 오리엔티어링 지도에 대한 국제기준) 기호 또는 이를 나타내는데 사용되는 기호를 상호 참조한다. 숫자가 제시되면 해당 숫자로 시작하는 모든 기호가 포함된다(예: 509는 509.1 및 509.2를 나타냄).

(5) E : 특징물(부)의 외양과 상태, 그 외의 정보

특징물(부) 주변의 상태를 의미한다. 필요한 경우 특징물의 특성에 대한 추가 정보를 말한다.(예: 무성한, 무너진) 특정 상황에서 설명이 필요한 두 번째 컨트롤 특징물에도 사용된다.(예: 교차, 연결, 사이)

(6) F :특징물(부)의 치수(크기, 높이), 조합, 굽음

특징물의 치수는 지도에서 컨트롤 특징물의 크기가 축척이 아닌 상징적인 곳에 지정해야 한다. 두 조합 기호(교차, 연결) 및 굽음 기호에도 사용된다. 특징물(부)의 크기(넓이), 높이, 가로×세로(장×단) 등의 정보를 나타낸다. 바위(벽), 흙벼랑(둑) 등은 단순 높이(2.0), 경사진 곳에 있을 때는 고, 저의 높이(1.5/2.0), 두 개의 특징물이 있을 때는 2개의 높이(1.5 2.0)를 표시한다.

숲속의 빈터, 트인 땅, 연못, 흙봉우리, 갱, 구덩이 등 평면체인 경우는 장단변의 길이(5×3)를 기입한다. D란과 E란을 이용한 선상특징물의 결합시 F란에 X, Y가 표시된다. 단위는 m를 사용한다.

(7) G : 컨트롤 플랙이 원의 중심에 있지 않을 때

특징물에 대한 컨트롤 플랙의 위치를 나타내며, 설치된 컨트롤 플랙이 특징물의 어느 쪽에 위치해 있는지의 정보를 8방위 또는 어느 부분(쪽, 가장자리, 모퉁이, 위, 아래 등)에 있는지를 알려준다.

C란과 혼동하기 쉬운데 C란은 원안에 동일 특징물(골짜기, 바위 등)이 2-3개 있을 때 표시이며, G란은 컨트롤 플랙이 특징물(D란에 표기된)의 중심에 있지 않을 때 어느 부분에 위치해 있는지의 정보를 알려 주는 것이다.

(8) H : 기타 정보

경기자에게 중요할 수 있는 기타 정보

주최 측에서 필요하다고 인정되는 경우 운영

급수, 통신, TV, 유인, 구급컨트롤을 운영하는 경우 표시

(9) 유도구간

① 중간 유도구간: 컨트롤 구간 중 루트를 유도하는 경우

2개의 컨트롤 사이 전 구간을 유도, 다음 컨트롤까지의 일부분 유도, 일정 특징물(통과부분, 다리, 터널 등)을 유도하는 경우, 지도교환 시 교환 장소의 표기 등이 있다.

② 도착 유도구간: 마지막 컨트롤에서 도착 지점까지의 정보

마지막 컨트롤에서 도착지점까지의 유도를 어떠한 형식(모양)으로 운영하는 지의 정보를

제공하는 것이다. 유도된 내용(주로 테이프 끝으로 설치)대로 진행하면 된다.

4. 컨트롤 위치 설명표 기호

(1) C 열: 컨트롤(○)안에 동일 특징물이 2개 이상 있을 때

Ref.	기호	명칭	설명
0.1	↑	북쪽	2개의 비슷한 특징물의 더 북쪽, 또는 여러 비슷한 특징물의 가장 북쪽
0.2	↘	남동쪽	2개의 비슷한 특징물의 더 남동쪽, 또는 여러 비슷한 특징물의 가장 남동쪽
0.3		더 높은	컨트롤 특징물이 비슷한 특징물의 바로 위에 있는 경우
0.4	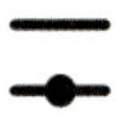	더 낮은	컨트롤 특징물이 비슷한 특징물의 바로 아래에 있는 경우
0.5		중간	컨트롤 특징물이 다수의 비슷한 특징물의 중간에 있는 경우

(2) D 열: 특징물(부)

지형 (ISOM / ISSprOM section 3.1)

Ref.	기호	명칭	설명	ISOM
1.1		테라스	경사면의 평평한 지역	101 102 103
1.2		돌출부	등고선 돌출 또는 주변 지대에서 솟은 돌출부	101 102 103
1.3		골짜기	등고선 굴곡, 골짜기, 돌출부의 반대편	101 102 103

1.4		흙벼랑	주위와 명확하게 구분할 수 있는 급격한 지면 높이의 변화	104
1.5		채석장	평면 또는 경사면에서의 자갈, 모래 또는 암석 작업장	104
1.6		흙둑	주변 지형 위에 튀어나온 지상의 좁은 벽: 부분적으로 표면이 돌이거나, 보통 인공일 수 있음	105 106
1.7		침식된 도랑	일반적으로 건조한 침식된 협곡 또는 도랑	107
1.8		침식된 작은 도랑	일반적으로 건조한 침식된 작은 협곡 또는 도	108
1.9		언덕(봉우리)	높은 지점. 지도에 등고선으로 표시됨	101
1.10		작은 봉우리	작고 분명한 둔덕 또는 작은 봉우리	109 110
1.11		안부	높은 두 지점 사이의 낮은 지점	101
1.12		함몰지	모든 측면에서 지면이 높아지는 함몰지 또는 움푹 꺼진 곳. 지도에 등고선으로 표시됨	101
1.13		작은 함몰지	모든 측면에서 지면이 높아지는 작고, 얕고, 자연스러운 함몰지 또는 움푹 꺼진 곳	111
1.14		구덩이	분명한 경사면으로 된 구덩이 또는 구멍. 보통 인공. 바위 구덩이를 나타내는 기호 8.6과 함께 사용	112 203
1.15		불규칙한 지면	특징물이 너무 작거나 너무 많아 개별적으로 매핑하기에 분명히 혼란스러운 지면. animal earths 포함	113 114
1.16		개미둑 (흰개미 둔덕)	개미 또는 흰개미가 만든 둔덕	

바위와 암석 (ISOM / ISSprOM section 3.2)

Ref.	기호	명칭	설명	ISOM
2.1		절벽, 험한 바위	절벽이나 바위면. 통행 가능 또는 불가능	201 202
2.2		바위 기둥	높고 자연적인 바위 돌출부	206

2.3		동굴	지하로 이어지거나 그렇지 않은 바위면이나 언덕에 있는 구멍	203
2.4		독립 바위	눈에 띄는 독립 바위 또는 암석	204 205
2.5		바위지대	개별적으로 매핑할 수 없도록 너무 많은 바위들로 덮여있는 지역	208 209
2.6		바위 군(집단)	개별적으로 매핑할 수 없도록 서로 근접하게 밀집된 작고 뚜렷한 바위 그룹	207
2.7		돌이 많은 땅	많은 작은 돌 또는 암석으로 덮인 지역	210 211 212
2.8		암반	흙 또는 식물이 덮여있지 않은 바위면의 달릴 수 있는 지역	214
2.9		좁은 통로	서로 마주하는 두 개의 절벽이나 암벽면 사이의 틈	201 202
2.10		트렌치	바위로 된 또는 인공 도랑	215

물과 습지 (ISOM / ISSprOM section 3.3)

Ref.	기호	명칭	설명	ISOM
3.1		호수	물의 큰 지역, 보통은 통행불가로 매핑됨	301
3.2		연못	물의 작은 지역, 얕거나 계절적일 수 있음	302
3.3		웅덩이	물이 채워진 구덩이 또는 함몰지	303
3.4		하천, 시내, 물줄기	흐르거나 멈춰있는 물로 된 자연 또는 인공 수로	301 304 305
3.5		작은 수로, 도랑	간헐적으로만 물을 담고 있을 수 있는 자연 또는 인공의 작은 수로	306
3.6		좁은 습지	좁은 습지 또는 물이 조금씩 흐르는, 지도에 습지 기호로 표시되기에는 너무 좁은 곳	309

3.7		습지	습지식물이 있는 영구적으로 습한 지역	307 308 310
3.8		습지의 단단한 땅	습지 내 또는 두 습지 사이에 습지가 아닌 지역	307 308 310
3.9		우물	지면에 뚜렷하게 보이는 물을 담은 갱 또는 전용 샘. 가끔은 인공으로 둘러싼 모양	311
3.10		샘	뚜렷하게 흘러나오는 물줄기의 원천	312
3.11		물탱크, 물통	인공 물 용기	311

식생 (ISOM / ISSprOM section 3.4)

Ref.	기호	명칭	설명	ISOM
4.1		트인 땅	나무가 없는 지역. 초원, 목포지 또는 들판. 또한 황야 또는 황무지. 트인 모래 지면을 나타내기 위해 기호 8.8과 함께 사용	213 401 403 412 413 414
4.2		거친 트인 땅	흩어져 있는 나무나 덤불이 있는 트인 땅 지역	402 404
4.3		숲의 모서리	트인 땅에 돌출된 숲으로 된 지역의 모서리 또는 끝	405 406 408 410
4.4		숲속 빈터	숲 안에 나무가 없는 작은 지역	401 403
4.5		덤불	나무 껍데기 또는 덤불이 너무 빽빽하여 통행이 어려운 숲의 그늘진 길 지역. 개별 덤불(일반적으로 스프린트 경기)에도 사용될 수 있음	406 408 410 411 418
4.6		선형 덤불	지나가기 어려운 인공의 나무 또는 덤불의 선. 장애물로 사용될 수 있음(일반적으로 스프린트 경기에서)	410 411
4.7		식생 경계	서로 다른 유형의 나무 또는 식물 사이의 뚜렷한 경계	416

4.8		잡목	트인 땅에 나무로 된 작은 지역 또는 더 울창한 숲으로 둘러싸인 더 달리기 쉬운 나무 지역	405 406 408 410
4.9		뚜렷한 나무	트인 땅 또는 숲에 있는 특이하거나 눈에 띄는 나무: 그 유형에 대해 자주 정보가 주어짐	417 418
4.10		뿌리, 그루터기	줄기의 유무에 관계없이 쓰러진 나무의 위로 향한 뿌리, 나무 그루터기	

인공특징물 (ISOM / ISSprOM section 3.5)

Ref.	기호	명칭	설명	ISOM
5.1		도로	보통의 날씨 조건에서 차량에 적합한 자갈. 아스팔트 포장 또는 비포장 도로	502- 503
5.2		소로/길	사람이나 동물에 의해 만들어진 눈에 띄는 루트. 트랙은 튼튼한 차량에 의해 구동될 수 있음	504- 507
5.3		승마로	숲속 승마로 또는 지형을 통과하는 눈에 띄는 흔적(그것을 따라 달릴 수 있는 뚜렷한 길이 아닌)	508 401 or 403 / 416
5.4		교량	물줄기 또는 다른 선형 특징물 위를 건너는 지점	512
5.5		송전선	전력 또는 전화선, 삭도 또는 스키리프트	510 511
5.6		송전선 철탑	전력 또는 전화선, 삭도 또는 스키리프트를 위한 지지물	510 511
5.7		터널	도로, 철도 등 아래 길	512
5.8		담	돌 또는 기타 재료의 담. 부서진 담을 나타내기 위해 기호 8.11과 함께 사용	513 515 514
5.9		울타리	철사 또는 나무로 된 경계. 무너진 울타리를 표시하기 위해 기호 8.11과 함께 사용	516 518 517
5.10		통과지점	문 또는 디딤대를 포함하는 담, 울타리 또는 기타 선형특징물을 통과하거나 넘어가는 곳	519
5.11		건물	인공 구조물. 일반적으로 벽돌, 목재 또는 석재, 지붕을 지탱하는 기둥	521 522.1

5.12		포장지역	주차 또는 다른 목적으로 사용하기 위한 단단한 구역	501
5.13		집터	아래로 쓰러진 건물의 폐허	523
5.14		눈에 띄는 인공선 특징물. 예를 들어 관로: 봅슬레이/스켈레톤 트랙	파이프라인(가스, 물, 기름 등) 또는 지면 위의 봅슬레이/스켈레톤 트랙과 같은 현저한 선형특징물	528 529
5.15		탑/철탑	탑. 일반적으로 금속, 벽돌 또는 목재	524 525
5.16		사격대	사수 또는 관찰자가 앉을 수 있는 나무에 부착 된 구조	525
5.17		경계석, 돌무더기	인공의 돌 또는 돌무더기. 기념비, 경계석 또는 삼각점	526
5.18		사료대	동물 사료를 보관하기 위한 구조물	527
5.19		숯가마터	숯이 구워진 지역의 분명한 유적. 경사면(단)에 작은 높이의 인공지역	530 115
5.20		기념비 또는 동상	기념물, 기념비 또는 동상	530 531
5.21	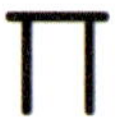	캐노피	지붕으로 된 접근 가능한 구역. 건물을 지나는 캐노피 또는 덮인 통로	522
5.22		계단	적어도 두 단의 계단	
5.23		출입금지구역	출입금지 구역. 일반적으로 화단 또는 비슷한 특징물	520
5.24		철도	철도, 트램 또는 기타 종류의 선로	509

뚜렷한 특징물/ 특수 아이템

Ref.	기호	명칭	설명	ISOM
6.1		뚜렷한 특징물/ 특수 아이템	사용된다면, 경기 전 정보에 그것의 의미에 대한 설명이 경기자에게 제공되어야 함	115 313 419 531

6.2		뚜렷한 특징물/ 특수 아이템	사용된다면, 경기 전 정보의 그것의 의미에 대한 설명이 경기자에게 제공되어야 함	115 313 530

(3) E 열 : 특징물(부)의 외양과 상태, 그 외의 정보

Ref.	기호	명 칭	설명
8.1		낮은	컨트롤 특징물이 특히 낮거나 평평하지만 지도에 표시되지 않는 곳 (예: 언덕, 낮은)
8.2		얕은	컨트롤 특징물이 특히 얕은 곳이지만 지도에 표시되지 않는 곳 (예: 골짜기, 얕은)
8.3		깊은	컨트롤 특징물이 특히 깊지만 지도에 표시되지 않는 곳 (예: 구덩이, 깊이)
8.4		무성한	특징물이 지도에 표시되지 않은 덤불이나 풀숲이 부분적으로 덮여있는 곳 (예: 집터, 무성한)
8.5		트인	나무가 주변보다 적게 있는 지역에 특징물이 있는 곳이지만 지도에 표시되지 않은 곳 (예: 습지, 트인)
8.6		바위, 암석의	특징물이 지도에 표시되니 않은 바위 또는 돌이 많은 땅의 구역에 있는 곳 (예: 구덩이, 바위가 많은) 또한 바위 구덩이(ISOM 203)를 나타내기 위해 기호 1.14와 함께 사용
8.7		습지의	특징물이 지도에 표시되지 않은 습지의 구역에 있는 곳 (예: 골짜기, 습지)
8.8		모래의	지도에 표시되지 않은 모래 지면에 특징물이 있는 경우: 예를 들어 함몰지, 모래밭. 모래 지면(ISOM 213)을 나타내기 위해 기호 4.1과 함께 사용되기도 함(ISOM 213)
8.9		침엽수	컨트롤 특징물과 관련된 나무 또는 나무들이 침엽수인 곳 (예: 뚜렷한 나무, 침엽수)
8.10		활엽수	컨트롤 특징물과 관련된 나무 또는 나무들이 활엽수인 곳 (예: 잡목숲, 활엽수)
8.11		무너진	특징물이 지면으로 쓰러진 곳 (예: 울타리, 집터)

(4) F 열 : 특징물(부)의 치수(크기, 높이), 조합, 굽음

치수

Ref.	기호	명칭	설 명
9.1	2.5	높이 또는 깊이	미터로 표시된 특징물의 높이 또는 깊이
9.2	8 x 4	크기	미터로 표시된 특징물의 수평적 치수
9.3	0.5/3	경사면의 높이	미터로 표시된 경사면에 있는 특징물의 높이
9.4	2 3	두 특징물의 높이	컨트롤을 사이에 둔 두 특징물의 높이

조합

Ref.	기호	명칭	설 명
10.1	X	교차점	두 선형 특징물이 교차하는 지점
10.2	Y	연결점	두 선형 특징물이 만나는 지점. 또는 선형 특징물이 면형 특징물의 측면 또는 모서리와 만나는 곳

이 기호 중 하나를 열 F에서 사용할 때 교차 또는 만나는 두 개의 특징물이 D열 및 E열에 표시되어야한다. 예를 들면 다음과 같다.

D	E	F	명칭	설명
		X	길 교차점	비슷한 두 선형특징물이 교차하는 지점
	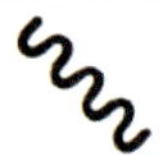	X	승마로/물줄기 교차점	서로 다른 두 선형특징물이 교차하는 지점
		Y	도로 연결점	비슷한 두 선형특징물이 만나는 지점
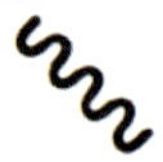		Y	물줄기/좁은 습지 연결점	서로 다른 두 선형특징물이 만나는 지점
		Y	울타리/건물 연결점	선형특징물이 면형특징물의 측면과 만나는 지점

굽음

Ref.	기호	명 칭	설명
11.1		굽은 곳	선형특징물이 방향의 변화를 부드럽게 하는 곳에 사용 (예: 강의 굽은 곳)

(5) G 열 : 컨트롤 플래이 원의 중심에 있지 않을 때

Ref.	기호	명 칭	설명
12.1		북동쪽	특징물이 지표면 위로 확장되는 경우에 사용 (예, 바위, 북동쪽, 집터, 서쪽. 특징물 측면의 컨트롤은 보통 반대쪽에서 볼 수 없음)
12.2		남동쪽 가장자리	사용하는 경우: a) 특징물은 주변 땅의 표면에서 아래로 뻗어 있고, 컨트롤은 지표면의 가장자리에 위치함(예: 함몰지, 남동쪽 가장자리) b) 특징물이 현저한 지역으로 확장되고, 컨트롤은 그 지역의 경계에 위치함(예: 습지, 서쪽 가장자리, 숲속 빈터, 북서쪽 가장자리)
12.3		서쪽 부분	특징물이 현저한 지역 위로 확장되고, 컨트롤은 중앙이나 모서리에 있지 않은 경우에 사용.(예: 습지, 서쪽 부분, 함몰지, 남동쪽 부분)
12.4		동쪽 모서리(안쪽)	사용하는 경우: a) 특징물의 경계가 45-135도 각도로 돌린다.(예: 트인 땅, 동쪽 모서리(안쪽), 집터, 북서쪽 모서리(바깥 쪽)) b) 선형특징물은 모서리를 돌린다.(예: 울타리, 남쪽모서리(안쪽), 돌담, 남서쪽 모서리(바깥쪽)) 참고: 건물의 측면은 선형특징물로 처리될 수 있으며 그러므로 "건물, 동쪽 모서리 안쪽"은 "건물 내부"를 의미하지 않음. 기호의 방향은 모서리가 가리키는 방향을 나타냄
12.5		남쪽 모서리 (바깥쪽)	사용하는 경우: a) 특징물의 경계가 45-135도 각도로 돌린다.(예: 트인 땅, 동쪽 모서리(안쪽), 집터, 북서쪽 모서리(바깥 쪽)) b) 선형특징물은 모서리를 돌린다.(예: 울타리, 남쪽모서리(안쪽), 돌담, 남서쪽 모서리(바깥쪽)) 참고: 건물의 측면은 선형특징물로 처리 될 수 있으며 그러므로 "건물, 동쪽 모서리 안쪽"은 "건물 내부"를 의미하지 않음. 기호의 방향은 모서리가 가리키는 방향을 나타냄
12.6		남서쪽 끝	특징물의 경계가 45도 미만의 각도로 돌리는 곳에서 사용 (예: 습지, 남서쪽 끝)
12.7		북서쪽 끝	선형특징물이 끝나거나 시작되는 지점 (예: 승마로, 북서쪽 끝, 돌담, 남쪽 끝)
12.8		윗부분	특징물이 두 개 이상의 등고선에 걸쳐 있고 컨트롤이 맨 위 근처에 있는 경우(예: 침식 도랑, 윗부분)
12.9		아랫부분	특징물이 두 개 이상의 등고선에 걸쳐 있고 컨트롤이 맨 아래에 있는 경우(예: 골짜기, 아랫부분)

12.10		꼭대기	컨트롤이 특징물의 가장 높은 지점에 있고 이것이 기본 위치가 아닌 경우(예: 절벽, 꼭대기, 계단, 꼭대기 두 레벨 중 상위)
12.11		발치(방향 없음)	컨트롤이 특징물의 경사면과 주변지역 표면의 더 낮은 연결점에 위치하고 이것이 기본위치가 아닌 경우(예: 흙벼랑 발치, 계단, 발치)
12.12		북동쪽 발치	위와 같지만 컨트롤이 주변의 여러 위치에 배치될 만큼 특징물이 큰 경우(예: 언덕, 북동쪽 발치)
12.13		아래	컨트롤이 특징물의 아래에 있는 경우(예: 파이프라인 아래 두 레벨 중 하위)
12.14	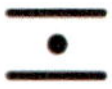	사이	컨트롤이 두 특징물 사이에 있는 경우(예: 덤불 사이, 독립바위와 작은 봉우리 사이)

기호 12.14 '사이'가 G열에서 사용되면 컨트롤을 사이로 둔 두 개의 특징물이 D열과 E열에 별도로 표시해야 한다.

D	E	G	명 칭	설명
			덤불 사이	두 개의 비슷한 특징물 사이 지점
		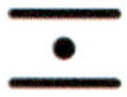	바위와 작은 봉우리 사이	두 개의 다른 특징물 사이 지점

(6) H열 : 기타 정보

Ref.	기호	명 칭	설 명
13.1		응급구호소	응급구호소를 이용할 수 있는 컨트롤 지점
13.2		급수포인트	급수대를 이용할 수 있는 컨트롤 지점
13.3		유인컨트롤	유인 컨트롤 지점

(7) 출발 유도 구간

시간이 정해진 출발구역에서 출발 지점(삼각형)까지의 거리를 보여주는 선택적인 선이다. 이것은 일반적으로 경기장 출발, 또는 출발 지점(삼각형까지 오래 걸리는 경우에 필요하다. 출발 지점(삼각형)이 경기시간이 시작되는 지점에 가까이 있으면 필요하지 않다.

Ref.	기호	명칭/설명
14.1	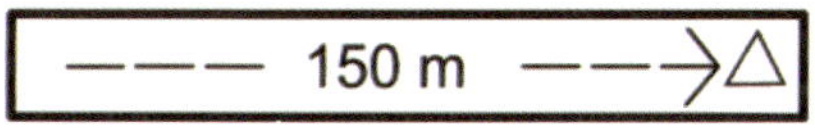	시간이 정해진 출발지점에서 출발 삼각형까지의 거리

(8) 중간 유도 구간

특별지시는 설명표의 본문 안에 경기자에게 제공될 수 있다. 이것들은 지도에 표시된 것을 강조하기 위해 사용되어야 한다.

표시된 루트가 특정 컨트롤에서 멀리 떨어지거나 컨트롤 사이에서 이어지는 경우

Ref.	기호	명칭/설명
15.1	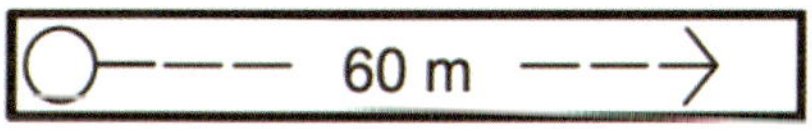	컨트롤에서 표시된 루트 60m를 따라가시오.
15.2	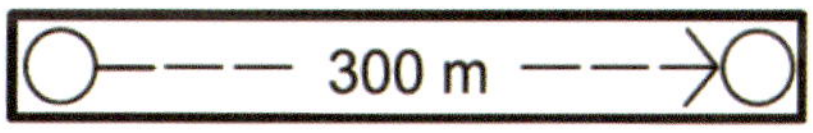	컨트롤 사이에 표시된 루트 300m를 따라가시오.

두 컨트롤 사이에 필수 교차점 또는 루트가 있는 경우

Ref.	기호	명칭/설명
15,3	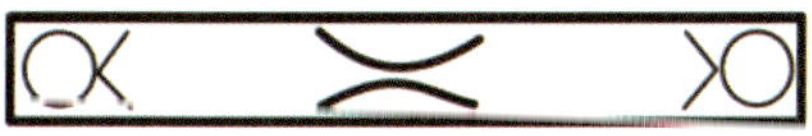	필수 통과지점 또는 지점
15.4		필수 통과구역(제한구역을 지나가는)

지도 교환 시, 또는 표시된 루트가 컨트롤에서 지도 교환으로 이어지는 경우, 다음과 같은 코스의 첫 부분에 대한 마지막 컨트롤 설명을 따라야 한다.

Ref.	기호	명칭/설명
15.5	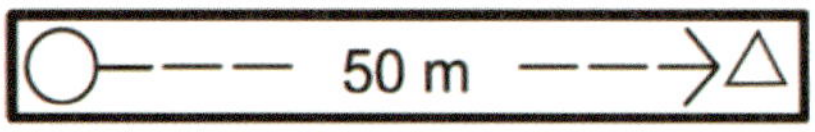	지도교환소까지 50m를 표시된 루트를 따라 가시오.
15.6	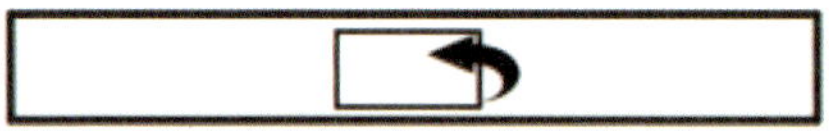	지도 뒤집기(지도를 뒤집는다)

(9) 도착 유도 구간

마지막 컨트롤에서 도착지점까지 루트의 특성은 다음 중 하나로 표시된다.

Ref.	기호	명칭/설명
16.1	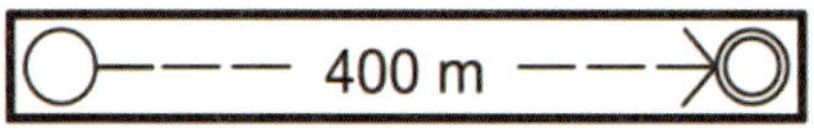	마지막 컨트롤에서 도착지점까지 400m. 표시된 루트를 따라가시오.
16.2	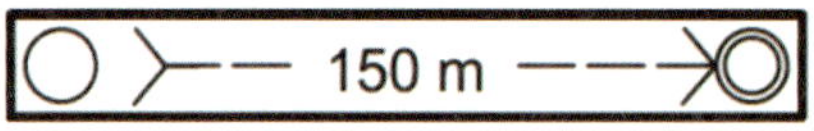	마지막 컨트롤에서 도착지점까지 150m. 테이프를 따라 도착지점 통로를 찾아가시오.
16.3		마지막 컨트롤에서 도착지점까지 380m. 도착지점으로 찾아가시오. 테이프 없음

5. 컨트롤 위치 설명표의 Foot 오리엔티어링 활용

지도	지형	컨트롤 위치 심볼	위치 설명
	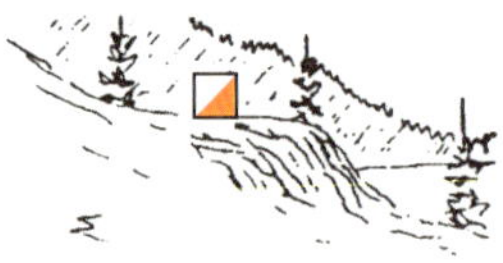	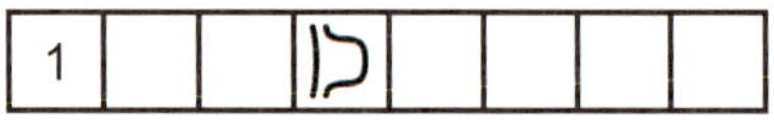	테라스
		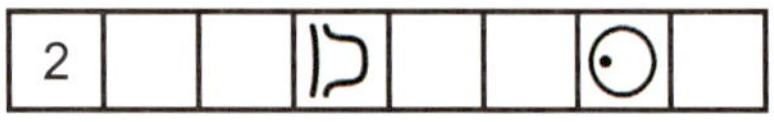	테라스 서쪽 부분
		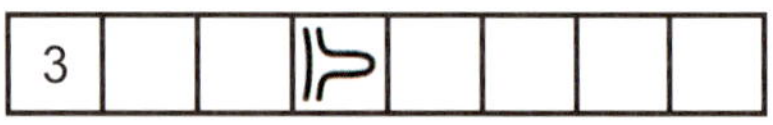	능선 (돌출부)

		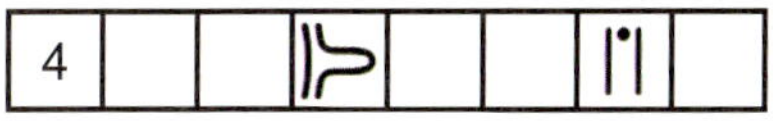	능선 윗부분
		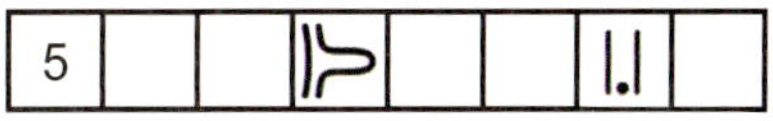	아래 부분
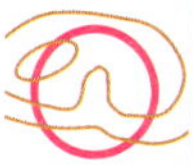		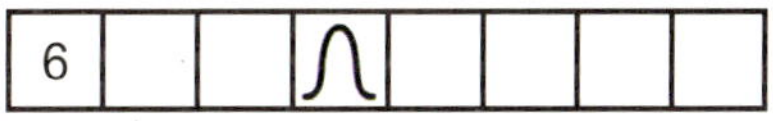	골짜기
		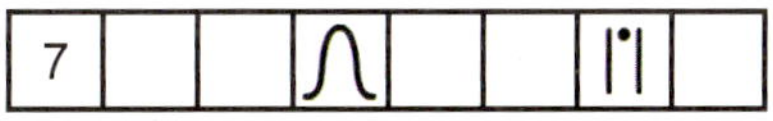	골짜기 윗부분
		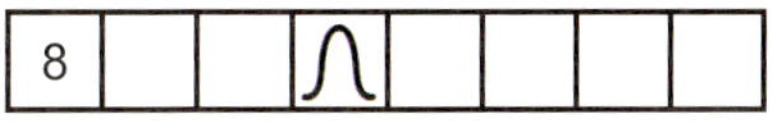	골짜기
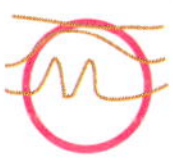		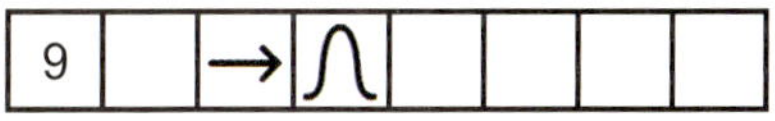	동쪽에 있는 골짜기
		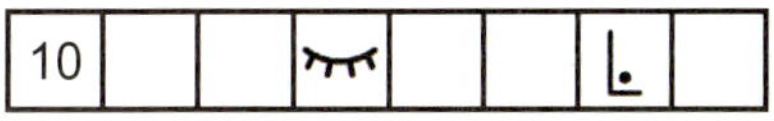	흙 비탈 발치
			채취장 5m×5m
			채석장 동쪽 가장자리
			채석장 동쪽 부분

		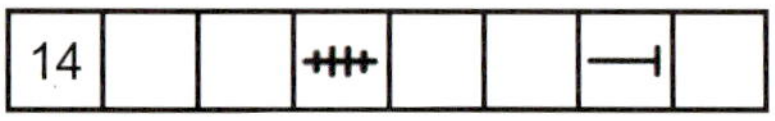 14	흙담 동쪽 끝
		 15	침식된 도랑 아래 부분
		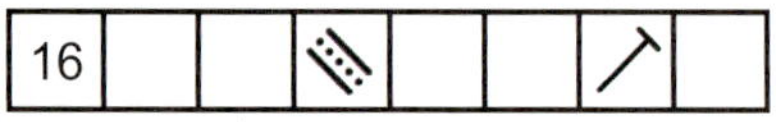 16	침식된 작은 도랑 북동쪽 끝
		 17	언덕
		 18	언덕 북서쪽 부분
	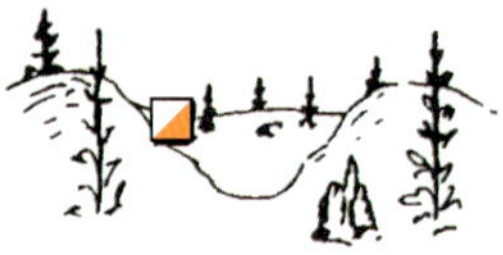	 19	서쪽 언덕 동쪽
		 20	언덕과 작은 봉우리 사이
		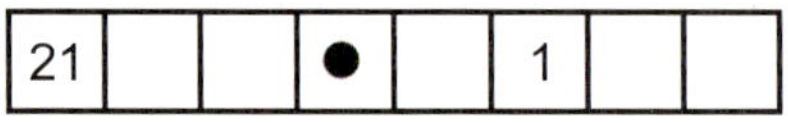 21 … 1	작은 봉우리 높이 1.0m
		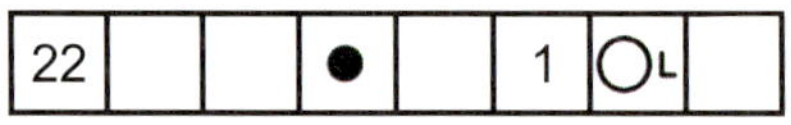 22 … 1	작은 봉우리 높이 1.0m 동쪽 발치
		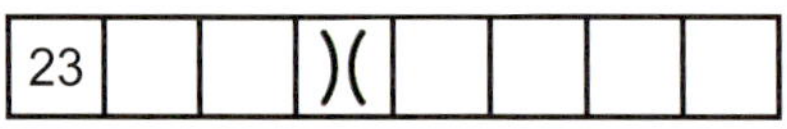 23	안부

	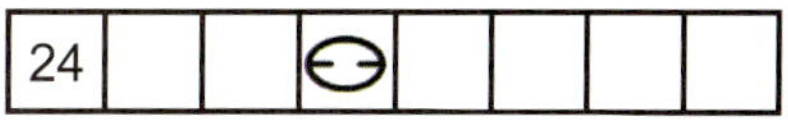 24	함몰지
	 25	함몰지 동쪽 부분
	 26	중앙에 있는 작은 구덩이 동쪽 가장자리
	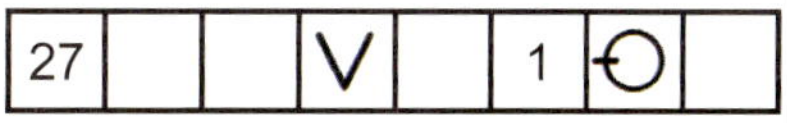 27 1	작은 구덩이(1m) 서쪽 가장자리
	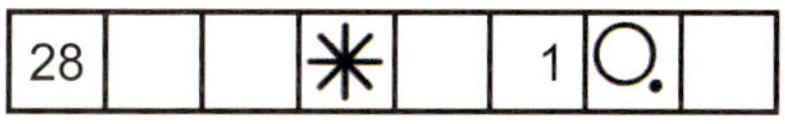 28 1	개미 언덕 높이 1m 동남쪽
	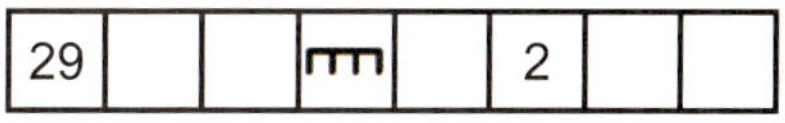 29 2	벼랑 높이 2m
	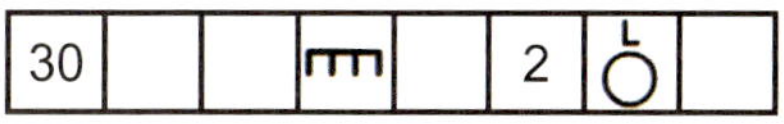 30 2	벼랑 높이 2m 북쪽 발치
	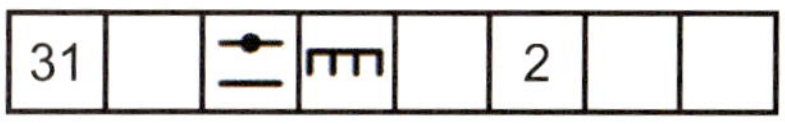 31 2	위쪽에 있는 벼랑 높이 2m
	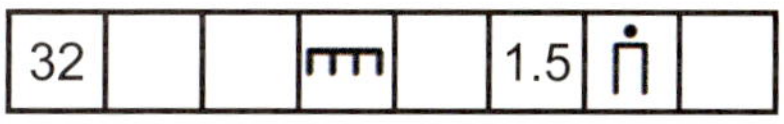 32 1.5	벼랑 높이 1.5m 꼭대기
	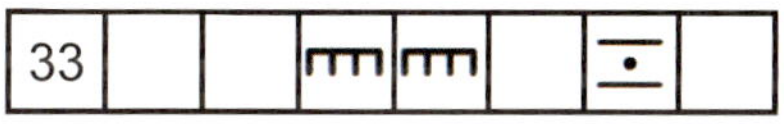 33	벼랑과 벼랑 사이

지도	그림	기호	설명
		34	기둥 바위 남쪽 발치
		35	동굴
		36 1.5	바위 높이 1.5m 서쪽
		37 2	남동쪽에 있는 바위 높이 2m 동쪽
		38 1 / 1.5	높이 1.0m 바위와 1.5m 바위 사이
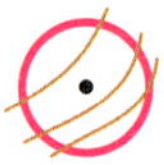		39 0.5/3	경사면이 3m 높이가 0.5m인 바위의 서쪽
		40	바위지대 남동쪽 가장자리
		41	바위군 남쪽
		42	돌밭 북쪽 가장자리
		43	암반

		44	암반 서쪽 부분
		45	좁은 통로
		46	호수 동쪽 돌출 끝
		47	못 동쪽 가장자리
		48	웅덩이 동쪽 가장자리
		49	개울의 굽은 곳 서쪽
		50	남쪽에 있는 개울의 굽은 곳 남쪽
		51	개울과 개울의연 결점 북쪽
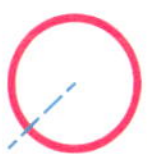		52	도랑 북동쪽 끝
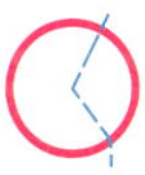	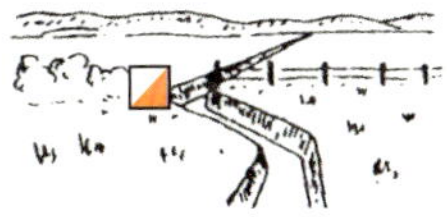	53	도랑의 굽은 곳 서쪽

		54	북쪽 도랑의 굽은 곳
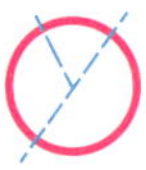	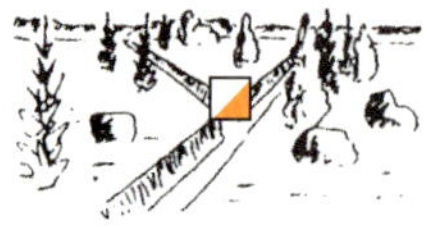	55	도랑과 도랑의 연결점 북쪽
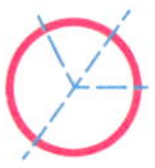		56	도랑과 도랑의 교차점
		57	좁은 습지 남동쪽 끝
		58	습지 북서쪽 부분
		59	습지 남쪽 돌출 끝
	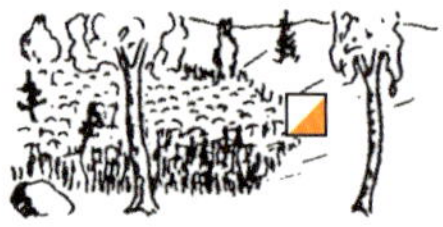	60	습지 동쪽 가장자리
		61 8x8	습지 크기 8m*8m
		62	습지와 습지 사이
		63	습지안의 마른땅 북서쪽 돌출 끝

		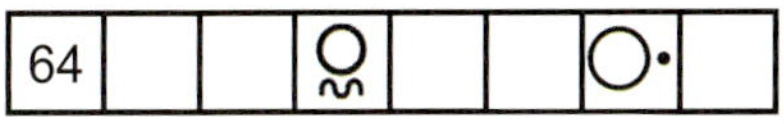	우물 동쪽
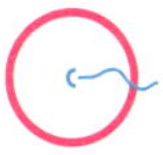		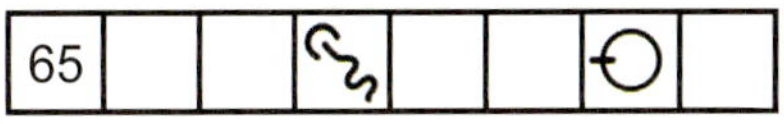	샘 서쪽 가장자리
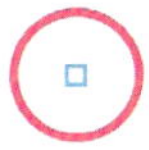		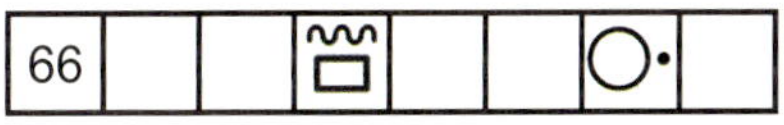	물탱크 동쪽
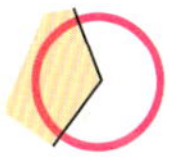		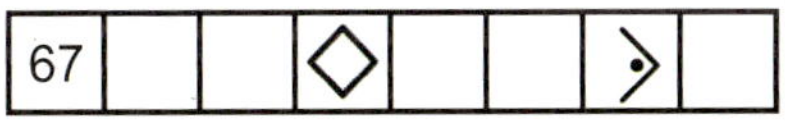	트인땅 동쪽 모퉁이 (안쪽)
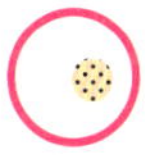		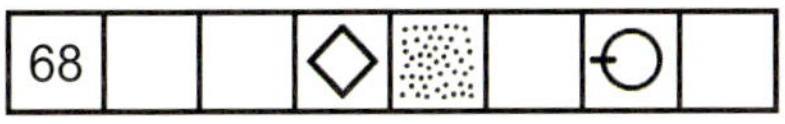	트인 모래땅 서쪽 가장자리
			반 트인땅 동쪽 가장자리
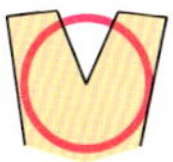			숲 모서리 남쪽 돌출 끝
		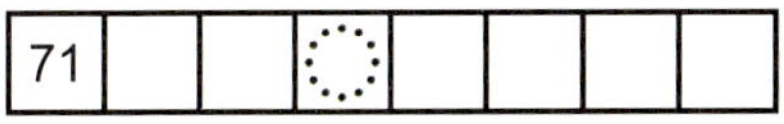	숲속 빈터
			덤불 동쪽
		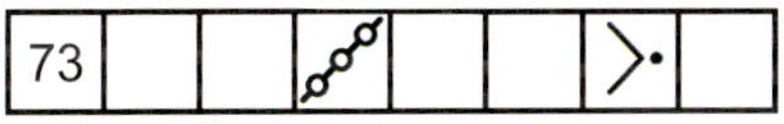	선형 덤불 동쪽 모퉁이 (바깥쪽)

		74 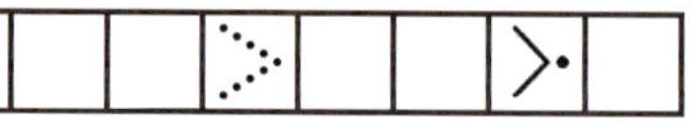	식생 경계 동쪽 모퉁이 (바깥쪽)
		75 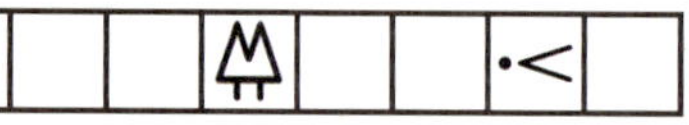	잡목 숲 서쪽 돌출 끝
		76 	독특한 나무활엽수 동쪽
		77 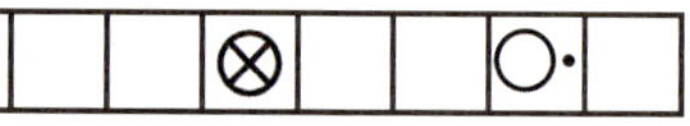	뿌리 그루터기 동쪽
		78 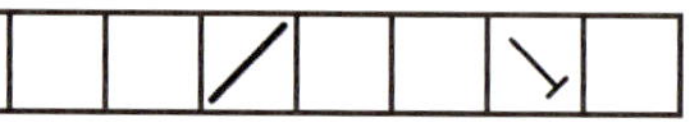	도로 남동쪽 끝
		79 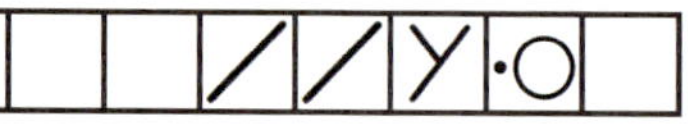	도로와 도로 연결점 서쪽
		80 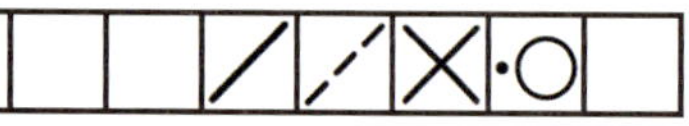	도로와 소로의 교차점 서쪽
	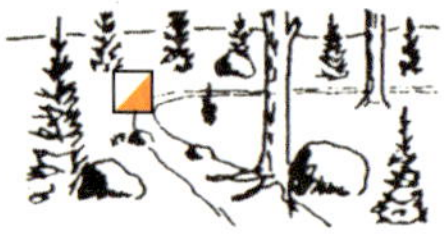	81 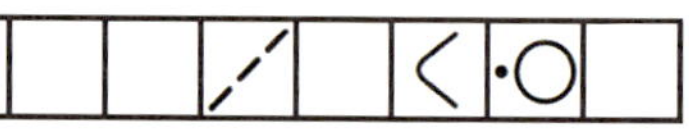	소로 굽은 곳 서쪽
		82 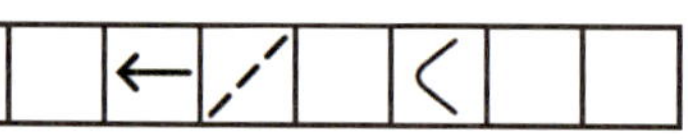	서쪽에 있는 소로의 굽은 곳
		83 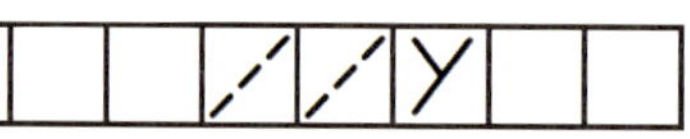	소로 연결점

		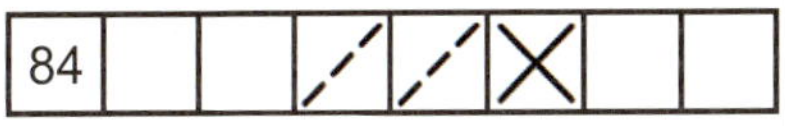 84	소로 교차점
		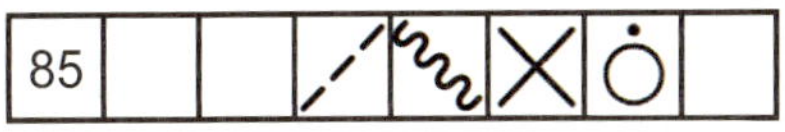 85	소로와 개울 교차점 북쪽
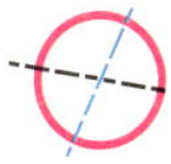		 86	소로와 도랑 교차점 서쪽
		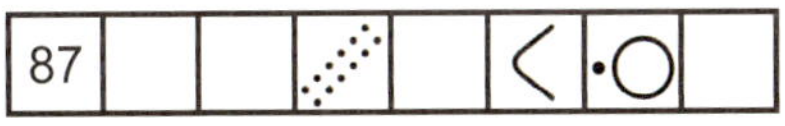 87	승마로 굽은 곳 서쪽
		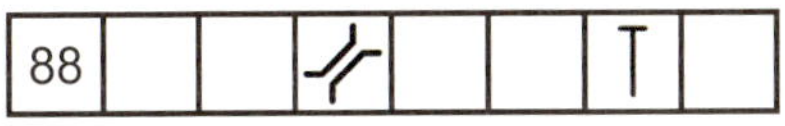 88	다리 북쪽 끝
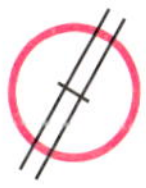		 89	송전선 철탑 서쪽
		 90	터널 남서쪽 끝
		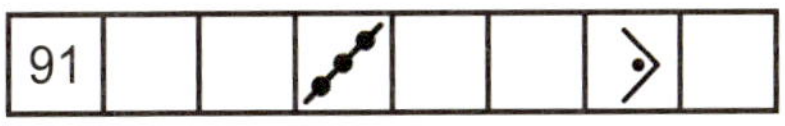 91	담 동쪽 모서리 (안쪽)
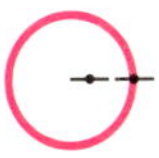	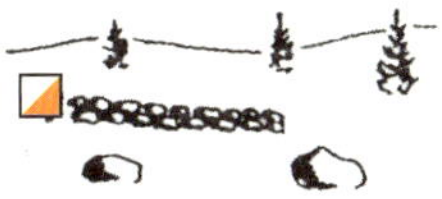	 92	담 무너짐 서쪽 끝
		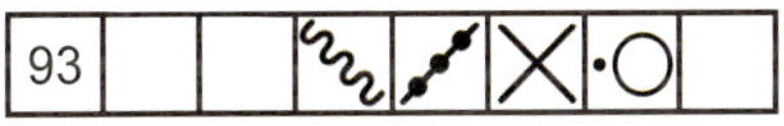 93	개울과 담 교차지점 서쪽

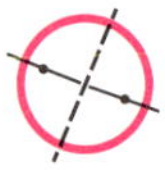		94	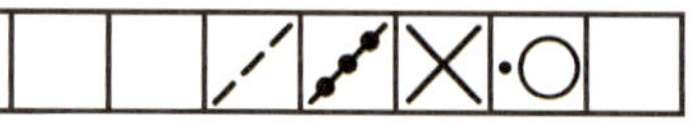	소로 담 교차지점 서쪽
		95	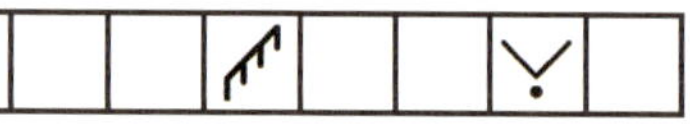	울타리 남쪽 모서리(외부)
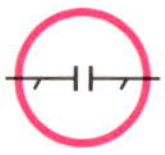		96	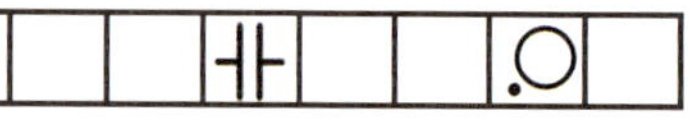	건널목 남서쪽
		97	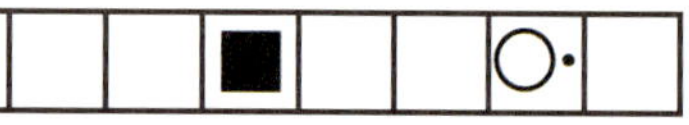	건물 동쪽
		98	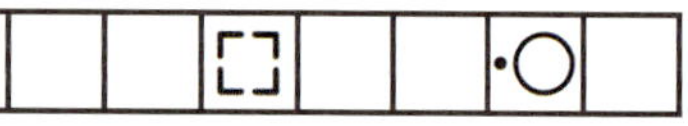	폐허 서쪽
		99	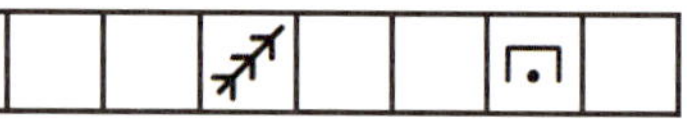	파이프라인 아래
		100	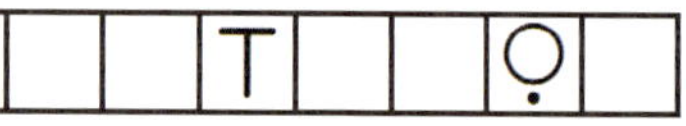	탑 남쪽
		101		사격대 서쪽
		102	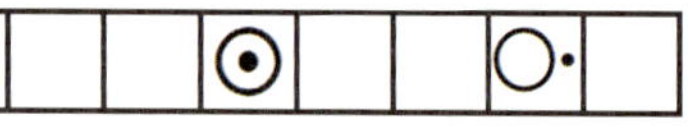	돌무더기 동쪽
		103	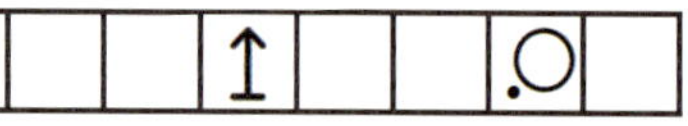	사료대 남서쪽

			동상 동쪽
			숲 가마터
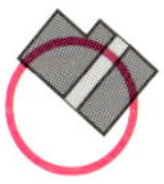			캐노피 남서쪽 끝
		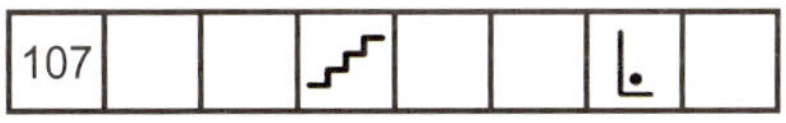	계단 발치
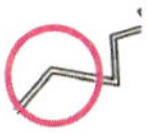	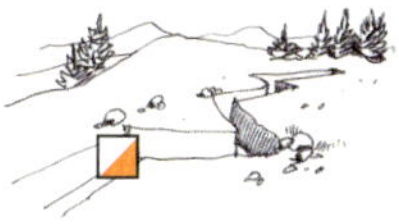		참호 굽은 곳
	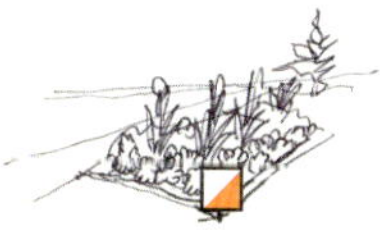		화단 남쪽 모서리 바깥쪽

6. 트레일 오리엔티어링 컨트롤 위치 설명표 (Specifications for Trail Orienteering)

트레일 오리엔티어링에 대한 IOF 컨트롤 설명을 사용할 때 열 사용에는 두 가지 변형이 있다.

B열 - 컨트롤 플랙의 수

이 열은 해당 컨트롤에서 볼 수 있는 컨트롤 플랙의 수를 나타내는 데 사용된다. 예:

A-C는 선택할 수 있는 세 개의 컨트롤 플래과 같다. A-D는 선택할 수 있는 네 개의 컨트롤 플래과 같다.

H열 - 관측 방향

이 열은 특징물을 바라보는 방향을 나타내는 데 사용된다. 예를 들어, 북쪽을 가리키는 화살표는 경기자가 컨트롤 원의 남쪽에 있는 경로, 트랙에 있어야 함을 나타낸다.

예시

A	B	C	D	E	F	G	H
1	A-D		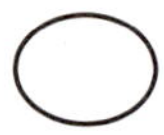				↑

제9장

오리엔티어링 경기

01 오리엔티어링 경기 신청 및 준비

02 오리엔티어링 경기 예절

03 오리엔티어링 경기 방법

04 정확한 전진 방법

05 클래스별 지도 방법 및 코스

제9장

오리엔티어링 경기

1. 오리엔티어링 경기 신청 및 준비

국내 오리엔티어링 경기는 사단법인 대한오리엔티어링연맹과 산하 단체에서 주최하는 경기, 지방 자치단체나 청소년수련원 등의 경기, 동호인 단체 경기 등이 있다.

사단법인 대한오리엔티어링연맹과 산하 단체 경기는 동절기를 제외한 계절에 대부분 정기적으로 열리며, 공인 경기는 국가대표 선발전을 겸하기도 한다. 연맹 홈페이지(https://www.kof.or.kr/)에 공지되는 것을 참고하여 신청하면 된다.

지방단체 등의 경기는 시민들의 건강 증진과 화합을 목표로 하며 부정기적인 경우가 많으므로 인터넷 검색 등을 활용하여 신청하면 된다. 청소년수련원 등에서는 주로 이용객들의 교육 프로그램에 속하여 있거나 자체 행사로 진행하기도 한다.

해외 오리엔티어링 대회를 참가할 경우, 대회 정보는 국제오리엔티어링연맹 홈페이지(https://orienteering.sport/)에서 찾을 수 있다.

1) 경기 신청 및 대회 당일 준비

(1) 본인에게 적합한 클래스를 정해 참가 신청을 한다.

(2) 대회 당일 접수처에 접수를 하여 대회 자료 및 컨트롤카드, 배번 등을 지급받는다.

(3) 출발 시각 및 장소를 확인한다(접수 장소와 출발 장소는 다를 수 있기 때문에 여유 있게 도착하여야 함. 외국의 경우 접수장소와 출발 구역이 4Km 이상 떨어진 경우도 있음).

(4) 출발 전 대기 장소에서 경기복, 신발 등을 착용하고, 부상 예방과 경기력 향상을 위하여 충분한 준비 운동을 실시하고, 화장실 등을 다녀온다.

(5) 출발 장소에서 진행자의 안내에 따라 출발 3분 전 출발 구역으로 이동하여 자신의 출발 레인으로 입장한다. 다음 칸에서는 컨트롤 위치 설명표를 받을 수도 있으며, 마지막 칸에서 지도를 받고 출발한다. 각 선수는 1~3분 간격으로 출발한다.

(6) 출발 전에 출발 장소에서 지형의 북쪽 부분을 미리 살펴두는 것이 경기에 도움이 된다.

2) 경기 참가

(1) 출발 신호와 동시에 주어진 지도를 받아 본인의 참가 클래스에 맞는 지도 인지 확인한다(클래스가 다른 지도가 주어지면 경기를 중단하고 지도 교환을 요청 하여야 한다. 지도 확인의 책임은 참가자에게 있다.

(2) 지도를 정확히 읽고 자기 루트를 선택하여 지도를 진행방향 쪽으로 돌리면서 전진한다.

(3) 지도에 나타난 특정 지점(체크 포인트)을 경기장에서 확인하여 자기 위치를 파악한다.

(4) 현재 위치에서 신 나침반 소삭법 등으로 목표 방위각을 정하여 진행히디기 컨트롤 플랙이 나타나면 컨트롤 카드에 펀칭한다.

(5) 구간 중간의 유도구간이나 마지막 컨트롤에서는 유도되는 루트를 이용한다.

(6) 경기 중 경작지나 출입금지 구역, 올리버 그린 지역을 들어가면 실격 처리됨으로 지도 읽기를 충실히 하고, 규정을 위반하지 않도록 주의 한다.

(7) 도착지점에서 컨트롤 카드를 반납한다(상황에 따라 지도를 회수하는 경우도 있음).

(8) 기록 게시소(판)에서 본인 및 타인의 경기 결과를 확인할 수 있다.

2. 오리엔티어링 경기 예절

1) 오리엔티어링 대회에 참가하는 모든 사람들은 공정성과 정직함을 가지고 행동해야 한다. 그들은 경기인 다운 태도와 우정의 정신을 가져야 한다. 선수는 임원, 기자, 관중 및 경기 지역 주민에 대해 서로에 대한 존경을 표시해야 한다.

2) 선수들은 경기장에서 가능한 한 조용해야 한다.

3) 컨트롤 플랙, 컨트롤기호, 유도 테이프 등 주최자가 설치해 놓은 시설물을 훼손하거나 임의로 위치를 변경해서는 안 된다.

4) 사고의 경우를 제외하고, 다른 주자의 도움을 받거나 경기 중에 다른 주자에게 도움을 주는 것은 금지된다. 부상당한 주자를 돕는 것은 모든 선수의 의무이다.

5) 도핑은 금지되어 있다. IOF 도핑방지 규칙은 모든 IOF 대회에 적용되며 IOF 이사회에서 도핑 통제 절차를 수행 할 수 있다. 필요한 TUE(치료용 사용 면제) 인증서를 획득하는 것은 참가자의 책임이다.

6) 주최자가 명시적으로 허용하지 않는 한, 경기장에 들어가서는 안되며, 경기장에서 평가 또는 훈련을 시도하는 것은 금지 된다. 주최자가 제공한 것 외에 코스 관련 정보를 얻으려는 시도는 경기 전 및 경기 중에 금지 된다.

7) 경기장이나 해당 지역 지도를 잘 아는 선수는 경기에 참가해서는 안 된다.

8) 팀 임원, 선수, 미디어 대표 및 관객은 배정된 구역에 남아 있어야 한다.

9) 도착 라인을 통과한 선수는 주최자의 허가 없이 경기장에 다시 들어갈 수 없다. 퇴장한 선수는 즉시 도착 지점에 이를 알리고 지도와 컨트롤 카드를 제출해야 한다. 해당 선수는 어떠한 방식으로도 경기에 영향을 미치거나 다른 선수를 도와서는 안 된다.

10) 주최자는 선수, 임원 또는 관중에게 위험한 상황이 발생한 경우 경기를 중단하고, 대회를 연기하거나 취소해야 하고, 주최자는 경기를 상당히 불공평하게 만드는 상황이 발생한 경우에도 경기를 취소해야 함으로 참가자는 위험한 상황이나 불공평한 상황을 만들지 않도록 노력하여야 한다.

11) 오리엔티어링 대회와 관련된 도박 참여는 금지된다. 대회 관련 도박 지원이나 홍보도 금지되며, 도박과 관련된 결과의 수정, 결과의 일부 측면의 조작, 이익을 얻기 위한

수행 실패, 뇌물을 받거나 제공하거나 내부 정보를 전달하는 것을 금지한다.

12) 자기가 버린 쓰레기는 자신이 되가져와야 하며, 자연보호에 앞장선다.

3. 오리엔티어링 경기 방법

출발 신호와 함께 지도를 받으면 지도의 클래스가 자신의 클래스와 맞는지 확인하고 지도 잡기(Holding), 지도 접기(Folding), 지도 진행 방향 잡기(Find Direction), 엄지로 짚어가기(Thumb Leading)를 이용하여 전진 하여야 한다.

1) 지도 잡기와 접기

지도 잡기(Holding)는 편리한 쪽으로 지도를 집고, 긴드롤 2~3개 정도 보일 정도로 지도 접기(Folding)를 한다. 이때 진행 방향이 나의 앞 쪽으로 향하도록 잡는다. 지도를 접어서 진행하게 되면 북쪽 방향을 알 수 없는 경우가 발생할 수도 있다. 이때 컨트롤 기호를 보고 확인할 수 있다. 예를 들어 컨트롤 기호가 3번이면 숫자의 위쪽이, 화살표(↑)방향이 북 쪽을 표시한다. 글자의 위쪽도 북쪽으로 향하게 지도는 제작된다.

2) 엄지로 짚어가기(Thumb Leading)

경기를 진행하면서 통과한 지점을 엄지손가락으로 짚어가며 진행하는 것을 말한다. 경기 중 지도에서 나의 위치를 확인하며 가는 방법으로 오류를 줄일 수 있는 가장 좋은 방법이다. 경기 중 나의 위치를 모를 경우 통과한 컨트롤 플랙 등 알고 있는 지점으로 돌아가 경기를 다시 시작하여야 한다.

3) 루트 선택

컨트롤에서 다음 컨트롤 까지 어떤 방향으로 코스를 선택하여 전진하는 것을 루트 선택이라 한다. 오리엔티어링은 올바른 방향 즉, 루트 선택으로 경기 성적이 좌우되며, 이 과정에서 판단력, 추리력, 결단력 등을 기르게 된다. 오리엔티어링 경기에서 가장 중요한 것이 신속하고 정확한 루트선택과 달리기 능력이라고 할 수 있다.

(1) 루트 선택 시 고려 사항

① 지도와 지형의 상황을 파악하여 루트를 선택한다.

② 지도에 나타난 식생상태와 통행 가능도를 살펴본 후, 체력과 지형을 고려하여 신속하게 결정한다.

③ 루트를 정하면 특별한 경우가 아니라면 변경하지 말고 그대로 진행한다.

④ 복잡한 지형에서는 안전을 우선하여 루트를 선택한다.

⑤ 현재 위치를 알고 있다면 가장 가까운 컨트롤까지의 루트를 선택한다.

(2) 신속한 선택

달리면서 지도를 읽고 다음 지점 까지 어떻게 진행할 지를 결정하는 것은 쉬운 일이 아니다. 루트 선택 시에는 정확하게 지도를 읽고 안전하면서도 다음 목적지까지 빠르게 갈 수 있는 코스를 결정해야 한다. 주저하거나, 망설임 없이 신속하게 결정하는 것이 중요하다. 달리면서 정확한 지도 읽기가 어려울 경우, 달리기 속도를 늦추거나, 걸으면서 정확하게 지도를 읽고 루트를 선택하면 된다. 빠른 루트 선택 보다 정확한 루트 선택이 더 중요하다.

(3) 단순화

정확성과 속도는 루트 선택과 경기 결과의 중요 요소다. 난이도가 높은 코스는 짧은 경우가 많으며, 긴 코스는 쉽게 설정되는 것이 관례다. 목표 지점까지 도달하는데 많은 선택의 여지가 있지만 단순화하여, 하나의 루트를 선택하여 목표 지점까지 최선을 다하는 것이 중요하다.

(4) 특징물 이용하기

오리엔티어링 경기에서 많이 사용되는 선형(도로, 하천, 담, 철조망 등), 점형(묘지, 흙봉우리, 바위 등), 지역(호수둘레, 경작지 주위 등) 특징물 등을 이용한다.

(5) 길의 이용

길을 이용하면 거리는 늘어날 수 있으나 안정성과 속도에서 유리하다. 지도의 통행도나 지형의 형태를 보아 길을 이용하여 주행하는 것은 좋은 경기 방법이며, 특히 초보자에게 유용하다.

11번 컨트롤에서 12번 컨트롤: 길 이용

(6) 골짜기와 언덕 구간

지형의 형태를 보아 본인의 체력, 컨트롤의 위치와 공격 방향, 길의 유무, 통행가능 정도를 고려하여 골짜기나 언덕을 공략하면 거리가 줄어들어 좋은 결과를 기대할 수 있다. 체력이 중요한 요소임을 명심하여야 한다.

9번 컨트롤에서 10번 컨트롤

(7) 등고선 이용하기(Contouring)

산을 넘는 것 보다 동일한 고도를 따라 진행하는 것은 거리를 단축할 수 있다. 단순하고 통행가능도가 높은 지역에서 사용해야 한다.

등고선이 너무 복잡하거나 통행상황이 좋지 않은 지형에서 시도 하면 체력 소모가 매우 심하다. 초보자는 충분한 연습을 하지 않으면 고도가 낮은 다른 지역에 도착하여 목표 지점을 벗어날 수 있으니 주의하여야 한다.

(8) 체크 포인트(Check Point)

자기 위치를 모를 경우 더 이상 경기 진행이 어려울 수 있으므로 늘 자기 위치를 확인하여야 한다. 경기에서 확실한 선형, 점형 특징물을 확인하여 경기자의 위치를 파악하며 전진하는 과정이다.

(9) 핸드레일(Hand Rail)

철조망, 철로, 담 등을 따라 전진하는 방식이다

4. 정확한 전진 방법

가고자 하는 방향과 루트를 선택 했으면 시간을 최대한 단축시키는 전진 방법이 필요하다. 목표를 향한 전진 방법을 결정하기 위해서는 본인의 체력, 코스의 난이도, 지형의 상황, 통행도 등에 따라 선택해야 한다.

1) 지도읽기

오리엔티어링 지도는 주행 가능도를 표시한 지도로 일반 지도에서 표시되지 않는 바위, 바위군, 계절의 변화에 따라 수위의 변화를 나타낸 하천이나 호수, 작은 함몰지 식생 변화와 경작지 등을 자세히 나타낸다. 오리엔티어링 지도를 얼마나 빨리 읽는가가 경기의 승패를 좌우함으로 지도 읽기는 매우 중요하다.

(1) 실내에서 지도 읽기 연습

① 일반 지도를 준비하여 지도의 전체적인 구성을 살펴본다. 지도 내용 중 지도 범례와 방향 표시 등을 등을 학습한다.

② 초보자용 또는 어린이용 오리엔티어링 지도를 준비하여 전체적인 구성과 범례 등을 학습하고 일반 지도와 비교해 본다.

③ 오리엔티어링 지도 기호를 학습하여 오리엔티어링 지도에서 기호들이 어떻게 표현되는지를 살펴본다.

④ 오리엔티어링 지도상의 컨트롤을 순서대로 코스를 설정하여 이동 방법을 상상해 본다.

⑤ 본인이 참가한 오리엔티어링 지도를 보고 최단거리 코스를 그리고, 자신의 주행코스와 비교해 본다.

⑥ 경기에서 주행했던 코스에서 읽어야 하는 지형의 세부사항과 지도 기호를 살펴보고 실제로 보고 읽었던 것들과 비교해 본다.

⑦ 지도상에서 등고선을 보고 지형을 상상해본다. 계절에 따라 변하게 될 지형도 상상해 본다.

⑧ 다른 클래스의 지도를 가지고 루트선택 방법을 상상하면서 어택포인트 등을 선정하고, 다양한 진행 방법을 연습한다.

⑨ 지도 기억하기

오리엔티어링 지도위의 두 세 개 컨트롤을 읽은 후 지도를 덮고 머릿속에 지도의 지형지물 등을 그려본다. 한번 본 지형을 기억할 수 있으면, 컨트롤 수를 널려가며 지형지물 기억하기를 반복하여 연습한다.

(2) 지형에서 지도 읽기 연습

실내에서의 지도 읽기 연습은 지도 기호와 코스의 구성, 어택 포인트, 핸드레일 등 다양한 전진 방법을 학습할 수 있다. 그러나 현장에서의 학습은 현장 적응력을 높이므로 반드시 필요하다.

① 오리엔티어링을 처음으로 배울 때나 다양한 유형의 지형을 연습할 때 지도를 가지고 지형을 따라 걷는다. 걸을 때 주변의 지형지물을 기록하면서 지도를 읽는다.

- 자신의 위치를 파악하고 지도에 집중한다.
- 엄지손가락으로 지도를 읽는다.
- 지도의 방향을 진행방향으로 유지한다.
- 주변 지형을 살펴보고 멀리 있는 지형지물도 본다.
- 위치를 유지하면서 이동 중에 지도를 읽는다.
- 지도를 자주보고 지형을 둘러본다.
- 지형에서의 지도 걷기는 1~2시간 동안 지속하는 것이 좋다.
- 지형지물과 지도를 비교하기 위하여 계속 멈춘다면 더 많은 연습이 필요하다.

② 성공적으로 걷고 지도를 읽을 수 있게 되면 빠른 걸음으로 진행한다. 다음 단계는 천천히 조깅을 하며 길과 들판을 따라 달린다.

③ 최종 진행은 걷기, 조깅, 그리고 더 어려운 지형에서 달리기와 지도 읽기가 동시에 이루어져야 한다. 주요 산책로에서 벗어나 작은 숲길을 따라 지도를 읽어본다. 다음으로 시야가 트인 숲으로 이동한 다음 더 밀집된 숲으로 이동한다. 위에 나열된 진행 기준을 사용한다.

마지막 단계에 완전히 익숙해질 때까지 새로운 기술 수준을 시도하지 않는다.

체력 수준이 낮으면 쉽게 피로해지고 지도 읽기에 집중할 수 없기 때문에 지도읽기 기술 학습에 영향을 준다. 지형에서 잘 달릴 수 있다면 지도 읽기를 쉽게 할 수 있으므로 체력과 민첩성을 높이는 것이 중요하다.

2) 거리 측정법

오리엔티어링 지도를 보고 실제 지형에서의 거리를 파악하는 것은 루트 선택 시 매우 중요하다. 축척 1:10,000 지도의 지도상 1cm는 실제 100m이다. 지형에서의 거리는 눈으로 거리를 측정하는 목측법(目測法)과 발걸음으로 거리를 측정하는 보측법(步測法)이 있다.

경기 시 지도상에서의 거리를 구하면 실제 그 거리를 측정하고 진행하여야 하나, 나무, 건물 등으로 가려져 있어 눈으로 거리를 측정 할 수 없을 때 발걸음 수로 거리를 측정하면 편리하다.

(1) 목측법(目測法)

눈으로 거리를 측정하기 때문에 편리하나, 정확도가 떨어짐으로 가까운 거리를 측정할 때 주로 사용한다.

(2) 보측법(步測法)

발걸음 수로 거리를 측정하는 것으로 2보를 한 개로 보는 복보법을 많이 사용한다.

① 50m나 100m를 복보수(2보를 한 개의 수로 계산)로 반복해서 측정을 한다.

② 여러 번 측정하여 평균값을 기억하여 활용한다.

③ 보측은 경사도에 따라, 걷기와 달리기에 따라 그 보측 수가 달라진다. 평지 걷기, 평지 달리기, 오르막, 내리막 걷기, 달리기 등 보측 수를 측정하여 활용하면 된다.

3) 간략한 전진 법(Rough 컴퍼스 법)

경기 중 시간을 절약하기 위하여 대략적으로 방향을 측정하고 진행하는 방법이다. 지형이 단순하고, 특정 방향으로 이동하기 쉬운 경우 주로 사용한다.

4) 정확한 전진 법(Precision 컴퍼스 법)

특별한 특징물이 없는 지역에서 어택 포인트를 잡아 전진할 경우나 지형이 너무 복잡하여 보측이 어려울 때 정확하게 측정한 후 전진하는 방법이다. 컨트롤 플랙 근처에 도착하면 정확한 전진 방법으로 정확하게 진행하여야 한다. 일부는 정확한 전진 방법을 파인(Fine) 컴퍼스 법으로 부르기도 한다.

5) 어택 포인트(Attack point)

잘 보이지 않는 지표면 아래의 특징물(구덩이, 함몰지 등)이 컨트롤일 경우 그 주위 가까이 있는 특징물이 어택 포인트가 되며, 어택 포인트에서 정확한 전진 법(Precision 컴퍼스 법)으로 공격한다. 이때 가급적이면 컨트롤의 특징물보다 큰 것이나 뚜렷한 것으로 해야 한다.

6) 에이밍 오프(Aiming off)

도로의 굽어진 부분, 분기점 등의 선상 특징물을 찾아갈 경우 직접 그 지점에 다다르고자 하면 실패할 수 있다. 어느 한쪽 방향으로 미리 치우쳐 가서 도로를 만나면 거기에서 내가 정한 방향으로 가는 방법이다.

7) 지형에 따른 전진 방법

지도의 등고선을 이해하고 지형과 비교하여 전진하는 방법이다.

(1) 등고선의 좁은 영역은 정상부이며 넓은 부분은 아래쪽이다.

(2) 등고선의 간격이 좁으면 경사가 심하며 간격이 넓으면 완만한 경사이다. 루트를 선택할 때 등고선의 경사를 고려한다.

(3) 골짜기와 능선을 판별하고 루트를 선택하여 전진하다.

8) 효과적인 전진 방법

(1) 출발 후 첫 번째 컨트롤을 신중하게 찾아야 한다. 첫 번째 컨트롤은 긴장된 상태에서 출발하여 제대로 찾지 못하면 당황하여 다음 경기에 지장을 준다.

(2) 도착한 곳이 어딘지 모를 경우는 아는 데(체크포인트)까지 되돌아간다. 지도읽기와 엄지로 짚어가기를 제대로 하지 않았거나 특징물이 없는 긴 구간에서는 지도상에서의 자신의 현재 위치를 잃게 되는 수가 있나. 진행해 온 루트로 돌아가 현재 위치를 확인할 수 있는 그 지점에서 부터 다시 시작해야 한다.

(3) 컨트롤 플랙이 안 보일 때에는 당황하지 말고 다시 한 번 생각한다. 컨트롤에 도착했다고 생각했는데 컨트롤 플랙이 보이지 않으면 당황하게 된다. 지도상에 내가 알고 있는 지점에서 다시 정확한 전진 법으로 진행한다.

5. 클래스별 지도 방법 및 코스

1) 초보자 지도 방법 및 코스

오리엔티어링을 처음 접하는 초등학생, 중, 고등학생, 초보자, 교육 시 오리엔티어링에 대한 이해와 흥미를 가질 수 있게 한다. 오리엔티어링 지도의 이해와 나침반의 역할과 사용법을 익히도록 한다.

초보자 코스는 주로 뚜렷한 선형 특징물(도로, 도랑 등)을 이용하도록 하고, 나침반에 의존하지 않고도 경기를 할 수 있도록 한다. 시야가 탁 트이고 주행이 용이하며 안전한 곳이어야 하며, 구간이 짧아야 하고(3±0.5km내외/평균시간 30±10분) 컨트롤 수도 적고, 그 주위에 가면 쉽게 컨트롤 플랙을 찾을 수 있게 한다.

2) 중급자 지도 방법 및 코스

오리엔티어링을 시작한지 3-4개월(3-4회 경기 참여자)정도의 경험자를 대상으로 기본적인 사항을 익히고 경험이 있는 경우로 기술적인 오리엔티어링이 될 수 있도록 한다.

중급자 코스는 기본적인 루트 선택을 할 수 있는 정도여야 하며, 등고선을 이용한 코스(돌출부, 골, 등성이등)를 설정하여 지도읽기에 충실하게 한다.

100m 정도를 추정하게 하며 나침반 조작의 간략한 전진 법(Rough 컴퍼스 법), 정확한 전진 법(Precision 컴퍼스 법)을 응용하게 한다.

어택 포인트, 에이밍 오프를 포함시키며, 가급적이면 돌출 특징물(구덩이 보다는 독립바위 등)을 이용한다. 시야가 낮지 않은 곳으로 하며 컨트롤 위치 설명표의 G란을 이용하게 한다.

3) 고급자 지도 방법 및 코스

고급자 코스는 어려운 코스로 남녀 20대, 남 30대 경험자를 대상으로 하며 나침반과 지도를 정확히 활용하여 기술을 바탕으로 하는 경기에 임할 수 있도록 하는 것이 좋다.

코스는 어떤 루트를 선택해야 하는지 판단을 요하는 구간을 가급적 많아야 하며, 지도 읽기에 충실하게 하고 방향을 찾아 가는데 많은 생각을 하게 한다. 주력의 구간도 첨가하며, 구간의 거리도 다양하게 하며, 특징물의 선택도 다양하게 사용하여 경기자가 방향 결정 능력과 주력을 발휘하게 한다.

등고선을 이용한 곳이나 특별히 떨어져 있는 점형 특징물은 난이도를 더해 준다.

컨트롤 위치 설명표의 각 란을 가급적 많이 이용하여 먼저 특징물을 찾을 수 있게 하고 설명표의 내용을 확인하게 한다.

4) 엘리트 지도 방법 및 코스

엘리트 코스는 어떤 루트를 선택해야 하는지 판단을 요하는 구간을 많이 두고, 지도읽기에 충실하게 하고 방향을 찾아가는데 많은 생각을 할 수 있게 한다. 특별한 경우 아니면 선상 특징물은 피한다. 구간의 거리도 다양하게 하며 특징물의 선택도 다양하게 사용하여 경기자가 방향 결정 능력과 주력을 발휘하게 한다. 시간을 두고 코스를 여러 번 점검한다.

IOF 경기 기준

항목	Sprint	Middle	Long	Relay
컨트롤	기술적 쉽게	시종일관 기술적으로 어렵게	기술적 어려움의 혼합	기술적 어려움의 혼합
루트선택	높은 집중력 필요	소.중 규모의 루트 선택	대규모 난이도적용	소.중 규모의 루트 선택
주행 타입	초고속	기본적으로는 고속형 이지만 복잡한 지형은 속도 조절 필요	체력적으로 힘들고, 지구력과 페이스 판단이 필요	고속 다른 경기자와 빈번히 만남
경지장 지형	달리기 편한 공원 시내, 산림, 관객이 경기장 진입 허용	기술적으로 난이도를 높임	좋은 루트 선택 가능성을 허용하는 체력적으로 거친 지형.	적절한 루트 선택이 혼합 난이도 필요 지형
지도 축적	1:4,000	1:10,000	1:15,000	1:10,000
우승설정시간	12-15분	30-35분 예선은 짧게	남자 90-100분 여자 70-80분 예선은 짧게	30-40/1인 주자 남,여자 총 90-105분

IOF 규칙 부록 7 참조

제10장

모바일 오리엔티어링

제10장

모바일 오리엔티어링

스마트폰을 사용하는 방식의 오리엔티어링을 '모바일(Mobile) 오리엔티어링'이라 한다. 모바일 오리엔티어링은 스마트폰의 GPS 위치기반 서비스를 이용한 방식과 QR코드 또는 NFC 태그를 이용한 방식이 있다. 위치기반 서비스를 이용한 방식은 스마트폰의 GPS 및 응용 프로그램을 활용하여 오리엔티어링 경기를 수행하는 방식을 말한다. 위치기반 서비스를 이용한 오리엔티어링 시스템으로 가장 대표적인 것으로 MapRun6 이 있다.

1. MapRun6

MapRunF의 최신 버전인 MapRun6은 호주에서 비영리 단체의 지원으로 개발하여 40여 개국에서 사용하고 있는 위치기반 오리엔티어링 전용 어플리케이션이다. 한국어 서비스가 없는 것이 단점이기는 하지만, 안드로이드 폰과 아이폰 모두 사용할 수 있고 오리엔티어링의 다양한 경기방식과 기록 측정을 자동으로 구현하고 있어 오리엔티어링 대회에 최적화된 시스템이라 할 수 있다.

펀칭과 기록측정을 위해 스마트폰 앱을 사용함으로써 코스에 컨트롤 플랙과 펀치기를 설치할 필요가 없다. 주최자의 시간과 노력을 절약할 수 있고, 코스를 장기간 열어둘 수 있으며, 앱에서 실행 루트, 개인 기록 및 속보판과 함께 즉각적인 피드백이 제공된다.

2. MapRun6 시스템의 주요 기능

MapRun6은 정기적인 오리엔티어링 대회를 편리하게 수행할 수 있는 방법을 원하는 오리엔티어링 클럽 등을 주 대상으로 한다. MapRun6은 현장에서 물리적 컨트롤이 요구되지 않는 오리엔티어링 형식을 제공하여 주최자의 시간과 노력을 절약하고, 장기간 열리는 대회에도 참여할 수 있도록 서비스를 제공한다. 경기결과는 자동으로 게시된다.

1) 작동원리

이벤트를 선택한 상태에서 주자가 MapRun6 앱으로 달릴 때:

(1) 앱은 그들의 위치를 추적한다(표시하지 않음).

(2) 이벤트에 대한 코스 파일에 포함된 컨트롤 지점의 위도 및 경도와 지속적으로 위치를 비교힌다.

(3) 컨트롤까지의 거리가 15m(설정에 따라 다름) 미만인 경우 앱은 해당 컨트롤에 펀칭을 기록한다.

(4) 이벤트는 방문하는 출발지점 및 도착지점에 펀칭함으로써 시작하고 종료된다.

(5) 이벤트가 끝나면 이벤트 유형에 대한 규칙이 적용되어 경기결과를 결정한다. 포인트 방식 코스에 대한 올바른 컨트롤 순서 확인이 포함된다. 스코어 방식 코스의 점수 계산도 가능하다.

(6) 주자의 경기결과 파일과 루트는 주행이 끝나면 MapRun6 서버에 자동으로 업로드 된다.

(7) 주자의 결과는 이 이벤트의 다른 사람 결과와 병합되어 전화기와 웹사이트에 표시된다.

(8) 주자는 GPS 시계만 휴대하여 달리고 그 결과를 확인하기 위해 자신의 루트를 업로드 할 수도 있다.

2) 주요 기능

(1) 펀칭(Punching)

펀칭은 일반적으로 컨트롤을 회수해야 하는 것을 피하기 위해 GPS 기반이다.

① QR코드 및 NFC 태그를 이용한 태그 기반 펀칭도 가능하다.

② GPS가 그 순간에 정확도가 50m보다 나쁘다고 인식되는 경우 MapRun6은 펀칭하지 않는다.

③ GPS 기반 펀칭의 경우 MapRun6은 컨트롤까지의 거리를 지속적으로 모니터링 한다. 컨트롤까지의 거리가 해당 이벤트에 대해 설정된 "펀칭 허용오차(m단위)"보다 작아지면 해당 컨트롤을 펀칭할지 여부를 결정할 때 다음 논리가 적용된다. MapRun6의 기본 "펀칭 허용 오차"는 15m 반경이지만 이벤트 주최자가 조정할 수 있다.

④ MapRun6은 출발지점을 방문하기 전에 컨트롤을 펀칭하지 않는다. 출발지점은 일반적으로 S1이지만 SAW(Start Anywhere) 이벤트에서 먼저 접근하는 모든 컨트롤(F1 제외)은 S1으로 이름이 변경된 다음 S1으로 펀칭된다.

⑥ 가장 최근에 펀칭된 컨트롤은 다른 컨트롤이 펀칭될 때까지 다시 펀칭되지 않는다. 즉, 동일한 컨트롤을 순서대로 두 번 펀칭할 수 없다.

⑦ S1은 다시 펀칭하지 않는다.

⑧ F1은 S1과 다른 하나의 컨트롤을 방문한 후에만 펀칭이 된다.

⑨ 포인트 방식 코스의 올바른 컨트롤 순서는 레이스 중에 적용되지 않는다. 일반적인

오리엔티어링과 마찬가지로 필드의 모든 컨트롤을 펀칭할 수 있으며 마지막에 완주 여부가 확인된다. 방문한 모든 컨트롤을 펀칭하고 포인트 방식 코스의 루트를 올바르게 처리한다. SPORTident와 마찬가지로 이벤트 후에 결과의 유효성이 결정된다.

⑩ 컨트롤은 여러 번 펀칭될 수 있다. 다만, 즉각적인 순서는 아니다.

⑪ F1을 펀칭한 후에는 아무것도 펀칭되지 않는다.

(2) 이벤트의 형식

① 포인트 방식, 분산형 방식, 스코어 방식(여러 "표준" 점수 체계 및 매개변수를 사용하는 사용자 지정 가능한 점수 체계 포함).

② 예정된 시간에 동시 출발.

③ "어디서나 출발(Start Anywhere)"을 통해 주자는 모든 컨트롤에서 코스를 시작할 수 있다(전체 이벤트를 완료해야 함).

④ 라디오 방향 찾기(ARDF, Amateur Radio Direction Finder) 이벤트(또는 참신한 이벤트)에 대해 숨겨진 컨트롤이 지원된다.

⑤ 이벤트는 일반적으로 4자리 PIN으로 보안이 유지된다(적어도 예정된 출발시간까지).

⑥ 이벤트는 경기결과 표시 및 트랙 표시를 위해 참가기간을 정할 수 있다(장기간 이벤트에 유용).

⑦ MapRun6 앱으로 실행 중인 주자의 실시간 추적이 가능하다(비밀 및 개인정보 보호를 위해 관리자만 접근 가능).

3. MapRun6 시스템 사용 방법

1) 필요 장치

참가선수는 MapRun6 시스템을 적용할 스마트폰과 응용프로그램만 있으면 된다.

MapRun6 시스템을 사용할 수 있는 스마트폰은 Android 및 iPhone 모두 가능하다.

실행할 장치	이벤트 유형	기능	비고
MapRun6 앱이 있는 안드로이드, 아이폰	GPS, QR 코드, NFC 펀칭	- 화면에 지도 및 코스 표시 - 펀칭 시 컨트롤이 녹색으로 표시 - 컨트롤에서 신호음/진동 - 시간 및 남은 시간 표시 - 카운트다운과 함께 동시출발 - 실시간 추적 가능	전체 기능 세트 제공

이들 장치에 탑재할 응용프로그램은 스마트폰용 앱 MapRun6 프로그램은 구글 플레이 스토어, 애플 앱스토어에서 무료로 다운받을 수 있다.

〈MapRun6 설치화면〉

2) 응용 프로그램 설치 및 사용방법

MapRun6은 사용하기 쉽다. iOS 또는 Android용 무료 MapRun6 어플리케이션을 설치한다.

가) 어플리케이션 시작

나) 사용자 등록 - 자신의 경기 결과에 사용하기 위해

다) Select Event를 누르고 원하는 이벤트를 찾는다. 또는 Events Near Me를 눌러 현재 위치 주변의 이벤트 목록을 표시한다.

라) 지도와 코스를 보려면 "Goto Start"를 누른다. 주최자가 이벤트를 비밀번호를 설정한 경우에는 설정한 4자리 PIN을 입력해야 할 수도 있다.

마) 출발지점(Start)으로 걷거나 뛰어가서 코스 기록측정기를 작동시킨다.

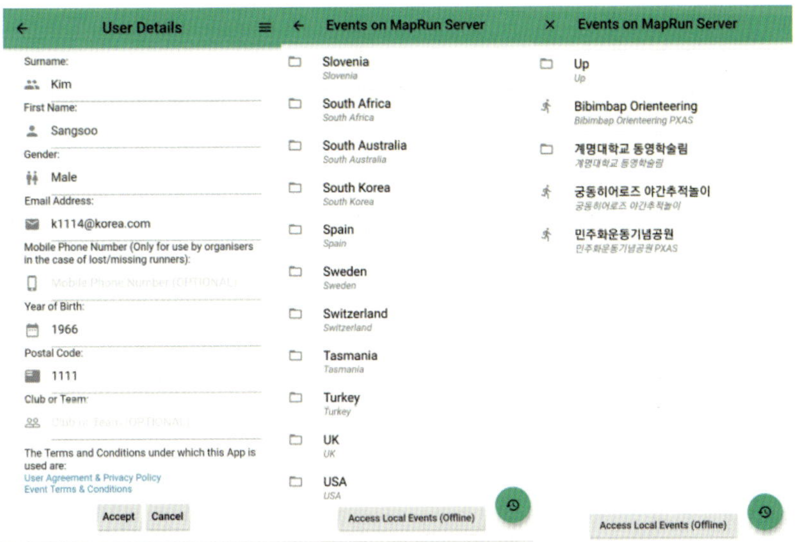

〈MapRun6의 실행화면〉

바) 이벤트 유형에 따른 규칙을 사용하여 다양한 체크포인트로 방향을 탐색한다(예: 전통적인 "포인트 방식 코스" 또는 "분산형" 또는 "스코어" 방식 코스).

사) 기록측정기를 중단시키려면 도착지점(Finish)을 통과해야 한다.

아) 도착지점에서 MapRun6이 자동으로 자신의 경기결과를 업로드 하거나 직접 올릴 수 있다.

자) 마지막으로, 자신의 경기결과를 같은 코스의 다른 사람과 비교할 수 있고 자신이 실행한 루트를 볼 수 있다.

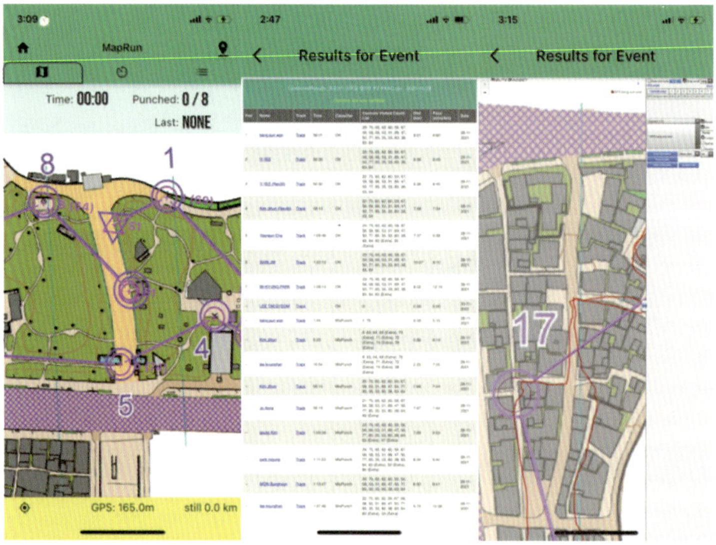

〈Mapun6 실행화면〉

3) 환경 설정

MapRun6은 다양한 형식의 대회에서 사용할 수 있으므로 사용자는 다양한 옵션에 대해 환경설정을 적용할 수 있다. 사용자들이 옵션을 보고 환경설정을 변경하려면 홈 화면에서 "Options and Settings"을 탭 한다.

(1) 설정항목

설정항목은 다음과 같이 4가지 범주로 나뉜다.

① 장치

- 예를 들어 GPS 소스 및 MapRun6 서버

② 이벤트 표시 옵션

- 이것들은 이벤트가 화면에 표시되는 방식과 관련이 있다.
- 예: 지도 표시, 트랙 표시, 현재 위치 표시 등

③ 이벤트 설정

- 이벤트 운영 방식의 세부 사항과 관련이 있다.
- 예: 포인트 방식, 분산형 방식, 스코어 방식, 기밀 유지를 위한 PIN, 동시 출발

④ 환경 설정

- 이 항목은 이벤트 실행에 영향을 주지 않는 사용자 기본 설정이다.
- 예: 트랙의 색상 및 너비, 신호음

(2) 주최자 설정 항목

모든 설정에는 MapRun6에서 설정한 기본 값이 있다. 이벤트를 선택하면 해당 대회의 주최자가 결정한 설정이 적용된다.

① 이것은 "이벤트 디스플레이 옵션" 및 "이벤트" 설정에 영향을 준다.

② 이벤트를 선택하면 선택한 이벤트의 이름이 홈 화면에 표시되며 "옵션 및 설정"을 눌러 적용되는 설정을 확인할 수 있다.

③ 이벤트 주최자는 일부 설정을 잠금으로 하여 변경할 수 없도록 하거나 변경할 수 있도록 열어 둘 수 있다.

- 일반적으로 이벤트의 핵심 설정은 이벤트의 모든 사람이 동일한 "규칙"을 갖도록 잠긴다. 예를 들어, 스코어 이벤트 및 펀칭 허용 오차에 대해 허용된 시간이다.
- "Goto Start"을 누르기 전에 다른 설정을 변경할 수 있지만 이벤트를 다시 선택(또는 다른 이벤트 선택)하면 해당 설정이 설정한 것과 다를 수 있다.

④ 설정은 결과와 함께 내부 데이터베이스에 저장되므로 이벤트 결과를 검색할 때 해당 시점에 적용된 설정이 적용된다.

⑤ 개별 이벤트의 경우 일반적으로 모든 설정이 잠금 해제되어 있어 다양한 시도를 자유롭게 할 수 있다. 개별 이벤트는 QuickStart로 만들기, SD 카드에서 가져오기, QuickCheck에서 선택 등이 있다.

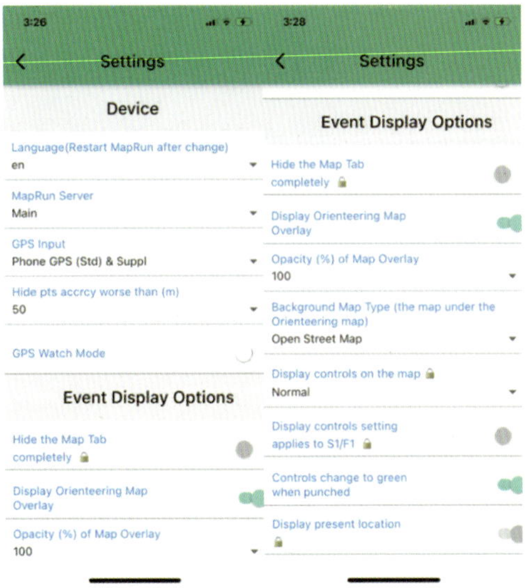

〈환경설정 화면〉

4) 사용 예시

모바일 오리엔티어링 전용 어플

MapRun6 사용법

(1) 앱스토어에서 MapRun6을 내려 받아 설치

(2) MapRun6을 열고 사용자 등록

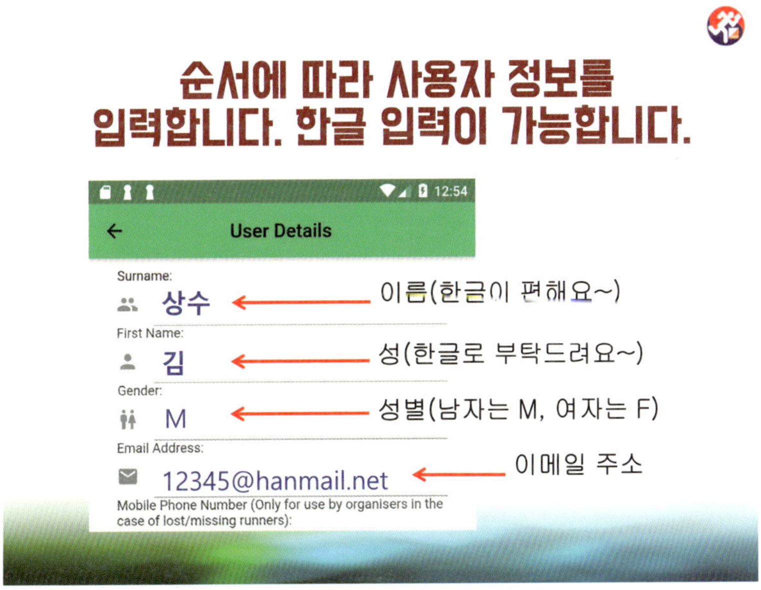

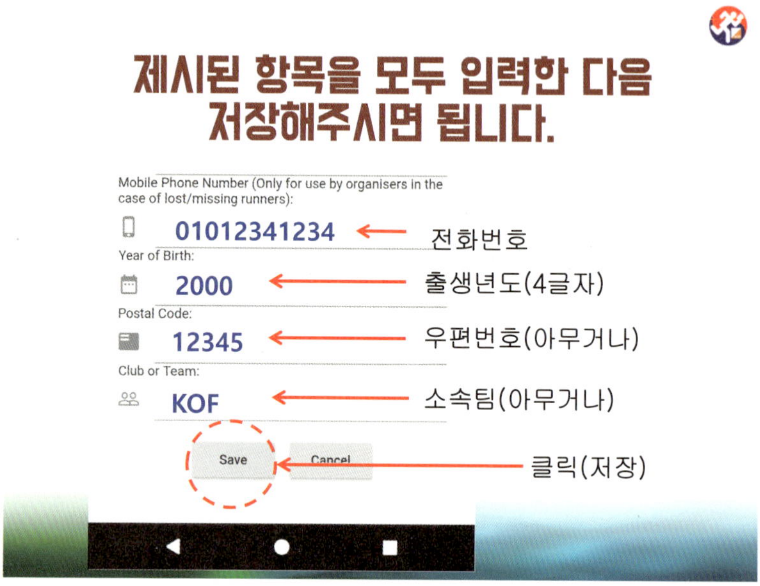

(3) MapRun6을 열고 이벤트 선택

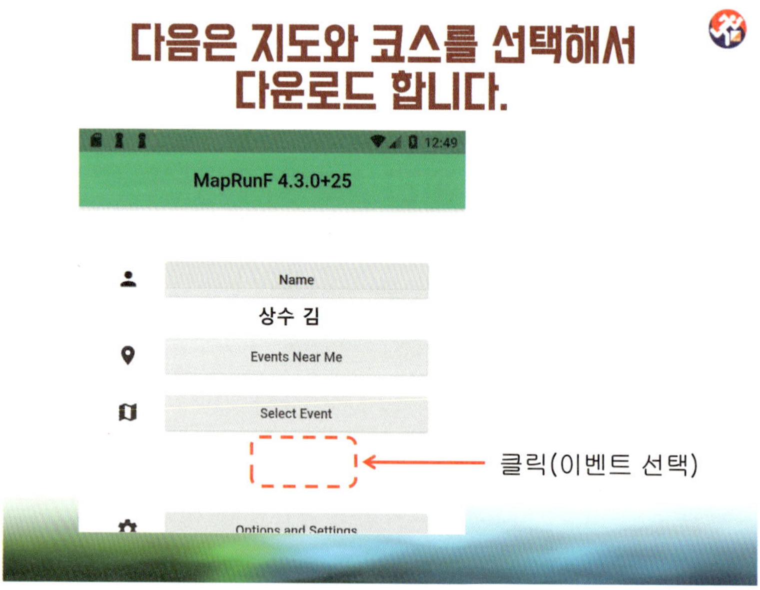

(4) MapRun6을 열고 이벤트(국가) 선택

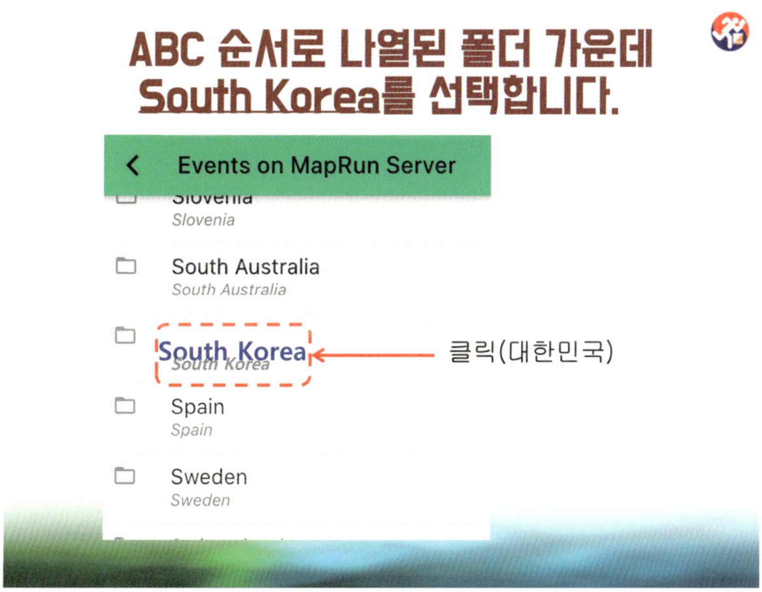

(5) MapRun6을 열고 이벤트(경기) 선택

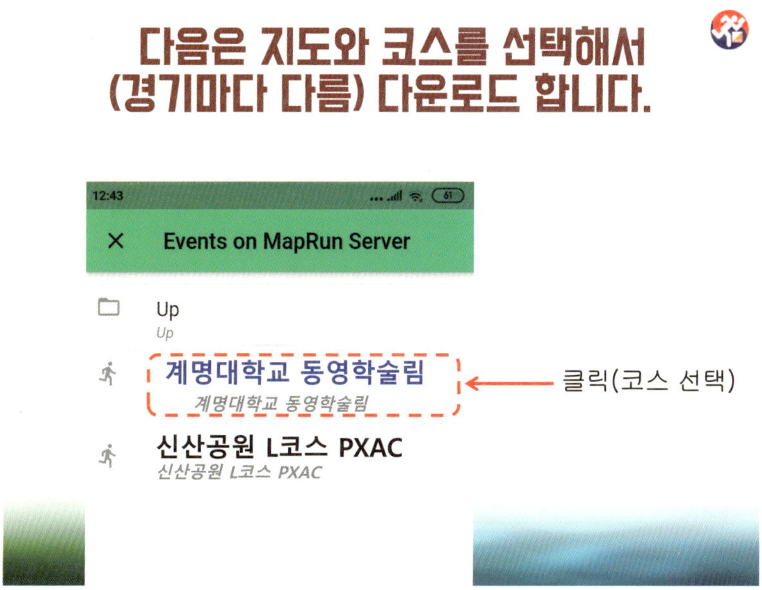

(6) MapRun6 Goto Start 클릭

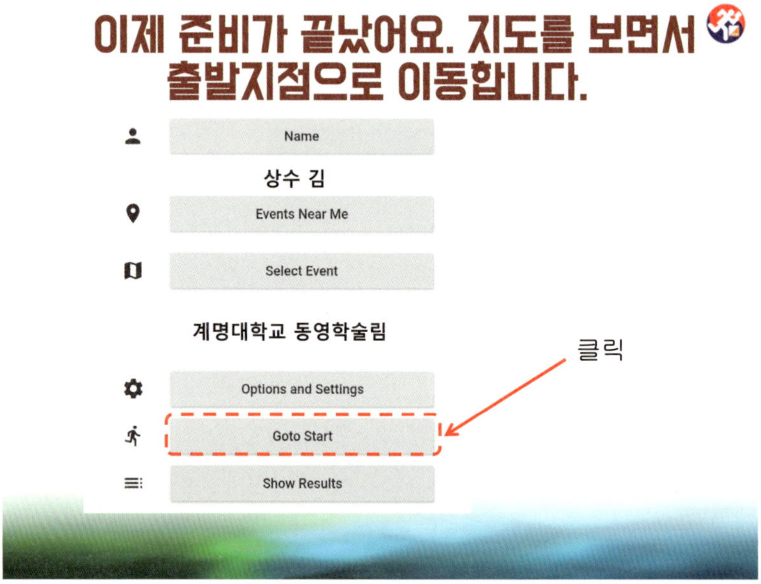

(7) 출발지점으로 이동

(8) 출발(경기시작)

출발지점(S1)에 도착하면 신호음이 울리면서 경기가 시작됩니다.

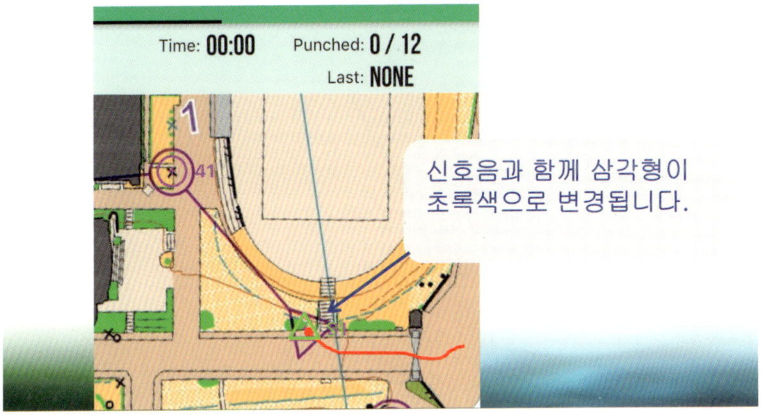

(9) 경기 진행

첫 번째 컨트롤을 찾아갑니다. 컨트롤 원에 접근하면 신호음이 울립니다.

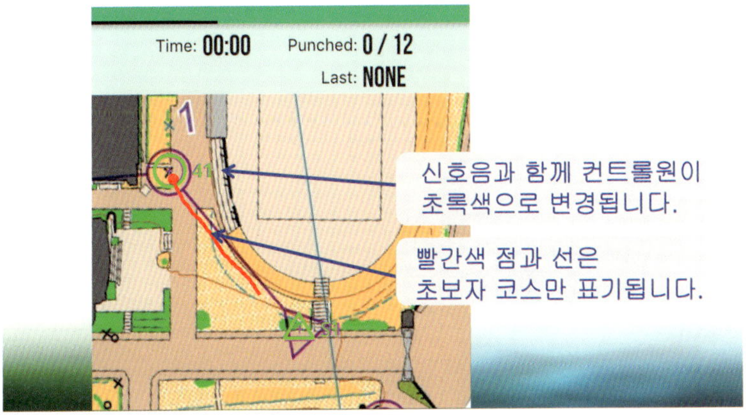

(10) 도착(Finish)

(11) 기록 확인

(12) 코스별 순위 등 기록 확인

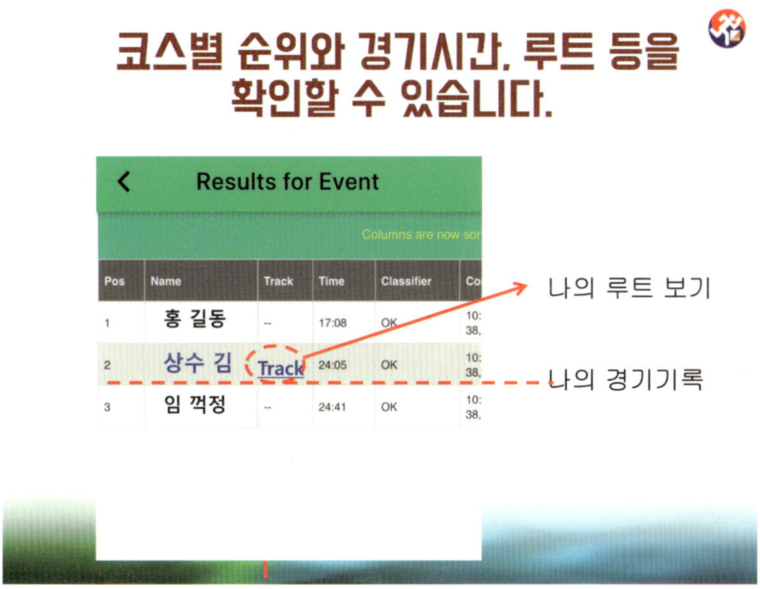

제11장

오리엔티어링 안전과 응급처치

제11장

오리엔티어링 안전과 응급처치

오리엔티어링 활동은 개인의 건강 증진을 통해 삶의 질적 향상을 가져다주지만, 늘 사고의 위험성이 도사리고 있다. 오리엔티어링 활동에 참여할 때 충분히 주의를 기울이지 않으면 부상으로 이어져 운동 참여의 역효과가 발생하게 된다. 오리엔티어링 경기 중 부상당한 사람을 돕는 것은 경기 참가자의 의무이다.

1. 부상의 원인과 예방

1) 환경적 요소로 인한 부상

(1) 풀, 나무, 바위 등 산속의 위험인자에 긁히는 부상

(2) 가파른 지형, 울퉁불퉁한 바위와 같은 위험한 코스로 인한 부상

(3) 얼어붙은 땅, 젖은 낙엽 미끄러짐으로 인한 부상

(4) 벌, 뱀, 진드기로 인한 부상

(5) 더운 날씨로 인해 탈수 또는 일사병, 일광화상을 입는 경우

2) 신체적 요소로 인한 부상

(1) 상대방과의 충돌로 인한 부상

(2) 제한 시간 안에 무리한 운동으로 인한 근육통증, 발목 부상

(3) 활동 중 심혈관계 질환으로 인한 심근경색, 심정지 등

(4) 높은 곳에서 뛰어내리기 등으로 인한 골절 등

3) 장비 문제로 인한 부상

(1) 미끄러운 운동화 착용

(2) 땀 배출, 통기성이 떨어지는 운동복 착용

(3) 짧은 소매, 바지로 착용으로 인한 긁힘 등 부상

(4) 향이 강한 화장품의 사용으로 인해 벌에 쏘이는 부상

(5) 정확하지 않은 나침반 사용으로 조난을 당하는 경우

(6) 조난과 부상 알림에 대비해 호루라기 미착용

4) 예방법

(1) 미끄러지지 않는 운동화 착용

(2) 적정 체온을 유지시켜줄 수 있는 기능성 운동복 착용

(3) 나뭇가지에 긁히지 않도록 긴소매, 긴바지 착용

(4) 향이 강한 화장품 사용은 벌에 쏘일 수 있으므로 사용 자제

(5) 길을 잃을 것을 대비하여 호루라기 착용

(6) 충분한 준비 운동과 정리운동

(7) 검증된 나침반 등 장비 사용

2. 오리엔티어링 안전

1) 오리엔티어링 안전 체크리스트

오리엔티어링 활동 중 사고를 예방하기 위하여 안전 체크리스트를 활용하여 사고를 예방할 수 있다. 체크리스트에 O, X를 표시하고 X로 표시된 부분은 개선하면 사고 예방에 도움이 된다.

(1) 참여자용 체크리스트

오리엔티어링 활동 전 사고 예방을 위하여 참여자는 다음과 같은 안전에 대한 이해와 신체·장비 등을 필히 점검해야한다.

점검사항	O/X
안전사항에 대한 기본 이해	
1. 활동 시 발생할 수 있는 사고 유형을 알고 있는가?	
2. 환자발생 시 대처요령을 알고 있는가?	
3. 유사시 보고 요령을 알고 있는가?	
신체 상태	
1. 동료 참가자들의 특이사항을 확인하였는가?	
2. 나의 몸 상태는 활동을 하기에 무리가 없는가?	
3. 벌쏘임에 대비해 향이 강한 화장품 사용을 자제하였는가?	
4. 노출된 모든 피부에 SPF 30이상의 자외선 차단제를 발랐는가?	
장비 점검	

1. 미끄러지지 않는 운동화를 착용하였는가?	
2. 긴소매, 긴바지의 운동복을 착용하였는가?	
3. 응급상황을 대비한 의약품은 구비되었는가?	
4. 지도 읽기, 나침반 사용법을 알고 있는가?	
5. 본인에게 적합한 난이도의 코스를 선택하였는가?	
6. 조난과 부상에 대비해 호루라기를 소지하였는가?	
7. 경기 소요 시간을 알 수 있도록 시계를 착용하였는가?	
외부 환경	
1. 활동 시기의 기상상태를 확인하였는가?	
2. 경기 코스에 대한 위험 요소를 알고 있는가?	
3. 경기장의 위험요인을 인지하고 있는가?	
4. 활동지역의 화재 위험요인을 인지하고 있는가?	
5. 화재 시 대처 방안을 알고 있는가?	
행동 수칙	
1. 활동 전 준비운동을 하였는가?	
2. 활동 전 후 충분한 물을 마셨는가?	
3. 주최 측에서 당부한 모든 규칙과 주의사항을 철저하게 지켰는가?	
유사시 대처요령	
1. CPR(심폐소생술)을 할 수 있는가?	
2. 유사시 의료진의 유무를 알 수 있는가?	
3. 상해 유형별 대처요령을 알고 있는가?	
4. 응급상황 발생 시 대처 매뉴얼을 가지고 있는가?	
5. 유사시 보고체계를 알고 있는가?	

(2) 지도자용 체크리스트

오리엔티어링 활동 전 사고 예방을 위하여 지도자는 다음과 같은 안전에 대한 이해와 참여자의 신체·장비 등을 필히 점검해야한다.

점검사항	O/X
안전사항에 대한 기본 이해	
1. 활동 시 발생할 수 있는 사고 유형을 알고 있는가?	
2. 환자발생 시 대처요령을 알고 있는가?	
3. 유사시 보고 요령을 알고 있는가?	

신체 상태	
1. 참가자들 몸 상태는 활동하기에 무리가 없는가?	
2. 벌쏘임에 대비해 향이 강한 화장품 사용을 자제시켰는가?	
3. 노출된 모든 피부에 SPF 30이상의 자외선 차단제를 바르게 하였는가?	
장비 점검	
1. 미끄러지지 않는 운동화를 착용시켰는가?	
2. 긴소매, 긴바지의 운동복을 착용시켰는가?	
3. 응급상황을 대비한 의약품은 구비되었는가?	
4. 지도 읽기, 나침반 사용법을 교육하였는가?	
5. 본인에게 적합한 난이도의 코스를 선택하도록 하였는가?	
6. 조난과 부상에 대비해 호루라기를 소지하도록 하였는가?	
7. 경기 소요 시간을 알 수 있도록 시계를 착용하도록 하였는가?	
외부 환경	
1. 활동 시기의 기상상태를 확인하였는가?	
2. 경기 코스 중 위험 요소를 알려 주었는가?	
3. 안전에 위험이 될 수 있는 장소에 콘트롤을 설치하지 않았는가?	
4. 경기장의 위험요인을 알려주었는가?	
5. 활동지역의 화재 위험요인을 알려주었는가?	
6. 화재 시 대처 방안을 알려주었는가?	
행동 수칙	
1. 활동 전 준비운동을 시켰는가?	
2. 활동 전 후 충분한 물을 마시도록 하였는가?	
3. 주최 측에서 당부한 모든 규칙과 주의사항들을 지키도록 하였는가?	
유사시 대처요령	
1. CPR(심폐소생술)을 할 수 있는가?	
2. 유사시 의료진의 유무를 알 수 있는가?	
3. 상해 유형별 대처요령을 알고 있는가?	
4. 응급상황 발생 시 대처 매뉴얼을 가지고 있는가?	
5. 유사시 보고체계를 알고 있는가?	

2) 준비운동

준비운동은 본 운동을 시작하기 전 경직되어 있는 신체 각 부위를 풀어주는 운동이다. 준비운동은 근, 인대 등의 상해 위험을 줄여주며, 운동 피로의 조기발현을 예방하며, 신경계의 통합적인 조절기능을 높여주고, 심장 손상의 위험을 감소시킨다. 준비운동 없이 무리하게 동작이나 운동을 갑작스럽게 시작할 경우 근육이 놀라 경련과 근육통이 생길 수 있으며, 특히 고혈압 환자의 경우 부작용이 생길 수 있다. 그러므로 항상 운동시작 전에는 준비운동으로 5~15분 정도 몸을 풀어준 후 본 운동에 들어가는 습관을 들여야 한다. 준비운동 보조 수단으로 스포츠마사지를 활용하여도 효과가 크다.

(1) 전신 스트레칭

스트레칭의 목적- 근육경련을 예방하고 빠른 피로회복을 유도할 수 있다.

- **스트레칭 방법**

① 양팔 앞으로 뻗기

② 팔 엇갈려 당기기

③ 팔 뒤로 하여 당기기

④ 상체 기울이면서
팔 뒤로 하여 당기기

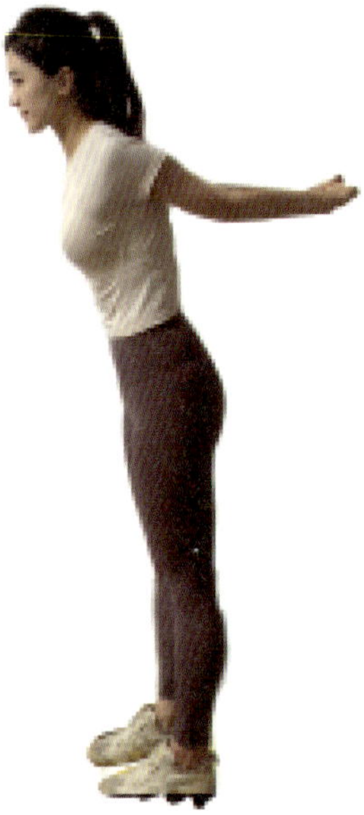

⑤ 팔 뒤로 뻗어 올리기

⑥ 상체 옆으로 돌리기

⑦ 상체 아래로 숙이기

⑧ 무릎 배 당기기

⑨ 뒤꿈치 엉덩이 당기기

(2) 손 발목 돌리기

- **스트레칭의 목적**

- 활동 시 손·발목의 움직임을 원활히 해준다.
- 근육의 이완 폭을 크게 늘려 주어 손·발목의 유연성을 길러준다.

- **스트레칭 방법**

- 깍지를 낀 후 양 손목을 가볍게 8박자 동안 돌려주면서 한쪽 발목도 함께 돌려준다. 이후 손목과 반대 발목도 8박자 동안 동일하게 돌려준다.

(3) 무릎 돌리기

- **스트레칭의 목적**

- 경기 시 직접적인 하중 또는 충격에 노출 될 수 있는 무릎 부상 예방을 위해 무릎 돌리기 운동이 필요하다.

- **스트레칭 방법**

- 상체를 숙여 무릎 위에 손을 대고 무릎을 한쪽 방향으로 돌려준다. 8박자 동안 4박자에 맞춰 한 바퀴씩 돌린 후 반대방향으로도 8박자 동안 동일하게 돌려준다.

(4) 허리 운동

- **스트레칭의 목적**

- 경기 시 직접적인 하중 또는 충격에 노출 될 수 있는 허리 부상 예방을 위해 허리 돌리기 운동이 필요하다.

- **스트레칭 방법**

- 양손은 허리에 대고 바로 서서 허리를 한쪽 방향으로 돌려준다.
- 8박자 동안 4박자에 맞춰 한 바퀴씩 돌린 후 반대방향으로도 8박자 동안 동일하게 돌려준다.

3) 정리운동

경기를 마친 후에는 정리운동을 해주는 것이 좋다. 운동 과정에서 우리 몸에는 운동 피로물질인 젖산이 쌓이며, 이 젖산을 제거하기 위해서는 운동 후 바로 휴식하는 것이 아니라 어느 정도 동적인 운동과 스트레칭을 해주어야 한다. 또한, 갑작스레 운동을 중지하는 경우에는 빨라졌던 혈류의 이동이 급작스럽게 감소하여 현기증 등을 유발할 수 있으므로 신체가 정상화되기까지 정리운동을 해주는 것은 아주 중요하다.

정리운동은 보통 5분~15분 정도의 가벼운 걷기나 뛰기 등의 유산소 운동과 마무리 스트레칭을 병행해주면 좋다. 근육들의 긴장을 풀어 줌으로써 근육통 등을 예방할 수 있어서 정리운동은 필수적인 운동 절차라 할 수 있다.

(1) 허리 스트레칭

- **스트레칭의 목적**

- 경기 후에 직접적인 하중과 충격을 받은 허리의 부상 및 근육경련을 예방하고 빠른 피

로 회복을 유도할 수 있다.

• **스트레칭 방법**

- 양손은 허리에 대고 바로 서서 허리를 8박자 동안 4박자에 맞춰 한 바퀴씩 돌려준다. 준비운동 사진 참조.

(2) 종아리 허벅지 풀기

• **스트레칭의 목적**

- 경기 후에 직접적인 하중과 충격을 받은 하체의 부상 및 근육경련을 예방하고 빠른 피로회복을 유도할 수 있다.

• **스트레칭 방법**

- 발바닥을 지면에 대어 상체를 앞으로 굽혀준 뒤, 발등을 뒤로 잡아 당겨 준다.

3. 응급처치

1) 응급처치 원칙

응급상황이 발생하면 상황에 따른 신속한 대처를 해야 한다. 특히, 생명이 걸린 위급한 상황은 초기 대응과 신속성에 따라 생명이 좌우되기도 한다. 이때 분명히 명심해야 할 것이 있다.

상황인지 (Check)	119 신고 (Call)	처치 및 도움 (Care)
• 현장상황 파악 • 환자증상 파악 • 상황원인 파악 • 위험요인 인지	• 전화거는 사람의 이름 • 무슨 일이 일어 났는지? • 환자의 상태는? • 응급상황이 발생한 장소는?	• 구급대가 도착하기 전까지 실시해야 할 행동요령 • 응급처치(심폐소생술, PRICE 대처법 등)

〈응급상황 시 행동 단계〉

(1) 자기 안전 우선

응급상황이 발생한 경우에 구조자는 제일 먼저 자기 안전부터 생각해야 한다. 익사사고의 경우 구조자가 함께 사망하는 경우가 빈번하게 발생하는데, 이것은 자기 안전을 생각하지 않고 구조 활동을 벌이기 때문이다. 또 자동차 사고가 발생했을 때도 급한 마음이 앞서다 보면 뒤에서 오는 차에 다칠 수도 있다. 따라서 구조 활동을 벌일 때는 항상 자기 안전을 먼저 생각해야 한다.

(2) 손쉬운 방법부터

응급상황에 대한 구조 활동은 시간과의 싸움이다. 순간적인 대처가 늦으면 상황은 점점 더 어려워진다. 그러나 구조의 방법이 복잡하면 시간이 많이 걸리고, 도구도 많이 필요하다. 따라서 현장에 무엇이 있고, 어떻게 대처할지를 재빨리 판단하는 게 빠른 구조를 위한 지름길이다. 단, 빠른 것과 서두르는 것을 혼동해서는 안 된다.

(3) 행동단계 파악

구조 활동의 순서를 머릿속에 그려가면서 구조를 해야 한다. 우선 상황을 정확히 파악하는 게 급선무이며, 상황을 파악한 후 환자에게 가장 손쉬운 방법으로 접근한다. 그 다음 구조 활동을 통해 상황이 더 나빠지지 않게 한 뒤 마지막으로 환자가 후송될 때까지 자리를 지킨다.

(4) 응급조치는 최소한의 조치

응급조치는 위험에 처한 사람을 안전한 곳으로 이동시켜 최소한의 조치를 취하는 것일 뿐, 그 다음은 의사의 몫이다. 그런데도 자신이 마치 의사인양 처방을 내리는 것은 곤란하다. 환자의 상태에 맞는 적절한 의료행위와 처방은 의사가 할 일이다. 응급조치는 '부상자가 의료기관에 인도되기 전까지 부상자의 상태가 더 악화되지 않도록 도와주는 행위'라는 것을 명심하자.

2) 상해별 응급처치

(1) 찰과상과 타박상

찰과상은 넘어지거나 사물에 부딪쳐서 피부가 벗겨지는 것을 말한다. 무릎, 팔꿈치, 얼굴 등의 부위에 주로 발생하며, 주의가 산만한 어린이들이 부상 위험에 노출되는 경우가 많다.

살짝 긁혀서 핏물이 조금 배어 나온 경우는 환부를 깨끗하게 소독한 후 밴드를 붙여주는 정도로도 충분한 응급처치가 된다. 여름철이거나 습한 경우에는 세균에 의한 감염에 신경을 써야 한다.

붕대로 감았을 때 피가 배어나올 정도이거나 환부가 넓은 경우에는 치료에 세심한 신경을 써야 한다. 우선, 흐르는 물에 환부를 가볍게 씻고 소독약으로 소독을 한 뒤 거즈를 대고 붕대를 감는다.

찰과상의 정도가 심한 경우에는 응급조치를 한 후 바로 병원으로 가는 게 좋다.

사물에 부딪혀 타박상을 입었을 경우에는 우선 차가운 수건으로 24시간에서 48시간까지는 냉찜질을 한 후 따뜻한 수건으로 온찜질을 한다. 타박상에 의한 멍이나 피하출혈 시에는 온찜질이나 목욕이 좋다.

(2) 절상

유리나 칼에 베이는 상처를 말한다. 오리엔티어링 경기 중 보다는 대기하다가 가장 흔하게 발생하는 부상 가운데 하나다. 절상사고의 응급처치는 감염예방과 압박에 의한 지혈이다. 절상사고를 당하면 우선 환부의 상태를 확인한다. 환부가 오염되지 않았다면 곧바로 지혈을 한다. 만약, 환부에 더러운 이물질이 있으면 수돗물 등으로 씻은 다음 지혈을 한다. 지혈은 피가 나는 자리를 누르는 직접 압박법을 쓴다. 우선 상처 부위에 거즈를 대고 부드럽게 압박해 지혈을 한다. 그래도 피가 계속 새어나올 경우 거즈를 떼지 말고 그 위에 덧대주는 것이 요령이다. 그 다음으로 지속적인 압박을 가할 수 있도록 붕대를 감아준다.

상처를 치료하는 과정에도 계속 압박을 가해 출혈을 막아줘야 한다. 만약 직접 압박법으로도 출혈이 멈추지 않으면 환부를 심장보다 높게 해 간접 지혈을 한 후 즉시 병원으로 후송한다.

(3) 자상

못이나 나뭇가지처럼 날카로운 것에 찔려서 발생하는 상처다. 자상은 찔린 정도에 따라 응급처치가 다르다. 가시처럼 가볍고 작은 것에 찔린 경우 핀셋이나 족집게 등으로 상처에 박힌 물질을 빨리 뽑아내야 통증도 없고, 치료도 쉽다.

그러나 상처를 찌른 것이 깊이 박힌 경우 억지로 빼내려 해서는 안 된다. 박혀 있는 물질이 지혈을 해주기 때문이다. 또 야외에서는 적절한 세정이나 소독을 할 수 있는 방법도 없으므로 가능하면 뽑아내지 않는다. 깊이 박힌 경우 나중에 빼낼 수 있을 만큼만 남긴 뒤 빨리 병원으로 가는 게 좋다. 녹슨 못에 찔린 경우는 파상풍의 위험이 있으므로, 얕게 찔렸다고 얕보지 말고, 병원을 찾아 깨끗하게 소독하고 처치를 받아야 안전하다.

(4) 골절

골절은 뼈가 부러지는 큰 부상이다. 오리엔티어링 활동 중에 이런 일이 발생하면 즉시 병원으로 가야 한다.

골절은 대부분 높은 곳에서 추락하거나 넘어져서 발생한다. 일단 골절사고가 발생하면 심한 통증을 느끼므로 환자가 흥분한 나머지 몸을 움직이려고 한다. 이때는 환자를 절대적으로 안심시켜 몸을 움직이게 못하게 한 후 골절이 의심되는 부위를 고정시켜 2차적인 부상을 예방해야 한다.

골절은 단순골절과 복합골절로 나뉜다. 단순골절은 몸 안에서 뼈가 부러진 것으로 피부를 찢거나 골절 부위의 뼈가 조각나지 않은 상태를 말한다. 복합골절은 부러진 뼈가 피부를 뚫고 나와 출혈이 발생하는 것을 말한다. 이 경우 피부와 근육, 혈관, 골수 등이 손상을 입거나 세균에 오염될 수 있어 아주 위험하다. 단순골절은 깁스로 치료할 수 있지만 복합골절은 수술을 해야 한다.

일반인이 골절 여부와 골절 부위를 판단하기는 쉽지 않다. 섣불리 진단이나 치료를 하지 말고 환자를 병원에 이송시킬 때까지 가급적 좋은 상태를 유지시키기 위해 노력하는 것이 중요하다. 일반적인 골절의 증상은 환부가 붓거나 내부 출혈로 인해 피부가 검붉어지는 것이다. 복합골절의 경우 외부에 출혈이 발생하며 환자가 심한 고통으로 인해 오한을 느낀다.

단, 골절이 의심되면 환부에 부목을 대고 붕대를 감아 움직일 수 없도록 고정시키는 것이 중요하다. 이때 중요한 것은 골절 부위뿐만 아니라 양쪽의 관절까지 넓게 부목으로 고정시켜야 한다는 점이다. 그래야 골절 부위를 확실하게 고정시킬 수 있다.

(5) 염좌

염좌는 관절이 심하게 움직여 관절을 지탱하는 인대의 섬유가 늘어나거나 찢어진 것을 말한다. 보통 발목을 접질리거나 삔 것이 이에 해당한다.

염좌는 심한 통증을 동반하며 관절 주변이 부어오른다. 때로는 관절 안으로 피가 흘러 피부가 시퍼렇게 변하기도 한다.

골절 및 염좌는 일반적으로 PRICE(Protection, Rest, Icing, Compression, Elevation) 처치법을 사용하며, 통증이 가시지 않거나 관절 부위가 시퍼렇게 변하면 빨리 병원으로 가는 게 좋다. 보통 가벼운 염좌는 냉찜질과 압박붕대 만으로도 상태가 호전된다.

(6) 눈의 부상

오리엔티어링 활동이나 야외에서 종종 발생하는 사고가 눈의 부상이다. 눈 부상의 정도는 다양하다. 눈에 잡티가 들어가 통증을 일으키는 사소한 것도 있지만 안구가 찢어지는 위급한 중상도 있다. 특히, 숲길을 걷거나 달리다가 미처 보지 못한 나뭇가지에 눈을 찔리는 경우도 흔하게 발생하는 눈 부상이다.

일단 누군가 눈 부상을 당하면 환자도 고통스럽지만 주변에 있는 사람들도 당황하게 된다. 응급 처치를 제대로 하지 못하거나 처치가 늦어져서 실명을 할지도 모른다는 두려움 때문이다. 따라서 다른 응급상황에 비해 침착함이 요구된다.

우선, 잡티나 부유물질이 들어간 경우는 눈이 스스로 치유하도록 두는 게 상책이다. 눈에 이물질이 들어간 경우 눈을 감고 있으면 눈물이 나와 이물질을 밖으로 밀어낸다. 수돗물이나 생리식염수로 눈을 씻어내는 것도 좋은 방법이다. 이때 절대로 해서는 안 되는 것은 손으로 눈을 비비는 것이다. 손으로 눈을 문지르면 이물질이 자칫 각막에 손상을 입힐 수도 있다.

만약 날카로운 것에 의해 눈을 찔렸다면 이는 심각한 상황이다. 이때 가장 먼저 해야 할 조치는 다치지 않은 눈의 시계를 차단하는 일이다. 사람은 두 개의 눈을 가지고 있는데, 이 두 눈은 자율신경계에 의해 움직인다. 한쪽 눈을 다쳐 볼 수 없는 상황에서도 다른 쪽 눈은 사물을 보려고 하는데, 이때 다친 눈도 따라서 움직이므로, 성한 눈의 시계를 빨리 가려줘야 다친 눈이 움직이는 것을 막을 수 있다.

성한 눈의 경우 붕대로 가리면 된다. 다친 눈의 경우 붕대를 직접 대고 감으면 안구나 각막에 2차 피해를 줄 수 있으므로 종이컵 등으로 눈을 감싸고 주변을 붕대로 감아주는 게 좋다.

눈에 상처를 입었을 경우 중요한 것 중 하나는 환자에게 심리적인 위안을 주는 것이다. 눈 부상을 당하면 앞을 보지 못하기 때문에 환자가 느끼는 공포감은 극에 달한다. 잘못하면 환자가 공황상태에 이를 수도 있다. 따라서 환자가 마음을 진정시킬 수 있도록 돌봐주면서 가능한 빨리 병원으로 후송시켜야 한다.

(7) 독사와 벌

오리엔티어링과 같은 야외활동을 하다 보면 독을 가진 생물의 위협을 받을 때가 많다. 대표적인 게 독사와 벌이다. 이처럼 독을 가진 생물에 물리거나 쏘였을 경우 위험한 상황을 맞을 수도 있다. 특히, 알레르기 체질의 경우 쇼크사를 당할 수도 있다.

독사는 봄부터 가을까지 우리나라 대부분의 지역에서 볼 수 있다. 경기장 안에서 독사에 물리는 경우는 많지 않다. 독사에 물리는 경우는 계곡이나 산, 바위 지대에서 불시에 공격을 당하는 것이 대부분이다.

우선 뱀과 마주치면 뱀을 자극하는 행동을 하지 말아야 한다. 뱀은 사람이 자신에게 위협을 가한다고 느낄 때 공격을 한다. 따라서 뱀을 만나면 가만히 있거나 멀리 돌아가는 게 좋다. 뱀을 손으로 잡으려 하거나 장난을 치는 것은 위험을 부르는 행동이다.

만약 독사에게 물리면 우선 독을 빼내는 것이 중요하다. 예전에는 물린 부위에 입을 대고 빨아내는 방법을 썼다. 그러나 이 경우 구조자가 입 안에 상처가 있으면 같이 위험해진다. 최근에는 독성분을 빨아내는 포이즌 리무버(Poison Remover)라는 도구를 이용한다. 주사기에 바늘 대신 둥근 빨판이 달린 주사기를 이용하여 간단하게 독을 제거한다. 독을 제거했다고 끝나는 것은 아니다. 독사일 경우 반드시 병원으로 가야 한다.

만약, 포이즌 리무버가 없다면 물린 자리에서 심장과 가까운 쪽을 고무줄이나 지혈대로 감아 압박을 가해 독이 전신에 퍼지는 것을 막아야 한다. 압박은 너무 강하지 않게, 느슨하게 가하는 것이 좋다.

벌집은 절대 건드려서는 안 된다. 그러나 자신도 모르게 벌을 자극해 공격을 받을 수 있다. 이때는 절대 움직이지 말고 신경이 집중되는 목이나 머리를 감싼 후 가만히 엎드려 있어야 한다. 벌은 상대방이 움직이거나 대항할수록 더욱 사납게 달려든다. 또 물로 뛰어드는 것도 위험하다. 물속에 있다가 숨을 쉬기 위해 고개를 드는 순간 머리에 집중적인 공격을 당할 수 있다. 벌에 쏘이면 통증과 부종, 두드러기, 구토, 오한, 맥박이상, 호흡곤란 등의 알레르기 반응이 나타난다.

*** 벌에 쏘인 환자는**

- 편하게 눕히고 허리띠를 풀어 호흡이 잘 되도록 조치 후 안정을 취할 수 있게 한다.
- 핀셋을 사용하거나 신용카드 등으로 밀어서 벌침을 뺀다.
- 쏘인 부위에 찬물 찜질을 하여 통증을 완화시킨다.
- 벌침을 제거할 때에는 독낭을 건드리지 않도록 주의해야한다.
- 기도가 막혀 숨쉬기가 곤란한 부상자는 인공호흡을 시키면서 주변인은 119구조대에게 연락을 취한다.
- 벌을 피할 수 없는 위급상황이라면 곤충 스프레이를 뿌린다.
- 벌에 쏘이지 않으려면 우선 빨간색이나 파란색 등 자극적인 색깔은 피한다. 벌은 냄새

에 민감하므로 야외활동 시에는 향수나 스프레이를 절대 뿌리지 않는다. 단맛이 나는 과일향도 벌이 좋아하기 때문에 조심해야 한다. 또 벌은 매끄러운 소재보다 거친 소재의 옷을 좋아한다.

(8) 쇼크

쇼크(shock)란 심장의 펌프기능이 약해져서 순환혈액이 감소되거나, 심한 출혈이 있을 때, 설사나 구토를 심하게 했을 때, 화상 등으로 인해 몸을 순환하는 혈액량이 감소되어서 신체의 주요 장기 기능이 저하된 상태를 말한다. 쇼크환자들은 초기에는 맥박이 빠르고 피부가 회색빛으로 창백하고 끈적거리며 차갑고 식은땀이 난다. 그리고 쇼크가 진행되면 기운이 없고 어지러우며 구역질과 구토, 갈증이 일어나고 맥박과 호흡이 약해지고 빨라지게 된다. 심해지면 안절부절 못하거나 불안해하며, 하품을 하거나 헐떡거리다가 의식장애가 일어나고 결국 심장이 정지되어 사망하게 된다. 쇼크는 가능한 빨리 응급의료서비스를 필요로 하므로 119에 빨리 신고를 하고 출혈이 있다면 지혈 등을 통해 원인을 치료한다. 쇼크 처치에서 가장 중요시해야 할 점은 자세와 보온이다. 자세는 심장으로 혈액흐름을 증가시키기 위해 머리를 아래로 눕히고 다리를 올려 주며 머리를 다친 경우는 머리를 위로, 엉덩이와 다리 골절이 예상될 경우도 제외시킨다. 그리고 몸을 조이는 벨트나 옷을 풀어주고 보온을 해주며 기도, 호흡, 순환을 자주 확인한다.

쇼크 환자의 대부분이 불규칙한 호흡으로 인해 갈증을 호소하는데, 이때는 물을 주기보다는 깨끗한 손수건이나 거즈에 물을 묻혀 입과 혀를 적셔주는 정도만 하여도 환자의 고통을 덜어줄 수 있다.

(9) 상처와 출혈

상처는 피부나 체표면에 발생한 비정상적인 균열을 말하며 대개 혈액이나 체액의 손실과 세균 감염으로 염증을 일으킨다. 출혈이 있을 경우에는 상처를 압박하고 상처 부위를 심장보다 높이 들어서 출혈을 감소시키고 심한 출혈로 인한 쇼크를 예방하여 감염이 안 되도록 한다.

① **외출혈**

먼저 상처를 자세히 파악하며 구조자의 손가락이나 손바닥을 사용해 상처를 직접 압박한다. 환자의 심자보다 상처 부위를 높이 들어준다. 환자를 눕히면 상처부위로 혈류가 줄어 쇼크 발생을 예방할 수 있다. 붕대를 감아 지혈을 돕고 골절된 부위를 잘 지지한다. 상처 부위를 노출시킨 뒤 깨끗한 헝겊을 대고 손으로 상처 부위를 힘껏 누른다. 손으로 압박한 상태에서 손상 부위를 올리고 받쳐준다. 손상 부위를 단단히 패드로 감아주며 사지의 혈액 공급이 차단되지 않게 주의한다. 구조 요청을 한 뒤 손상 부위와 다리를 올린 상태로 담요를 덮어 보온을 유지한다.

② **내출혈**

외상 후 외출혈이 없이 쇼크 증상을 보이거나, 몸의 구멍에서 출혈을 보일 때, 창백하고 피부가 차며 끈적거리고, 맥박이 약하고 빨리 뛸 때, 갈증이 심하거나 의식이 혼미할 때는 내출혈을 의심해야 한다. 이때는 환자를 눕히고 다리를 올린 상태에서 보온에 힘쓰고 환자의 맥박과 호흡, 의식 등을 자주 측정한다.

(10) 근육 경련

오리엔티어링 경기 참여자에게 자주 발생하는 근육경련은 준비운동과 정리운동 부족이나, 자신의 건강상태를 무시하고 운동을 강행할 경우, 갑자기 무리한 운동으로 인하여 발생한다. 근육경련, 근육통, 피로감의 증상이 나타나며, 근육통 증상은 한 부위에서 시작되지만 결국 전신으로 퍼져나가고 주로 정강이 등 하부 쪽에서 통증을 호소한다. 몸이 얼얼하고 뻣뻣한 것 같고, 깊숙이 아프기도 하며 다양한 양상을 보인다.

근육경련이 발생하면 몸을 눕혀서 심장의 부담을 덜어주고, 심호흡을 쉽게 하며 아픈 부위에 마사지를 천천히 해준다. 통증이 심한 경우 진통제를 복용한다.

(11) 일사병과 열사병

여름에 야외 활동을 하는 경우 강한 직사광선 아래에서 심한 운동이나 작업을 오랫동안 할 경우 일사병에 걸리기 쉽다. 일사병은 갑자기 맥박과 호흡이 빨라지면서 얼굴이 붉어지고 구토증, 현기증과 두통을 일으킨다.

예방으로는 강열한 태양 광선을 피하고 운동이나 작업 시에는 적절한 휴식을 취하면서 염분과 수분의 공급을 잊지 말아야 한다. 일단 발병하면 시원한 곳에 눕혀 안정을 취하게 하고 찬 수건으로 머리와 가슴 부위 등을 식혀준다.

체온이 상승하여 의식이 없고, 땀이 나지 않는 경우를 열사병이라고 한다. 열사병은 중추신경계의 이상으로 발생함으로 체열을 낮추고 즉시 병원으로 이송하여야 한다.

(12) 진드기에 물렸을 때

진드기 유충에 물린 부위에 특징적인 가피(검은 딱지)가 형성되며 대개 1주일 이상의 잠복기를 거쳐 고열·오한·심한 두통·피부발진 등의 증상을 보인다.

치료가 늦어질 경우 패혈증·뇌수막염·폐렴·간염·호흡부전·급성신부전 등의 합병증이 나타날 수 있다.

벌레에 물린 자국 같은 부스럼딱지가 있고 발진·두통·오한 등의 증세가 나타난다면 바로 병원에 가는 것이 좋다. 진드기로 인한 질환들은 대개 7일 내외의 잠복기를 거친 후에야 특징적인 임상증상이 나타나기 때문에 초기에는 고열이나 두통·오한 등 감기 증상과 비슷해 환절기 감기 몸살로 오인해 가볍게 넘기기 쉽다.

4. 응급처치 도구

1) 구급상자

오리엔티어링 경기 중 1차적인 응급처치는 주최 측에서 스스로 해결해야 한다. 이를 위해서는 최소한의 구급약과 도구가 들어 있는 구급상자를 가지고 다녀야 한다. 구급상자 속의 약은 1년에 한 번씩 체크해서 유통기간이 지난 것은 새 약으로 갈아준다.

구급상자는 아웃도어 용품점이나 인터넷을 통해서 구입할 수 있다. 외상 치료에 필요한 약품이나 도구들이 대부분 들어 있어 낱개로 구입할 필요가 없다. 그러나 연고나 내상에 필요한 약들, 이를테면 진통제, 해열제, 지사제, 감기약 등은 별도로 구입을 해야 한다. 내과계 약은 의사의 처방 없이 약국에서 바로 구입할 수 있는 것을 사면 된다.

2) 외상용 구급용품

- 붕대와 거즈: 피가 날 때 출혈이나 세균의 감염을 막기 위해 필요하다. 또 골절이나 염좌의 경우 부목을 댈 때도 필요하다. 붕대는 넓이에 따라 몇 가지를 준비하는 게 좋다.
- 테이프: 붕대나 거즈 등을 부착시키는 데 필요하다. 일반테이프, 양면테이프, 신축성이 좋은 테이프 등 3가지를 준비하자.
- 밴드: 병원을 가지 않아도 되는 작은 상처를 치료하는 데 유용하다. 상처의 모양과 정도에 따라 맞춰 쓸 수 있도록 다양한 크기의 밴드를 준비하자. 또 거즈형과 방수형 등 상황에 맞춰 사용할 수 있도록 몇 가지 종류를 준비한다.
- 소독약: 세균에 의한 2차 피해를 예방하기 위한 필수품이다. 제품마다 살균성분이 다르기 때문에 사용설명서를 숙지한다.
- 가위: 거즈나 붕대를 자를 때 사용한다. 화상 시에는 옷을 자를 수도 있나. 일반용보다 살을 베지 않게 디자인된 의료용을 준비하는 게 좋다. 없을 경우 요리용 가위나 칼로 대체할 수 있다.
- 포이즌 리무버: 뱀이나 벌 등 독이 있는 생물에 물리거나 쏘였을 때 독을 제거하기 위해 사용한다. 1회용이 아니라 반영구적으로 사용할 수 있어 일단 구입하면 아주 유용하다.
- 핀셋: 가시나 벌침을 빼낼 때 유용하다. 환부를 치료할 때 세균감염의 위험을 줄여준다.
- 스프레이형 물파스: 타박상이나 염좌 같은 부상을 입었을 때 환부의 열을 급속히 식혀준다. 스프레이형이 유용하며 경우에 따라서는 붙이는 시트를 사용할 수 있다.
- 위생장갑: 환부를 치료할 때 세균감염을 예방할 수 있다.
- 수건: 응급 시 부목을 고정시키는 삼각건 대용으로 사용할 수 있다. 환자를 돌볼 때 쓰임새가 많으므로, 늘 깨끗한 것을 준비해 휴대하는 게 좋다.

- 자외선 차단제: 여름철 태양이 뜨거울 때 1차 화상을 예방할 수 있다. 또한 자외선으로부터 피부를 보호해준다.
- 위생면봉: 환부에 소독약이나 연고를 바를 때 유용하다. 물놀이 후 귀에 물이 들어갔을 때도 필요하다.
- 모기약: 여름철 야외활동의 필수품이다. 스프레이형과 모기향, 몸에 바르는 타입 등 세 가지 모두 있어야 상황에 따라 적절하게 사용할 수 있다.

3) 내상용 구급용품

- 진통제: 갑작스런 두통, 복통, 치통이 발생했을 때 필수품이다. 또 외상 시 통증 완화에 도움이 된다.

5. 심폐소생술

오리엔티어링 경기 중이나 가정에서도 언제든지 의식을 잃고 심정지 상태가 발생할 수 있다. 이때 심폐소생술을 실시하지 않고 방치하면 사망으로 이어진다. 심폐소생술이란 심정지 환자의 멈추어진 심장의 자발순환을 회복시켜 환자의 사망을 방지하는 일련의 응급처치 과정을 말한다. 우리 몸의 모든 기능을 조절하는 뇌는 약 5분 이상 산소공급이 중단되면 기능을 잃기 시작하며 의식이 없어지고 호흡과 맥박이 중단되어 사망하게 된다. 그러나 우리나라 119 구급대가 신고를 받고 현장 도착까지는 평균적으로 10여분 정도 소요되며 교통상황에 따라 더 소요될 수도 있으므로, 최초 목격자가 얼마나 신속하고 정확하게 심폐소생술을 실시하였느냐에 따라 생존율이 결정된다고 볼 수 있다.

심정지 환자가 발생하면 제일 먼저 119에 신고하는 것이 중요하며 즉각적인 심폐소생술을 시행함으로써 심장 정지시간을 최대한 단축해야 한다. 산소가 뇌에 도달하기 위해서는 몸으로 산소가 들어가기 위해 기도가 개방되어야 하고, 산소가 폐의 혈액 속으로 녹아들어가기 위해 호흡이 유지되어야 하며, 그 혈액을 온몸으로 보내기 위해 혈액순환이 고르게 이루어져야 하므로 환자의 기도 개방, 호흡유지, 심박동 유지에 대하여 가장 먼저 관심을 가지고 관찰하고 적절한 응급처치를 실시해야 한다.

1) 의식 확인

쓰러진 환자가 발생하면 가장 먼저 의식 및 호흡을 확인해야 한다. 의식 확인은 양쪽 어깨를 가볍게 두드리며 "여보세요?", "눈을 떠 보세요", "내 말이 들리세요?" 등의 말로 큰소리로 불러 의식이 있는지 살펴본다. 양쪽 어깨를 두드리는 것은 혹시 한쪽의 신경이 마비가 될 수 있기 때문이며, 의식을 확인할 때 너무 흔들면 2차 손상이 발생할 수 있으므로 조심해야 한다.

2) 도움 요청

환자가 의식이 없는 것이 확인되면 제일 먼저 주변 사람들에게 큰 소리로 119에 신고 해달라고 요청하고 심정지가 의심되는 환자를 발견하면 자동심장충격기도 가져다 줄 것을 요청한다. 이 때 특정인을 정확히 지목하여 도움을 요청하는 것이 좋다.

3) 가슴압박

일반 구조자에 의한 심폐소생술은 가슴압박-기도열기-인공호흡 순서로 실시한다. 가슴압박만 시행하여도 인공호흡을 실시한 경우와 효과가 비슷하여, 감염위험, 이물질 등으로 인한 인공호흡을 실시하기 어려운 상황이라면 생략하였으나, 최근에는 인공호흡을 실시하도록 지침이 개정되었다.

가슴압박을 실시하기 위해서는 환자를 반듯하게 눕혀야하므로 환자가 엎드려 있는 경우에는 통나무 굴리기 방법으로 환자를 돌려서 눕힌다. 응급환자의 경우 척추의 손상이 있을 수 있기 때문에 비틀어지지 않도록 환자의 머리, 목, 어깨, 몸통을 통나무처럼 하나로 여기고 돌려야 한다. 통나무 굴리기는 구조자와 가까운 쪽 팔은 머리 위로 올리고 환자를 돌릴 때에는 환자의 머리가 일직선의 축으로부터 떨어지지 않도록 손으로 받쳐준다. 자세가 갖추어 지면 가슴압박을 실시하는데, 먼저 구조자는 환자 옆에 무릎을 꿇고 앉는다. 양측 젖꼭지를 일직선으로 연결한 선과 복장뼈(흉골, sternum)가 만나는 지점에 손꿈치를 대고 반대손을 위로 포개어 놓는다. 양손의 손가락을 깍지를 껴서 환자 복장뼈를 5cm 정도 깊이로 압박하고, 가슴이 원래 위치로 돌아오도록 한다. 이 때 구조자의 손이 완전히 떨어지지 않도록 해야 한다. 분당 100~120회 정도의 속도로 되풀이 한다.

- 손가락으로 양측 젖꼭지를 연결하고 복장뼈와 만나는 위치를 확인한다.
- 반대쪽 손꿈치를 복장뼈에 댄 손가락 위에 덮게 되면 가슴압박 부위이다.
- 양손의 손가락을 깍지를 낀 뒤에 손가락은 가슴에 닿지 않도록 들어 올려서 압박을 실시한다. 손바닥과 손목부분이 직각이 되도록 압박한다.

4) 기도 열기

가슴압박을 실시한 후에는 환자의 이마를 한 손으로 누르고 다른 손으로는 엄지는 턱에 검지와 중지는 턱 밑에 위치하여 턱을 올려서 기도를 확보한다. 성인의 경우는 귓불과 턱 끝이 일직선이 되도록 하는 것이 좋다. 이 때 이마를 누르는 손을 너무 갑자기 세게 누르면 경추에 손상이 갈 수 있으므로 주의하며, 턱을 올리는 손의 중지와 검지를 너무 세게 눌러서 기도폐쇄를 유발할 수도 있으니 주의해야 한다. 혹시 입안에 이물질이 있다면 한손으로 혀와 턱을 잡은 상태에서 이마를 누르고 있었던 손의 엄지와 집게손가락으로 집어낸다.

5) 인공호흡

기도개방이 되면 이를 유지한 뒤 이마를 누르고 있던 손의 엄지와 검지로 환자의 코를 막아 공기가 새어나가지 않게 한다. 시술자가 숨을 크게 들여 마신 후 환자의 입에 구조자의 입을 빈틈이 없도록 밀착시킨다. 환자의 가슴이 올라오도록 힘차게 숨을 내쉬고 환자의 가슴이 올라온 상태로 약 1초간 유지한다(이 때 가슴이 올라오지 않는다면 기도열기를 다시 시행한 뒤 인공호흡을 시행한다). 입을 떼고 환자의 가슴이 내려오는 것을 확인한다. 인공호흡 시에는 심호흡이 아닌 정상호흡으로 충분하다. 인공호흡 시에는 구조자가 환자와의 직접적인 접촉을 꺼리는 경우나 감염의 전파를 막기 위해 보호 기구를 사용할 수 있는데, 대표적인 보호기구로는 페이스실드와 포켓마스크 등이 있다. 페이스실드는 일회용으로 인공호흡 시 환자의 입을 덮어서 직접적인 접촉을 피할 수 있게 하는 것이며 휴대도 매우 간편하다. 포켓마스크는 환자의 얼굴에 밀착시키는 마스크 부위와 구조자가 입으로 호흡을 불어넣는 일방향 밸브로 호흡이 마스크를 통해 환자의 입과 코로 동시에 전달된다. 그러나 이런 보호기구들은 인공호흡에 소요되는 시간을 지연시킬 수 있으므로 이를 사용하기 위해서는 평소에 사용방법에 대한 교육 및 연습을 충분히 해야 할 것이다.

6) 가슴압박과 인공호흡의 반복

가슴압박과 인공호흡은 30:2의 비율로 반복해서 계속 시행되어야 하며 다음의 경우까지 지속해야 한다.

- 119 구급대원이 현장에 도착해서 인계받을 때
- 환자의 순환이 회복되어 움직일 때
- 구조자가 너무 지쳐서 더 이상 할 수 없다고 느낄 때

구조자가 인공호흡을 하기 원하지 않거나 구조가가 인공호흡 방법을 모르는 경우에는 가슴 압박만이라도 시행하는 것이 중요하다.

7) 회복자세

심폐소생술 시행 중 환자가 움직임을 보인다면 기도폐쇄와 흡인의 위험성을 줄이기 위해 회복자세를 취해야 한다. 이 자세는 한쪽 팔을 바닥에 대고 머리를 팔에 기댄 상태로 다른 쪽 팔과 다리를 구부린 채 환자를 옆으로 돌려 눕히는 자세이다.

6. 자동심장충격기 사용 방법

자동심장충격기(Automated External Defibrillator: AED)란 심장 리듬을 자동으로 분석하여 필요한 경우 제세동을 실행할 수 있도록 유도하여 주는 의료 장비로 심정지환자의 생명은 얼마나 빨리 제세동 처치가 시행되느냐에 따라 결정된다고도 할 수 있다. 자동제세동기, AED 등으로 불렸으나 최근 자동심장충격기로 부르고 있다. 과거에는 제세동 처치가 의료진에 의해서만 시행되었으나 2007년 12월에 자동심장충격기 설치 및 교육에 관한 내용이 법률에 명시됨에 따라 구급차, 기차, 항공기, 선박 등의 이송시설과 많은 사람들이 이용하는 공공시설 등에 자동심장충격기 설치되어 있으므로 이에 대한 사용방법을 알아두는 것이 필요하다.

자동심장충격기는 의식과 정상호흡이 없는 환자에게만 사용해야 하며 기본소생술 시행 중에 자동심장충격기가 도착하면 지체 없이 사용해야 한다.

기존에는 자동심장충격기를 영아에게는 사용할 수 없다고 하였으나 현재에는 1세 미만의 영아에게도 사용이 가능한 것으로 임상 연구 결과가 보고되었다. 최근에는 성인, 소아 겸용이나와 환자에 맞게 사용하면 된다.

<table>
<tr><th colspan="2">전원켜기</th></tr>
<tr><td></td><td>① 심폐소생술에 방해가 되지 않는 위치에 놓은 뒤 전원 버튼을 누릅니다.</td></tr>
<tr><th colspan="2">두 개의 패드 부착</th></tr>
<tr><td></td><td>① 패드 부착부위에 이물질이 있으면 제거하고, 패드와 제세동기 본체가 분리되어 있는 경우에는 연결합니다.
② 패드 1 : 오른쪽 빗장뼈 바로 아래에 부착
③ 패드 2 : 왼쪽 젖꼭지 옆 겨드랑이에 부착</td></tr>
<tr><th colspan="2">심장리듬 분석</th></tr>
<tr><td></td><td>① “분석 중”이라는 음성 지시가 나오면, 심폐소생술을 멈추고 환자에게서 손을 뗍니다.</td></tr>
<tr><th colspan="2">제세동 시행</th></tr>
<tr><td></td><td>① 제세동이 필요한 경우에만 제세동 버튼이 깜박이기 시작하며, 깜박이는 제세동 버튼을 눌러 제세동을 시행합니다.
② 제세동 버튼을 누르기 전에는 반드시 다른 사람이 환자에게서 떨어져 있는지 다시 한번 확인해야 합니다.</td></tr>
<tr><th colspan="2">즉시심폐소생술 다시 시행</th></tr>
<tr><td></td><td>① 제세동을 실시한 뒤에는 즉시 가슴압박과 인공호흡 비율을 30:2로 심폐소생술을 다시 시작합니다.
② 자동심장충격기는 2분마다 심장리듬 분석을 반복 시행하며, 이러한 자동심장충격기의 사용 및 심폐소생술을 119 구급대가 도착할 때까지 지속합니다.</td></tr>
</table>

〈자동심장충격기 사용방법〉

7. 기도 폐쇄

오리엔티어링 경기장에서 맛있는 요리로 즐거운 시간을 보내는 중 성인이든 아이든 목에 음식이나 이물질이 걸려 숨을 제대로 못 쉬는 기도폐쇄가 발생할 수 있다. 기도폐쇄에는 부분 기도폐쇄와 완전기도폐쇄로 나눌 수 있는데, 부분 기도 폐쇄는 호흡을 할 수 있는 경우에는 기침을 할 수도 있으나 호흡하는 중에 씩씩대거나 거르릉거리는 소리가 나는 경우가 많다. 이 경우에는 환자에게 기침과 호흡을 계속하게 하고 지켜본다. 이 때 환자가 이물질을 뱉어 내려고 애쓰는 것을 방해하면 안 된다.

완전 기도 폐쇄는 다음 세 가지를 통해 알 수 있다.

- 환자가 의식이 있는 경우는 숨을 쉴 수 없고, 기침을 할 수 없고, 말 할 수 있습니까? 하고 물어도 대답하지 못한다.
- 환자는 반사적으로 목을 움켜쥐는 동작을 하여 "목이 막혔다"는 신호를 한다.
- 환자에게 청색증이 나타나거나 호흡을 하려 애쓰는 과장된 몸짓이 나타난다.

이런 경우에는 즉각적으로 환자가 의식을 잃기 전에 먼저 등 두드리기를 실시하고도 효과가 없을 경우 복부 밀쳐 올리기를 실시한다. 복부 밀쳐 올리기 등을 실시하던 중 의식을 잃으면 119에 신고하고 심폐소생술을 실시한다.

1) 복부 밀쳐 올리기

(1) 복부 밀쳐 올리기는 배꼽과 흉골 끝 사이의 배의 한 중간을 빠르게 5회 밀쳐 올려 폐 속의 공기를 밀쳐냄으로써 인위적으로 기침을 하게 하는 것이다. 처치원은 손으로 밀쳐 올림으로써 내장이 손상될 우려가 있음을 주의해야 한다. 밀쳐 올리는 것은 기도를 막고 있는 이물질을 제거하기 위해 한 번씩 끊어서 실시해야 한다. 매번 밀쳐 올리고 나서 이물질이 제거되었는지를 확인한다.

(2) 환자가 서있거나 앉은 상태에서 환자의 복부를 밀쳐 올리려면 환자 뒤쪽에 서서 팔로 허리를 감싼 후 주먹을 쥔 엄지손가락 부분이 환자의 배꼽위에 오도록 하고 주먹을 다른 손으로 감싸 준다. 두 손으로 환자의 복부 안쪽 위를 향하여 빠르게 밀쳐 올린다.

(3) 의식이 없는 환자를 똑바로 눕힌 자세로 취할 경우에는 엉덩이나 넓적다리 위에 걸터앉는다. 처치원이 이런 자세로 앉으면 환자의 배꼽에 똑바로 맞춰 위치하게 되므로 복부를 밀쳐 올릴 때 옆으로 밀려 앉아 간이나 비장에 손상을 줄 위험이 없게 된다.

2) 손가락으로 이물질 꺼내기

이물질이 보이거나 있다는 의심이 들면 손가락으로 꺼내야 하고 한 손으로 혀와 턱을 잡고 입을 벌린 후, 다른 손의 집게손가락을 뺨 안쪽을 따라 미끄러지듯이 혀뿌리가 있는 곳까지 넣는다. 이 때 손가락을 갈고리 모양으로 하여 휘저어 이물질을 꺼낸다. 이물질이 기도 속에 더 깊이 들어가지 않도록 주의하며, 또한 손가락으로 환자의 구강 내 상처가 나지 않도록 주의하여야 한다. 목구멍의 상처는 감염으로 인해 뇌까지 심각한 감염이 전해질 수 있기 때문이다.

8. 선한 사마리안 법

고통 받는 사람을 기꺼이 도와주기 위하여 즉, 도덕적 의무를 이행하다가 예기치 않는 피해가 발생하더라도 고의나 중대한 과실이 없을 경우 민, 형사상 책임을 면제히는 것으로 2008년 12월 14일부터 시행하고 있다.

응급의료에 관한 법률(법률 9124호) 선의의 응급치료에 대한 면책(법 제 5조 2항, 2011년 8월 4일 법 개정) 응급의료종사자가 아닌 자, 선원법 제86조에 따른 선박의 응급처치 담당자, 119구조, 구급에 관한 법률 제10조 응급처치 제공 의무를 가진 자가 업무수행 중이 아닌 때에 각각 응급의료 또는 응급처치를 제공하여 발생한 재산상 손해와 사상에 대하여 고의 또는 중대한 과실이 없는 경우 그 행위자는 민사책임과 상해에 대한 형사 책임을 지지 아니하고 사망에 대한 형사 책임은 감면함.

9. 보험 가입

각종 스포츠 활동 중 사고나 상해를 예방하기 위해 최선의 노력을 하여도 사고나 상해는 발생할 수가 있다. 이러한 경우를 대비하여 보험 가입을 하여야 한다. 스포츠 활동 중 몸을 다쳐서 병원 치료를 받은 사람들 중 64.3%가 사비로 비용을 부담한 조사도 있어 보험이나 공제 가입은 위험 분산의 좋은 방법이다.

생활체육대회를 개최하거나 생활체육 강습을 하려는 생활체육단체 등은 생활체육진흥법과 시행령에 따라 보험 또는 공제(共濟)에 가입하여야 한다.

생활체육종목단체, 체육동호인조직, 생활체육회 및 그 지회·지부와 지역생활체육회는 생활체육대회를 개최하거나 생활체육 강습을 하려는 경우에는 손해보험이나 공제(共濟)에 가입하여야 한다〈생활체육진흥법 시행령 2022. 6. 15.〉.

스포츠안전재단은 대한체육회 산하 단체로 참가자의 개인정보 필요 없이 행사정보로 가입이 가능하며 , 보험에 가입하더라도 15세 미만은 상법 제732조에 의거, 사망보험금을 지급하지 아니한다.

1) 생활체육대회

해당 대회에 등록한 사람의 수와 대회참여 기간에 맞게 가입할 것.

2) 생활체육 강습

해당 강습에 등록한 사람의 수와 강습 기간에 맞게 가입할 것.

참고문헌

Reference

사단법인 대한오리엔티어링연맹 및 지방연맹 공통교재

https://orienteering.sport/

https://orienteering.tistory.com/

https://www.kof.or.kr/

https://www.naver.com

권오삼. (2011). 오리엔티어링 지도제작. 서울: 한국학술정보

권오삼, 김로빈, 김승재. (2010). 오리엔티어링 제2판. 서울: 한성대 출판부

김상겸, 최장호. (1995). 캠프 및 오리엔티어링. 서울: 대경북스

김상수, 백우열, 주성범. (2020). 오리엔티어링대회 참여자의 선택속성과 지각가치 및 참여지속의도의 관계, 한국스포츠학회지,18(1) 57-65.

김상수, 주성범. (2015).과학적인 스포츠마사지. 서울: 춘명

김상수, 주성범. (2016).웰니스 운동 & 헬스케어 스포츠마사지. 서울: 춘명

김상수, 주성범, 백우열. (2019). 오리엔티어링 대회 참여자의 서비스품질 지각, 서비스만족 및 고객충성도의 관계. 한국스포츠학회지,17(2) 423-431.

대한오리엔티어링연맹. (2014).2014년 Foot-O 2급 지도자 과정. 서울: 대한오리엔티어링연맹

대한오리엔티어링연맹. (2015). 제1회 경기심판강습회. 서울: 대한오리엔티어링연맹

대한오리엔티어링연맹. (2017). 2017년 Foot-O 2급 지도자 과정 정규반&보수반. 포항: 대한오리엔티어링연맹

대한적십자사. (2015). 응급처치. 서울: 대한적십자사

백우열, 김상수, 주성범. (2018). 오리엔티어링대회 참여자의 선택속성 척도개발. 한국스포츠학회지, 16(4). 1033-1040.

소병조. (2021). 오리엔티어링 기술과 전략. 서울

신광균, 김재희. (2004). 웰니스, 웰빙건강론. 서울: 대경북스

스포츠안전재단. (2015). 오리엔티어링 스포츠안전매뉴얼. 서울: 스포츠안전재단

안동립, 구영철. (2017). 실전 독도법 오리엔티어링. 부천: 동아지도

안상윤. (2011). 숲속의 스포츠 오리엔티어링. 서울: 도서출판 좋은땅

오동섭, 하남길, 김상홍. (1993). 야외활동과 교육. 서울: 형설출판사

윤영철, 이승무. (1988). 오리엔티어링:야외훈련. 서울: 명지출판사

이원재, 김상수, 김진환. (2014). 퍼스널트레이닝. 서울: 대경북스

이원재, 김상수, 신홍범. (2014). 아웃도어 캠핑. 서울: 춘명

정명수, 임형칠. (2003). 등산과 야외활동. 광주: 조선대학교 출판부

정일규, 윤진환. (2011). 휴먼퍼포먼스와 운동생리학. 서울: 대경북스

한국오리엔티어링연맹. (2005). 3급 지도자용 오리엔티어링 서울: 사단법인 한국 오리엔티어링연맹

부록

1. IOF FOOT 오리엔티어링 경기 규정(2024년 1월)

1. 정의(Definitions)

1.1 오리엔티어링은 경기자들이 경기장을 독립적으로 탐색하는 스포츠이다. 경기자는 지도와 나침반만으로 가능한 가장 짧은 시간 내에 지면에 표시된 여러 지점을 다녀와야 한다. 컨트롤의 위치가 표시된 코스는 시작될 때까지 선수들에게 공개되지 않는다.

1.2 개인별 시차출발 레이스에서 선수는 경기장을 독립적으로 탐색하고 통과한다.

1.3 동시출발 및 추격출발 레이스에서 선수는 종종 서로 근접하여 달리는 경우가 있지만 그 형식은 여전히 독립적인 탐색을 요구한다.

1.4 '선수'라는 용어는 적절한 경우 성별 또는 팀의 개인을 의미한다.

1.5 오리엔티어링 경기의 유형은 다음과 같이 구분할 수 있다.

- 경기의 시간
  - 주간 경기
  - 야간 경기

- 경기의 성격
  - 개인 경기(개인이 독립적으로 수행)
  - 릴레이 경기(2명 이상의 팀 구성원이 개별 레이스를 연속으로 진행)
  - 팀 경기(두 명 이상의 개인이 협력)
- 경기 결과 결정 방법
  - 단일 레이스 경기(한 레이스의 결과는 최종 결과이다. 선수는 A 레이스, B 레이스 등 다른 레이스에서 경기를 진행 할 수 있다. A- 레이스 등의 참가자를 배치)
  - 멀티 레이스 경기(하루 또는 며칠 동안 개최된 두 개 이상 레이스의 종합 결과가 최종 결과를 구성함)
  - 예선 레이스 경기(선수는 다른 예선에 배정될 수 있는 하나 이상의 예선경기를 통해 결승 레이스에 자격을 얻는다. 예선 레이스 결과에 따라 결승의 출발순서가 결정될 수도 있다. A-와 B- 결선 등이 있을 수 있으며, B- 결승에 배치된 선수는 A- 결승에 배치된 참가자 뒤에 배치된다. 단일 예선이 있고, 예선에 배치된 모든 선수는 결승에 자격 얻는다. 예선 레이스를 프롤로그라고 한다).
  - 녹아웃 스프린트 경기(녹아웃 섹션의 자격을 얻기 위해 시차출발을 하는 예선이 하나 이상 있다. 녹아웃 섹션에는 여러 개의 병렬 예선을 가진 라운드가 하나 이상 있으며, 선두 주자가 다음 라운드 진출 자격을 얻는 동시출발이 있다. 마지막으로 승자를 결정하기 위한 한 번의 동시출발 레이스가 있다).
- 컨트롤 방문 순서
  - 특정 순서 경기(순서가 규정 됨)
  - 비특정 순서 경기(선수는 순서를 자유롭게 선택할 수 있음)
- 레이스의 길이 (또는 형식)
  - 롱 경기
  - 미들 경기
  - 스프린트 경기
  - 기타 경기
- 레이스의 출발 방법
  - 시차출발 경기(레이스는 타임 트라이얼임: 가장 빠른 시간에 경기를 마친 선수가 승

자이다).

- 동시 출발 경기(선수들이 함께 출발한다. 도착 라인의 첫 번째 통과자가 승자이다).
- 추격출발 경기(선수들은 이전 레이스의 결과에 따라 간격을 두고 출발한다. 도착 라인의 첫 번째 통과자가 승자이다.

1.6 '연맹'이란 용어는 IOF 회원 연맹을 의미한다.

1.7 '이벤트'라는 용어는 출발 추첨, 팀 임원회의 및 의식행사와 같은 조직 문제를 포함하여 오리엔티어링 모임의 모든 측면을 포함한다. 이벤트, 예를 들면 세계 선수권대회에는 둘 이상의 경기가 포함될 수 있다.

1.8 TWG

월드게임(TWG) 오리엔티어링 이벤트는 오리엔티어링에서 월드 게임 챔피언 타이틀을 수여하는 공식 대회이다. 월드게임협회(IWGA)의 후원으로, IOF와 임명된 연맹의 권한에 따라 조직된다.

1.9 WOC

세계 오리엔티어링 선수권대회(WOC)는 오리엔티어링에서 세계챔피언 타이틀을 수여하는 공식 대회이다.

IOF와 임명된 연맹의 권한에 따라 조직된다.

1.10 WCup

오리엔티어링 월드컵(WCup)은 한 시즌 동안 모든 형식을 기반으로 세계 최고의 오리엔티어를 찾는 공식 대회이다. 다른 이벤트는 IOF와 주최 연맹의 권한 하에 조직된다.

1.11 JWOC

주니어 세계 오리엔티어링 선수권대회는 오리엔티어링에서 주니어 세계챔피언의 타이틀을 수여하는 공식 대회이다. IOF와 임명된 연맹의 권한 하에 조직되어 있다.

1.12 WMOC

세계 마스터즈 오리엔티어링 선수권대회는 세계 최고의 베테랑 오리엔티어를 찾는 공식 대회이다.

IOF와 주최 연맹 아래 조직되어 있다.

1.13 ROC

지역 오리엔티어링 선수권대회는 각 IOF 지역별 오리엔티어링에서 지역챔피언 타이틀을 수여하는 공식 대회이다. IOF와 임명된 연맹의 권한 하에 조직되어 있다. IOF지역은 아프리카, 아시아, 유럽, 북미, 오세아니아 및 남미이다.

1.14 WRE

IOF 세계 랭킹 이벤트는 IOF 이사회가 공식 IOF 일정으로 수락하는 국제대회이다. 그들은 IOF와 주최 연맹 아래 조직되어 있다.

1.15 IOF 세계 랭킹 시스템은 월드게임, 세계 오리엔티어링 선수권대회, 월드컵, 지역 선수권대회 및 세계 랭킹 이벤트에서의 성과를 바탕으로 세계 엘리트 오리엔티어의 순위를 매기는 시스템이다. 여성과 남성을 위한 연맹 세계 랭킹 성적표는 각 연맹에서 최고 선수의 랭킹 포인트를 기준으로 한다.

1.16 IOF 대회감독관은 IOF 이벤트를 통제하도록 지정된 사람이다. 월드 게임, 세계선수권대회, 주니어 세계선수권대회, 세계 마스터즈 선수권대회, 월드컵 및 지역 선수권대회 이벤트의 경우 IOF 시니어 대회감독관이라는 타이틀이 사용된다.

2. 일반 조항(General provisions)

2.1 이 규정은 부록과 함께 월드 게임, 세계 오리엔티어링 선수권대회, 오리엔티어링 월드컵, 주니어 세계 오리엔티어링 선수권대회, 세계 마스터즈 오리엔티어링 선수권대회, 지역 오리엔티어링 선수권대회 및 지역 청소년 선수권대회에서 W21 및 M21 엘리트클래스, IOF 세계 랭킹 이벤트에서 W21 및 M21 엘리트 클래스에 구속력을 갖는다. 모든 규정은 번호가 표시되고, 앞에 대회 약어가 없으며 이 모든 대회에 유효하다. 이러한 대회 중 하나 이상에만 유효한 규정 포인트는 규정 포인트 번호 옆의 여백에 특정 약어로 표시된다. 이러한 특성 규정은 상충되는 일반적인 규정보다 우선한다.

2.2 이벤트가 두 가지 유형인 경우(예 : 세계선수권대회가 월드컵의 일부를 구성할 수 있는 경우) 상위 대회 (1.8-1.14의 순서로 정의된 대로)에 대한 규정이 우선한다.

2.3 이 규정은 국가 규정의 기초로 권장된다.

2.4 달리 언급되지 않은 경우, 이 규정은 주간 풋 오리엔티어링 경기에 유효하다.

2.5 이 규정과 충돌하지 않는 추가 규정은 주최자가 결정할 수 있다. 그러나 IOF 대회감

독관의 승인이 필요하다.

2.6 이 규정과 추가 규정은 모든 선수, 팀 임원 및 조직과 관련되거나 선수와 접촉하는 다른 사람에게 구속력이 있다. 추가 규정은 최종 이벤트 대회요강에 게시해야 한다.

2.7 스포츠 공정성은 선수, 주최자 및 심판이 이러한 규정을 해석할 때 기본 원칙이 된다.

2.8 이 규정의 영어 텍스트는 다른 언어로의 번역과정에서 발생하는 모든 분쟁에서 결정적인 것으로 간주된다.

2.9 릴레이 경기에서 달리 언급되지 않는 한 개별 경기규정이 유효하다.

2.10 IOF 이사회는 다음과 같은 특별한 규정 또는 규범을 결정할 수 있다. IOF 반 도핑 규정, IOF 프로토콜 안내서, 오리엔티어링 지도 국제기준, 스프린트 오리엔티어링 지도국제기준, 코스 설정 원칙, 라이프니츠 협약 및 IOF 컨트롤 설명.

2.11 IOF 이사회는 이러한 규칙과 규범에 대한 편차를 허용할 수 있다. 규칙에서 벗어나고자 하는 허가 요청은 대회 6개월 전까지 IOF 사무소로 보내야 한다.

2.12 각 대회 유형에 대한 IOF 지침/매뉴얼을 따라야 한다. 중대한 편차는 IOF 대회감독관의 동의가 필요하다.

2.13 TWG

월드게임 레이스는 IWGA 규칙과 다른 형식의 세계 오리엔티어링 선수권대회 규정을 따르는 만큼, 반드시 세계 오리엔티어링 선수권대회의 규칙을 따라야만 한다.

2.14 JWOC

주니어 세계 오리엔티어링 선수권대회는 다음과 같은 원칙을 따라야 한다.

- 각 연맹 최고의 주니어 오리엔티어에게는 높은 기술 수준의 경기가 제공되어야 한다.
- 이벤트는 경쟁적인 분위기나 보다 사회, 문화적 교류적 분위기를 가져야 한다.
- 참가비용은 낮게 유지해야 한다.

2.15 ROC

지역 선수권 대회의 특정 규칙은 부록 7-13에 있다.

3. 이벤트 프로그램(Event programme)

3.1 대회 날짜와 프로그램은 주최자가 제안하고 IOF 이사회가 승인한다.

3.2 WOC

세계 오리엔티어링 선수권대회는 매년 진행된다. 이 프로그램에는 개회식, 폐회식 및 적절한 행사 및 휴식시간이 포함된다. 경기 프로그램은 번갈아 진행된다.

경기의 공식이름은 세계 오리엔티어링 선수권 대회이며, 홀수 년에, 이 프로그램은 미들 경기를 위한 예선과 결승 경기, 그리고 단일 레이스 롱 경기와 릴레이 경기를 포함해야 한다.

일정은 제1일 미들 예선경기, 제2일 롱 경기, 제3일 휴식, 제4일 미들 결승경기, 제5일 릴레이 경기이다.

짝수 년에는 이 프로그램에 스프린트 경기의 예선과 결승, 녹아웃 스프린트 경기 및 스프린트 릴레이에 대한 결승전이 포함된다. 각 경기는 하루에 완료된다. 1, 3, 5일은 경기일이며 2, 4일은 휴식일이다.

3.3 WCup

월드컵은 매년 개최된다. 개인 월드컵은 개인 경기를 기반으로 한다. 팀 월드컵은 릴레이 경기를 기반으로 한다.

3.4 WCup

IOF 이사회는 월드컵 대회의 수와 유형 및 필요한 특별 규칙을 결정한다.

3.5 WCup

월드컵 대회는 다른 이벤트와 함께 구성해야 한다.

3.6 JWOC

주니어 세계 오리엔티어링 선수권대회는 매년 열리는 대회이다. 이 프로그램에는 단일 레이스 스프린트 경기, 미들 경기 예선전, 미들 경기 결승전, 단일 레이스 롱 경기 및 릴레이뿐만 아니라 개회식, 폐막식 및 적절한 휴식 및 행사가 포함된다. 프로그램은 7일을 넘지 않도록 한다.

3.7 WOC

스프린트 경기, 녹-아웃 스프린트 경기 및 미들 경기에서는 남녀 모두 3개의 병렬 예선 경기가 있다.

3.8 JWOC

미들 경기에서는 남녀 모두 3개의 병렬 예선 경기가 열리게 된다.

3.9 WMOC

세계 마스터즈 오리엔티어링 선수권대회는 매년 열리는 이벤트이다. 이 프로그램에는 롱 경기와 미들 경기 예선, 롱 경기와 미들 경기에 대한 최종 레이스, 스프린트 경기에 대한 예선 및 결승 경기가 포함된다.

일정은 제1일 스프린트 예선, 제2일 스프린트 결승, 제3일 휴식일, 제4일 미들/롱 예선, 제5일 미들 결승, 제6일 휴식일, 제7일 롱 결승이다.

3.10 ROC

지역 오리엔티어링 선수권대회는 최소 2년마다 개최된다.

3.11 WRE

IOF 세계 랭킹 이벤트로 선정 된 대회는 IOF에 의해 결정된 기준에 따라 연맹에 의해 선택된다.

4. 이벤트 신청(Event applications)

4.1 모든 연맹은 IOF 이벤트 조직을 신청할 수 있다.

4.2 신청서는 연맹에 의해 IOF 사무소로 발송해야 한다. 신청서 양식은 공식 신청서를 사용해야 하며 신청서에는 요청된 모든 정보와 보증이 포함되어야 한다. 신청자가 없는 경우, 유효한 신청이 접수되고 평가하여 IOF 이사회가 주최자를 임명할 때까지 신청 기간이 정상적으로 연장된다. 이러한 신청은 선착순으로 처리한다. 적절한 시간 내에 적절한 신청서가 접수되지 않으면 IOF 이사회는 이벤트를 조직하지 않기로 결정할 수 있다.

4.3 IOF 이사회는 IOF 이벤트에 대해 비용을 부과 할 수 있다. 부과 금액은 해당 이벤트 신청 마감일 최소 6개월 전에 발표된다.

4.4 주최자가 규칙, 규범, IOF 대회감독관의 지시 또는 신청서에 제출된 정보를 준수하지 않으면 IOF 이사회는 이벤트를 무효화하는 제재를 할 수 있다. 이 경우 주최자는 손해 배상을 청구 할 수 없다.

4.5 WCup

신청서는 대회 개최연도 4년 1월 1일 이전에 접수되어야 한다. 주최 연맹의 임시 승인은 같은 해 10월 31일까지 IOF 이사회에 의해 이루어진다. 6개월 이내에 행사를 주관하는 계약에 서명해야 하며, 그렇지 않으면 이사회가 대안을 정할 수 있다.

4.6 WCup

월드컵 대회 주최를 위한 초대는 모든 연맹에 발송된다. 각 연맹은 우선순위에 따라 둘 이상의 신청서를 제출할 수 있다. 신청서는 늦어도 대회 연도 3년 전 1월 1일까지는 접수되어야 한다. 주최자 또는 주최 연맹의 임시 승인은 같은 해 10월 31일까지 IOF 이사회에 의해 이루어진다. 각 직위는 이벤트를 조직하기 위한 승인 후 6개월 이내에 서명으로 결정되어야 한다. 그렇지 않으면 이사회가 대체 승인을 할 수 있다.

4.7 JWOC WMOC

신청서는 늦어도 대회 연도 3년 전 1월 1일까지는 접수되어야 한다. 주최자 또는 주최 연맹의 임시 승인은 같은 해 10월 31일까지 IOF 이사회에 의해 이루어진다. 각 직위는 이벤트를 조직하기 위한 승인 후 6개월 이내에 서명으로 결정되어야 한다. 그렇지 않으면 이사회가 대안을 정할 수 있다.

4.8 WRE

IOF 이사회는 해당 연도에 대한 각 연맹의 WRE의 할당량 및 이러한 이벤트가 충족해야 할 기준을 표시해야 한다. 신청서는 대회 개최연도 이전 해의 9월 30일 이전에 마감되어야 하며, 같은 해 11월 30일까지 IOF 이사회의 승인 또는 거부를 받게 된다.

5. 클래스(Classes)

5.1 참가자는 성별과 연령에 따라 클래스가 나뉜다. 여성은 남성 클래스에서 경쟁할 수 있다.

5.2 20세 이하의 참가자는 주어진 연령에 도달 한 연도 말까지 각 클래스에 속한다. 그들은 21세 이하를 포함하여 더 상위 클래스에 출전 할 수 있다.

5.3 21세 이상의 참가자는 주어진 연령에 도달한 연도의 시작부터 각 클래스에 속한다.

그들은 21세 이하의 젊은 클래스에 출전 할 수 있다.

5.4 WRE

경기 클래스는 각각 여성과 남성을 W21과 M21이라 한다.

5.5 WRE

W21 및 M21 클래스는 연맹에 의해 엘리트 선수로 분류되거나 연맹의 순위 체계에서 자신의 순위에 따라 선발된 선수로 제한된다.

5.6 WRE

클래스에 참가 수가 너무 많으면 최고 선수가 최고 순위 코스에 참가한 선수의 이전 실적을 기반으로 유사한 길이의 등급, 코스로 분할 될 수 있다.

5.7 WOC WCup

여성과 남성을 위한 하나의 클래스가 있다(스프린트 릴레이 경기 제외). 연령 제한이 없다.

5.8 JWOC

여성과 남성을 위한 하나의 클래스가 있다. W20 또는 M20 클래스에 참가할 자격이 있는 선수만 참가할 수 있다.

5.9 WMOC

W35, M35, W40, M40, W45, M45, W50, M50, W55, M55, W60, M60, W65, M65, W70, M70, W75, M75, W80, M80, W85, M85 클래스가 제공된다. 이 클래스에 참가자가 있는 경우 나이가 많은 오리엔티어를 위한 클래스가 제공된다.

6. 참가(Participation)

6.1 WOC WCup JWOC ROC WRE

선수는 1년 동안 하나의 연맹만 대표할 수 있다.

6.2 WOC WCup JWOC ROC WRE

모든 선수는 해당 연맹의 국가를 대표하는 시민이어야 한다. 그들은 여권이나 시민권을 증명하는 다른 유효한 서류를 제공할 수 있어야 한다.

6.3 WOC WCup JWOC

각 참가 연맹은 팀과 주최자 간의 연락 담당자 역할을 수행 할 팀 관리자를 임명해야 한다.

팀이 필요한 모든 정보를 받는지 확인하는 것은 팀 관리자의 의무이다.

6.4 선수는 자신의 위험을 감수하고 참여한다. 사고에 대한 보험은 국가 규정에 따라 연맹 또는 그 자신의 책임이다.

6.5 WOC

모든 선수는 연맹을 대표한다. 각 연맹은 인원제한이 없는 선수팀에 들어갈 수 있다. 주최자는 사용 가능한 시설에 따라 팀당 최대 임원수를 제한 할 수 있다. 이 최대 수는 각 팀마다 동일해야 하며 최소 5명 이상이어야 한다.

6.6 WOC

스프린트 및 녹-아웃 스프린트 경기에서 모든 연맹은 최대 3명의 여성과 3명의 남성이 참가할 수 있으며, 거기에 해당 형식에 대한 현재 월드챔피언과 지역챔피언 그리고 현재 월드컵 리더는 그들의 연맹소속으로 참가할 수 있다.

6.7 WOC

미들 경기에서 모든 연맹은 최대 3명의 여성과 3명의 남성을 참가시킬 수 있으며, 거기에 해당 거리의 현재 세계챔피언과 지역챔피언, 현재 월드컵 리더는 그들의 연맹소속으로 참가할 수 있다.

6.8 WOC

롱경기의 경우, 참가할 수 있는 연맹 당 참가자 수는 제한되어 있으며 이전 두 세계 선수권 대회의 결과를 기반으로 한다. 연맹마다 남녀별로 별도의 제한 인원이 있다. 연맹은 3개의 남성부와 3개의 여성부에 배치시키며, 롱 경기 결승에 진출할 장소의 수는 연맹 등급에 따라 다르다. 각 연맹의 점수는 이전 세계 오리엔티어링 선수권대회 결과에 따라 계산된다. WOC 2021 이후에는 단일 선행 "숲" WOC의 결과에서 점수가 계산된다.

- 미등경기:

  1등: 120점

  2등: 100점

  3등: 80점

  4등부터 10등까지 70, 65, 60, 57, 55, 53, 51점

  11등부터 60등까지: 50부터 1까지 1점씩 감소

- 롱 경기:

  1등: 240점

  2등: 200점

  3등: 160점

  4등부터 10등까지: 140, 130, 120, 114, 110, 106, 102점

  11등부터 60등까지: 100부터 2까지 2점씩 감소

- 마지막 WOC(예 : WOC 2019 예선에 대한 WOC 2018)의 경우, 연맹이 1부(각각 2 또는 3)에 있는 경우 최고 3명(2 또는 1)의 주자만이 점수를 얻을 수 있다. 연맹의 다른 주자는 점수를 얻지 않지만 해당 위치의 점수는 재 할당되지 않는다.
- 두 번째 마지막 WOC(예 : WOC 2019 예선의 경우 WOC 2017)의 경우, 현재 연맹이 1부에 있는 경우 최고 2명의 주자만이 점수를 획득할 수 있으며, 현재 연맹이 있는 경우 최고 (1) 주자만 점수를 얻을 수 있다. 2부 또는 3부 연맹의 다른 주자는 점수를 얻지 않지만 해당 위치의 점수는 재 할당되지 않는다.
- 릴레이 경기:

  1등: 240점

  2등: 160점

  3등: 130점

  4등: 114점

  5등: 106점

  6등부터 30등까지: 100부터 4까지 4점씩 감소

  최종 "숲" WOC에서는 연맹이 1부에 속할 경우 최상위 3명 (2명 또는 1명)만 점수를 획득하며, 다른 선수들의 점수는 포함되지 않는다.

이렇게 각 대회에서 획득한 점수를 남자와 여자 성별에 따라 연맹별로 합산하여 최종 남자팀과 여자팀의 점수가 된다. 동일한 점수인 경우, 최근 "숲" 세계 선수권대회의 릴레이 순위를 해당 연맹의 최종 순위로 결정한다.

- 다음 해 동안 2부에서 최고 점수를 받은 연맹이 1부로 승격한다.
- 1부의 최저 점수 연맹은 다음 해에 2부로 강등된다.
- 3부에서 가장 높은 점수를 받은 2개의 연맹은 다음 해 2부로 승격한다.
- 2부에서 가장 낮은 점수를 받은 2개의 연맹은 다음 해에 3부로 강등된다.

  자동 승격 그룹 외부의 연맹이 자동으로 강등된 그룹 외부의 연맹보다 점수가 높을 경우(예 : 2부에서 두 번째로 높은 점수를 얻은 연맹이 두 번째로 낮은 점수를 얻은 경우) 1부의 연맹 – 해당 연맹도 등급을 교환한다.
- 1부 연맹에는 3곳이 있다.
- 2부 연맹에는 2곳이 있다.
- 3부 연맹에는 1곳이 있다.
- 주최 연맹은 등급과 관계없이 3곳의 장소에 자격이 있다. 더하여 해당 거리의 현재 세계챔피언, 현재 월드컵 리더 및 해당 거리에서 현재 지역챔피언은 그들의 연맹소속으로 참가할 수 있다.

  롱 경기 결승에 대한 할당은 대회 연도의 1월 31일까지 최신으로 발표한다. 롱 경기 참가자는 지난 3년 동안 600점 이상으로 1회 이상 세계 랭킹 점수(스프린트 아님)를 달성해야 한다. (이 점수는 동일한 WOC에서 초기 레이스에서 달성되었을 수 있다).

6.9 WOC JWOC

스프린트 릴레이에서 각 연맹은 4명 이상의 팀원으로 구성된 하나의 팀에 참가할 수 있으며, 그 중 2명 이상이 여성이어야 한다. 준비가 되지 않은 팀과 하나 이상의 연맹에 소속된 선수가 있는 팀은 참여 할 수 없다. 어떠한 상황에서도 참가 선수 이외의 사람이 대회에 참가할 수 없다.

6.10 WOC

릴레이에서 각 연맹은 하나의 여성 팀과 하나의 남성 팀에 각각 3명의 팀원으로 구성 될 수 있다.

준비가 되지 않은 팀과 하나 이상의 연맹에 소속된 선수가 있는 팀은 허용되지 않는다.

어떠한 상황에서도 참가 선수 이외의 사람이 대회에 참가할 수 없다.

6.11 WCup

모든 참가자는 연맹을 대표한다. 참가자는 한 번의 월드컵 시리즈에서 두개 이상의 연맹을 대표 할 수 없다. 연맹 당 참가자 수는 IOF 세계 랭킹을 기준으로 매년 게시된 할당량에 따라 제한된다.

월드컵 대회가 지역 선수권 대회와 함께 개최되는 경우 지역 선수권 대회 참여를 사임하고, 월드컵 대회에 참여 할 수 있다.

6.12 JWOC

모든 선수는 연맹을 대표한다. 각 연맹은 최대 12명의 선수(최대 6명의 여성 및 최대6명의 남성) 및 4명의 팀 임원으로 팀을 구성 할 수 있다.

6.13 JWOC

모든 선수는 3가지 개인 경기에서 모두 달릴 수 있다. 릴레이에서 각 연맹은 최대 2명의 여성 팀과 2개의 남성 팀을 구성할 수 있으며 각 팀은 3명의 팀원으로 구성된다.

6.14 JWOC

연맹이 전체 릴레이 팀을 구성할 수 없는 경우 불완전한 팀 또는 다른 연맹의 주자와 팀을 구성 할 수 있다. 연맹은 대회에 6명 이상과 6명을 초과하여 참가할 수 없다. 어떠한 상황에서도 참가 선수 이외의 사람이 대회에 참가할 수 없다.

6.15 WOC WCup

선수에게는 유효한 IOF 선수 라이센스가 있어야 한다.

7. 비용(Costs)

7.1 이벤트 조직 비용은 주최자의 책임이다. 대회 비용을 충당하기 위해 주최 측은 선수 참가비와 비선수(팀 임원, 미디어 등)에게는 인가 수수료를 청구할 수 있다. 이 수수료는 가능한 한 낮게 유지되어야 하며 IOF 대회감독관의 승인을 받아야 한다. 여러 경기가 있는 이벤트의 경우, 전체 이벤트에 대한 총 비용의 대안으로 주최 측은 선수에게 인증 수수료와 참가한 각 경기에 대한 수수료 옵션을 제공해야 한다.

7.2 각 연맹 또는 개인 선수는 대회요강에 명시된 대로 참가비를 지불할 책임이 있다. 참가비 지불에 대한 시간제한은 대회 6주 전이어야 한다. 늦은 지불에는 추가 요금이 부과될 수 있다.

7.3 늦은 참가 및 변경은 가능한 경우 주최자가 수락해야 하며 추가요금이 부과될 수 있다.

7.4 WOC WCup JWOC

늦은 참가 및 변경에는 다음 사항이 적용된다.

- 팀 규모 마감일(9.6 참조) 이후 추가 참가는 20%의 추가 요금으로 이루어지며 인출은 80%의 환불을 받는다.
- 팀 이름 마감일(9.7 참조) 후 추가 참가자에는 50%의 추가 요금이 부과되고 출금 시 50%의 환불이 이루어지며 이름 변경 시 10유로의 수수료가 부과된다.

  주최자는 추가 참가에 대한 추가 요금을 부과할 것인지 이름 변경 수수료를 부과할 것인지 결정할 수 있다. 항상 환불해야 한다.

7.5 각 연맹 또는 개인 선수는 대회, 숙박, 음식 및 숙박 시설, 이벤트 센터 및 경기장 간의 운송비용을 책임진다. 경기장으로의 공식 교통편 이용이 의무적인 경우, 참가비에는 이러한 비용이 포함된다.

7.6 IOF가 임명한 대회감독관 및 어시스턴트의 출장비용은 IOF가 지불한다. 방문 및 이벤트 기간 동안의 현지 비용은 국가 계약에 따라 주최자 또는 연맹이 지불한다.

7.7 연맹이 임명한 IOF 대회감독관 및 어시스턴트의 모든 비용은 국가 협약에 따라 주최자 또는 연맹이 지불한다.

7.8 WOC JWOC

저렴한 가격대의 숙박시설 및 식사장소가 없다면, 다른 가격 선택지를 제공해 선수들로 하여금 선택하게 해야 한다.

대회, 음식 및 숙박비용은 별도 금액으로 표시해야 한다. 주최자가 주선한 편의시설을 반드시 사용해야하는 것은 아니다.

7.9 예를 들어 주최자의 통제 범위를 벗어난 이유로 인해 대회(또는 대회의 일부)를 취소해야 하는 경우(기상 조건, 경기장 파괴 등) 주최자는 약정된 참가비용을 확보하기 위해 참가비의 특정 금액비율을 청구 할 수 있다.

8. 이벤트에 대한 정보(Information about the Event)

8.1 모든 정보와 의식행사는 최소한 영어로 작성되어야 한다. 공식적인 정보는 서면으로 제공되어야 한다. 팀 임원회의 또는 긴급한 경우 질문에 대한 답변으로만 구두로 제공될 수 있다.

8.2 WOC WCup JWOC

주최자 또는 IOF 대회감독관의 정보는 대회요강 형태로 제공된다. 대회요강은 IOF Eventor를 통해 PDF 형식으로 게시된다. 대회요강 3이 게시되었다는 통지는 모든 참가 연맹에 전자 메일로 발송된다.

추가 정보가 필요한 경우 모든 해당 연맹에 제공되어야 한다.

8.3 WOC JWOC

대회요강 1(예비 정보)에는 다음 정보가 포함되어야 한다.

- 주최자 및 이벤트 디렉터, 대회감독관 및 컨트롤러의 이름
- 전화 번호, 이메일 주소 및 웹 페이지 정보
- 장소
- 대회 날짜 및 유형
- 클래스 및 참가 제한
- 훈련 기회
- 지역의 일반지도
- 출입금지 지역
- 대회의 특징
- 출입금지 된 지역의 최신 버전 고해상도 컬러 오리엔티어링 지도 사본

8.4 WOC WCup JWOC

대회요강 2(초대)에는 다음 정보가 포함되어야 한다.

- 대회요강 1에 제공된 모든 정보
- 공식 입국 및 숙박 양식
- 참가신청 마감일 및 주소(9.6 참조)
- 선수 및 팀 임원의 참가비 및 늦은 신청 및 변경에 대한 추가 수수료(7.4 참조)

- 참가비 지불에 대한 마감일과 주소 및 늦은 지불에 대한 추가 비용(7.2 참조)
- 숙박 시설 및 음식의 종류와 비용
- 공식 숙소 예약을 위한 마감일
- 운송 수단에 대한 설명
- 입국 허가 취득 지침(비자)
- 훈련 기회의 세부사항
- 경기장, 기후 및 위험에 대한 설명
- 지도의 축척 및 수직 등고선 간격
- 이벤트 프로그램
- 펀칭 시스템 사용
- 필요한 경우 경기복에 대한 참고 사항
- 각 코스의 우승 시간과 대략적인 거리
- 미디어 담당자의 전화번호 및 이메일 주소
- 경기장 유형을 보여주는 최근 샘플 지도
- 각 경기 지역 및 도착 대회장의 정확한 위치(결정된 경우)

Wcup JWOC

- 금지된 지역의 최신 버전 고해상도 컬러 오리엔티어링 지도 사본

WOC WCup JWOC

- 미디어 담당자 및 연맹의 추가 담당자 등록 지침

8.5 WOC WCup JWOC

대회요강 3(이벤트 정보)에는 다음 정보가 포함되어야 한다.

- 정확한 참가자 수를 보내기 위한 마감일(9.6 참조)
- 참가자 이름을 보내는 마감일(9.7 참조)
- 최종 이름 입력 및 스타트 그룹 할당을 위한 시간표를 포함한 자세한 이벤트 프로그램
- 경기장의 세부 사항
- 규정에서 허용된 편차
- 대회 사무소의 주소, 전화 번호 및 이메일 주소
- 숙박 시설 및 음식에 대한 세부사항

- 차량 스케줄
- 각 코스의 거리, 총 등행 거리, 컨트롤 수 및 각 개별 코스와 릴레이의 급수 컨트롤 수, 각 레그의 수
- 임원 회의
- 각 경기장과 도착 대회장의 정확한 위치

8.6 WOC WCup JWOC

대회요강 4(추가 이벤트 정보)는 선수가 도착하면 제공되며 이벤트 정보의 최종 세부 사항을 포함한다.

- 도핑 방지 요구사항
- 이벤트와 관련된 모든 특별 규칙
- 부가된 추가 규정 및 규칙 위반
- 출발 전 배부 될 컨트롤 설명의 안내
- 이의제기에 대한 시간제한
- 이의제기 장소
- 최대 주행 시간
- 접수된 항목 요약
- 심판 명단과 소속연맹
- 격리 구역의 위치 및 참가자 및 임원이 그 내부에 있어야 하는 시간

8.7 WOC JWOC

대회요강 1은 대회 24개월 전에 게시되고, 대회요강 2는 대회 12개월 전에 게시되고 대회요강 3은 대회 3개월 전에 게시된다.

8.8 WCup

대회요강 1/2는 대회 12개월 전에 게시되고 대회요강 3은 대회 2개월 전에 게시된다.

8.9 WMOC WRE

주최 측의 정보는 두 개의 대회요강 형태로 제공된다. 대회요강 1은 인터넷에서 IOF 웹사이트를 통해 제공된다. 대회요강 2는 모든 참가자에게 제공된다.

8.10 WMOC

대회요강 1은 대회 18개월 전에 제공된다. 대회요강 2는 대회 1개월 전에 제공된다.

8.11 WRE

대회요강 1은 대회 4개월 전에 제공된다. 대회요강 1은 대회 1주일 전에 제공된다.

8.12 WMOC WRE

대회요강 1(예비 정보 및 초대)에는 다음 정보가 포함된다.

- 주최자와 이벤트 디렉터 및 컨트롤러의 이름
- 전화 번호, 이메일 주소 및 웹 페이지 정보
- 장소
- 경기 유형과 날짜
- 클래스 및 참가 제한
- 지역의 일반지도
- 출입금지 구역
- 대회의 특징
- 공식 참가신청서
- 참가신청의 마감일 및 주소
- 선수의 참가비
- 참가비 지불 마감일 및 주소
- 숙박 및 음식의 유형과 비용
- 운송 수단에 대한 설명
- 입국 허가 취득 지침(비자)
- 경기장, 기후 및 위험에 대한 설명
- 지도의 축척 및 등고선 간격
- 이벤트 프로그램
- 사용하는 펀칭 시스템
- 필요한 경우 경기복에 대한 참고 사항
- 우승 시간
- 훈련의 세부 사항
- 경기장 유형을 보여주는 최근 샘플 지도
- 출입금지 지역의 이전지도 사본을 얻는 방법에 대한 정보

8.13 WMOC WRE

대회요강 2(이벤트 정보)에는 다음 정보가 포함되어야 한다.

출발 리스트를 포함한 이벤트의 자세한 프로그램

- 경기장의 세부 사항
- 접수된 항목 요약
- 규칙에서 허용된 편차
- 대회 사무소의 주소, 전화 번호 및 이메일 주소
- 교통편 스케줄
- 각 코스의 거리, 총 등행거리, 컨트롤 수 및 각 개별 코스와 릴레이의 급수 컨트롤 수, 각 레그의 수
- 출발 전 배부 될 컨트롤 설명의 크기
- 이의제기에 대한 시간제한
- 이의제기 장소
- 최대 주행 시간
- 심판 명단과 소속 연맹

8.14 ROC

유럽 오리엔티어링 선수권대회 대회요강은 월드컵 대회요강 규칙을 따른다. 다른 지역선수권에 대한 대회요강은 세계 랭킹 이벤트 대회요강의 규칙을 따라야 한다.

9. 참가신청(Entries)

9.1 신청은 대회요강에 제공된 지침에 따라 제출해야 한다. 최소한 성명, 성별, 생년월일, 연맹은 각 선수에게 제공해야 한다. 팀 임원의 이름이 제공되어야 한다. 늦은 참가신청은 가능한 경우 주최자가 수락해야 하며 추가 요금이 부과 될 수 있다.

9.2 선수는 한 대회에서 한 클래스에만 참가할 수 있다.

9.3 주최자는 참가비가 지불되지 않고 지불에 대한 합의에 도달하지 않은 경우 참가자 또는 팀을 출발에서 제외할 수 있다.

9.4 WOC JWOC

숙박 예약 및 예약 수수료는 대회요강 2에 명시된 시간에 주최자에게 지급해야 한다.

9.5 WOC WCup JWOC

선수는 연맹에 의해서만 선발되어 참가할 수 있다.

9.6 WOC WCup JWOC

대회 2개월 전에, 전체 선수의 수와 성별, 각 경기의 선수 수, 릴레이 팀 수, 팀 임원 수 및 팀 임원 이름, 전자 메일 주소 및 휴대전화 번호를 주최 측에 전달해야한다.

9.7 WOC WCup JWOC

각 선수의 이름과 성별 및 팀 임원의 이름은 대회 첫 경기 10일 전 팀 이름 마감일까지 주최자에게 도착해 야하며 대회 첫 경기 전날 정오 까지 팀 이름을 변경할 수 있다. 그 이후에는 어떤 상황에서도 팀을 더 이상 변경할 수 없다.

9.8 WOC WCup JWOC

선수의 이름과(필요한 경우에만) 출발그룹은 대회 참가 마감시한까지 주최자에게 도착해야 한다. 이 마감일은 개별 경기 전날 정오 12시 이전이어야 한다.

9.9 WOC WCup JWOC

선수의 이름과 운영 순서는 릴레이 참가 전날 정오 12시 이전에 주최자에게 전달해야 한다.

9.10 WOC JWOC

개별 경기에서, 대회 참가 마감일과 클래스 시작 첫 시간 2시간 사이에 선수를 특정사유(예 : 사고 또는 질병)로 교체 할 수 있다. 출발 그룹 또는 예선 경기의 변경은 허용되지 않는다. 예선 레이스 결승전 또는 첫 경기 후 멀티 레이스 경기는 교체할 수 없다.

9.11 WOC WCup JWOC

릴레이에서, 경기 시작 후 릴레이 팀 구성원의 이름 및/또는 출장 순서의 마감일 변경은 특별한 이유(예: 사고 또는 질병)로만 이루어질 수 있으며, 릴레이 클래스를 시작하기 최소 2시간 전에 주최자에게 알려져야 한다.

9.12 WOC WCup JWOC

개인 경기에서는 첫 경기 시작 후 2시간 이내에 선수를 교체할 수 없다. 릴레이에서 팀 구성원과 출장 순서는 대회가 시작된 후 2시간 이내에 변경 될 수 없다.

9.13 WOC WCup JWOC

대회 참가 마감일 이후 선수의 교체는 참가한 팀 내에서만 가능하다.

9.14 WOC

예선 레이스에서 각 연맹은 각 그룹에 최대 2명의 선수를 두고 3개의 출발 그룹(초기, 중간, 늦음)에 선수를 배정해야 한다. 두 번째 선수를 그룹에 배정하기 전에 연맹은 각 그룹에 한 명의 선수를 배정해야 한다. 연맹이 선수를 출발그룹에 배정하지 못하면 주최자는 배정을 결정해야 한다.

9.15 JWOC

각 개별 경기에서, 각 연맹은 각 그룹에 최대 2명의 선수를 두고 3개의 스타트 그룹에 선수를 배정해야 한다. 두 번째 선수를 그룹에 배정하기 전에 연맹은 각 그룹에 한 명의 선수를 배정해야 한다. 연맹이 선수를 출발 그룹에 할당하지 못하면 주최자는 할당을 결정해야 한다.

9.15 WMOC

참가 마감일은 대회 시작 6주 전이어야 한다.

10. 여행 및 운송(Travel and transport)

10.1 WOC WCup JWOC

각 연맹은 스스로의 여행을 조직할 책임이 있다.

10.2 WOC JWOC

주최자는 요청에 따라 가장 가까운 국제공항 또는 기차역에서 이벤트 센터 또는 숙박 시설로 팀을 운송해야 한다. 팀은 이 서비스에 대한 비용을 지불해야 할 수도 있다.

10.3 WOC WCup JWOC

숙박시설, 이벤트 센터, 경기장 등의 교통편은 주최자 또는 팀에 의해 조정될 수 있다. 요청 시, 주최자는 대회기간 동안 필요한 모든 교통편을 준비해야 한다. 팀은 이 서비스에 대한 비용을 지불해야 할 수도 있다.

10.4 대회장으로의 공식 교통편은 주최 측이 무료로 제공 할 수 있다.

11. 훈련 및 모델 이벤트(Training and model event)

11.1 요청이 있을 경우 대회전에 훈련 기회를 제공해야 한다.

11.2 WOC WCup JWOC WMOC

대회 첫 경기 전날에 주최자는 경기장 유형, 지도 품질, 컨트롤 특징, 컨트롤 설치, 급수 지점 및 표시된 루트를 보여주기 위해 시범행사를 진행해야 한다.

11.3 선수, 팀 임원, IOF 임원 및 미디어 담당자에게는 모델 이벤트에 참여할 수 있는 기회가 제공된다.

11.4 IOF 대회감독관이 필요하다고 판단하면 추가 모델 이벤트를 구성해야 한다.

11.5 IOF 대회감독관이 적절하다고 판단하는 경우, 모델 이벤트는 대회 당일에 조직 될 수 있다.

11.6 WOC

모든 연맹에게 공정한 훈련기회가 주어져야 한다. 주최자는 선수권대회 18개월 전에 훈련 기회를 제공해야 한다. 경기장과 지도는 가능한 한 선수권대회와 비슷해야 한다.

12. 출발순서, 예선 배정 및 자격(Starting order, heat allocation and qualification)

12.1 시차출발에서, 선수는 동일한 출발 간격에서 단독으로 출발한다. 동시출발에서 한 클래스의 모든 선수가 동시에 출발한다. 릴레이에서 이것은 첫 번째 레그를 운영하는 팀 멤버에게만 적용된다.

추격출발에서, 선수들은 출발시간과 이전 결과에 의해 결정된 간격으로 단독으로 출발한다.

12.2 출발순서는 IOF 대회감독관의 승인을 받아야 한다. 출발 추첨은 공개 또는 비공개일 수 있다.

손으로 또는 컴퓨터로 만들 수 있다.

12.3 출발리스트는 경기 전날 또는 규칙 13.1에 따라 개최되어야 하는 팀 임원회의 전에 발표되어야 한다. 예선과 같은 날에 예선 레이스가 조직된 경우, 결승의 출발리스트는 첫 시

작 1시간 전에 게시되어야 한다.

12.4 선수가 도착하지 않더라도 정확하게 참가한 모든 선수 및 팀의 이름을 작성해야 한다. 이름이 없는 항목(공백)은 추첨에 고려되지 않는다.

12.5 WOC

예선 경기의 결승 이외의 시차출발의 경우, 출발순서는 그룹으로 작성된다.

예선 경기에는 3개의 출발 그룹(빠른, 중간, 늦은)이 있다. 각 그룹 내 출발 순서는 무작위이고, 12.7의 규칙이 적용된다.

단일 레이스 경기의 경우 그룹은 첫 WOC 대회 전날 정오에 게시된 IOF 순위와 해당 경기 형식의 이전 WOC 순위를 기반으로 한다.

마지막 3개의 WOC에서 해당 거리에서 상위 3위를 차지한 선수는 출발 그룹 1에서 시작한다.

이 그룹은 최고 순위의 주자로 최대 10명으로 구성된다.

마지막 3개의 WOC에서 해당 거리에서 4-6위에 있었던 다른 선수들은 출발 그룹 2에서 시작한다.

이 그룹은 다음으로 순위가 높은 다음 주자 2명으로 구성된다.

15개의 후속 출발 그룹 (또는 최종 출발 그룹의 경우 최대 29개)은 세계랭킹 순위에 따라 채워진다.

그들은 그룹 3, 4등으로 스타트한다. 필요한 경우, 동일한 세계 랭킹 점수를 가진 주자의 순서는 동전 던지기에 의해 결정된다.

각 그룹 내에서 출발순서는 무작위이다.

일반적으로 출발 그룹의 출발 순서는 가장 높은 번호의 출발 그룹이 먼저 출발한 다음 다른 그룹이 내림차순으로 출발하는 것이다. 일반적으로 출발 그룹 1이 마지막으로 출발한다.

SEA는 매스컴의 보도 향상을 위해 필요한 경우 출발 그룹의 순서를 변경할 권한이 있다.

출발 그룹 순서의 변화는 대회요강 3에 게시해야 하며 이후에 변경할 수 없다.

규정 9.10은 WOC 롱 경기에는 적용되지 않으며 선수의 늦은 교체는 허용되지 않는다.

12.6 JWOC

예선 경기의 결승 이외의 시차 출발의 경우, 출발 순서는 무작위로 추첨된다. 추첨은 일반적으로 3개의 출발 그룹(빠른, 중간, 늦은)으로 이루어져야 한다.

12.7 WOC WCup JWOC

시차 출발의 경우 같은 연맹의 선수는 연속적으로 출발할 수 없다. 그들이 연속적으로 출발하도록 뽑힌다면, 그 다음에 뽑힌 참가자는 그들 사이에 투입되어야한다. 만약 추첨이 끝날 때 또는 출발 그룹이 끝날 때 이런 일이 발생하면, 선수는 그들 사이에 투입되어야 한다.

12.8 WOC WCup JWOC

예선 레이스 경기에서 예선 레이스의 출발 추첨은 다음 각 요구사항이 충족되도록 해야 한다.

- 가능한 한 예선은 평등한 난이도여야 한다.
- 같은 연맹의 선수가 같은 예선에 있다면 연속되는 시간에 출발해서는 안 된다.
- 다른 예선에 선수를 배정하는 것은 연맹의 선수가 예선에 수학적으로 가능한 한 동일하게 배분되도록 해야 한다.
- 마지막 출발시간을 제외하고 가능한 한 많은 병렬 예선이 있는 만큼의 선수가 각 출발시간에 출발해야 한다.

또는

- 선수는 1예선, 2예선, 3예선, 1예선, 2예선 등의 순서(만약 3 예선이라 할 경우)로 분 간격으로 출발해야 한다.

12.9 예선 경기(녹-아웃 스프린트 이외)에서 두 명 이상의 선수가 결승에 동점 순위일 경우, 그들 모두는 해당 결승에 자격을 얻는다.

12.10 WOC

스프린트 경기 결승에서는 각 예선경기에서 15위 이상을 차지한 선수만 참가할 수 있다.

미들 경기 결승에서는 각 예선 경기에서 15위 이상을 차지한 선수가 참가할 수 있다.

또한 최대 60까지의 추가 순위(b 조항에 따라)가 다음과 같이 선택된다.

(a) 예선 경기에 따라, 상위 15번째 주자가 없는 경우 연맹에서 가장 높은 순위의 주자를 선택한다. (같은 국가의 두 선수가 다른 경기에서 같은 순위를 차지하면 그들의 경기 우승자보다 가장 짧은 시간을 달린 선수가 선택된다).

(b) 각국에서 2명 이상의 주자가 (a)에 따라 마지막 예선전에서 동점일 경우, 모두 결승에 참가할 수 있다.

(c) (a) 또는 (b)에 따라 결승에 진출하려면, 선수가 예선 경기에서 우승자의 시간의 100% 이내여야 한다.

12.11 JWOC

미들 경기에서, 각 예선 경기에서 20위 이내의 선수가 A-결승에 진출한다. 40~21위를 차지한 선수가 B-결승에 진출하고, 나머지 선수가 C-결승에 진출한다. 예선전에서 순위에 없는 선수는 해당 클래스의 최하위 랭킹 결승에서 자격을 갖춘 선수보다 먼저 출발할 수 있지만, 순위에 없는 결과 리스트에 나타난다.

12.12 예선 경기(녹-아웃 스프린트 제외)에서 결승(추격출발 제외)의 출발 순서는 예선 경기에서의 순위의 역순이며, 최고의 선수는 마지막에 출발한다.

동점은 추첨으로 정한다. 예를 들어, 2명의 선수가 1예선에서 6위에 동점을 이룬 경우, 이 규칙의 목적상 누가 6위이고 누가 7위인지 결정하기 위해 동전을 던져야 한다.

다른 병렬 예선에서 같은 순위를 가진 선수는 자신의 예선 수(예: 1, 2, 3)의 순서로 출발해야 한다.

가장 높은 숫자의 예선 승자는 마지막으로 출발한다.

12.13 예선경기에서의 열 배분은 IOF 행사고문의 감독 하에 정해질 수 있다.

12.14 동시출발 추첨 전에, 다양한 코스 조합을 출발 번호에 배정해야 한다. 코스 조합은 마지막 선수가 출발하기 전까지 비밀로 유지된다.

12.15 WOC JWOC

WOC WCup JWOC 스프린트 릴레이에서 첫 번째 주자와 마지막 주자는 반드시 여성에 의해 진행되어야 한다.

12.16 WOC JWOC

WCup JWOC 불완전한 릴레이 팀과 한 개 이상의 연맹에 소속되어 있는 팀들은 공식 릴레이 시작 시간에 동시 출발한다.

12.17 WCup JWOC

시차 출발의 경우, 일반 출발 간격은 롱 경기의 경우 3분 또는 2분, 미들 경기의 경우 2분, 스프린트 경기의 경우 1분이다.

12.18 WOC

롱 경기의 출발 간격은 3분이다. 미들 경기의 출발 간격은 2분이다. 스프린트 경기 예선 및 결승의 출발 간격은 1분 또는 1.5분이다. 롱 경기 및/또는 미들 경기에 대한 전체 라이브 TV 프로덕션의 요구 사항으로, 더 짧은 출발 주기가 필요한 경우, 롱 경기의 경우 2분 출발 간격 및/또는 미들 경기의 경우 1.5분 출발 간격을 사용할 수 있다.

12.19 JWOC

롱 경기의 출발 간격은 한 클래스에 180명 이상의 선수가 없는 한 2분이다. 이 경우 출발 간격은 1.5분이 될 수 있다. 미들 예선 경기의 출발 간격은 3분이다.

12.20 WMOC

예선 경기의 경우, 각 클래스의 선수는 무작위 추첨으로 병렬 예선에 배정된다. 한 클래스의 예선은 수적으로 같아야 하며, 어떤 예선도 80명 이상의 선수를 포함해서는 안 된다. 가능한 한 적은 수의 예선이 있어야 한다. 80명 이하의 선수가 있을 경우 해당 클래스에 대한 예선은 1개만 있다. 같은 연맹 소속 선수와 최근 WMOC의 순위 획득자는 예선에 균등하게 배분되어야 한다.

12.21 WMOC

스프린트 및 미들 경기 결승진출 자격은 예선 경기의 순위에 기초한다. 각 예선 경기의 최고 선수는 클래스의 A-결승에 진출할 수 있다. 각 예선 경기의 다음 상위 선수가 B-결승에 진출할 수 있다.

- 참가자가 161명 이상인 경우, 각 예선에서 A-결승까지 예선 통과 횟수는 같아야 하며, 총 예선 횟수가 80회이거나 가능한 최저 횟수가 80회 이상이 되도록 계산해야 한다. 마찬가지로 B- 결승 등에서는 2개 이상의 결승이 있고 20명 미만의 선수가 가장 낮은 랭킹의 결승에 진출할 수 있는 경우를 제외하고, 다음 결승에 진출할 수 있다. 결과의 맨 아래로, 하나 이상의 예선에 배치된 모든 주자가 결승에 배정된 경우, 다른 예선에서 배치된 주자를, 순위별로, 그 결승이 적어도 80이 될 때까지, 또는 배치된 모든 주자가 배정될 때까지 계속 배정한다.
- 참가자가 20명에서 160명 사이일 경우, A-결승과 B-결승 사이에서 가능한 균등하게 분할되어야 하며, A-결승은 전체 참가자의 절반 이상이어야 한다.
- 참가자가 20명 미만일 경우 모두 A-결승에 진출한다. 두 명 이상의 선수가 결승전에서 동점일 경우, 모두가 결승에 자격을 갖는다. 출발하지만 출발하지 않거나 예선전에서 출발하지 않는 선수는 등급에서 가장 낮은 랭킹의 결승에서 자격을 갖춘 주자보다

먼저 출발할 수 있지만, 결과 리스트에 배치되지 않은 것으로 나타난다.

12.22 WMOC

롱 결승은 일부 선수가 더 높은 결승으로 승격되고 어떤 선수는 미들 결승에서 결과에 따라 하위 결승으로 강등되는 것을 제외하고 미들 경기 결승과 동일한 구성을 가지고 있다. 이 규정에서 승급 및 강등 결정을 위해, 비록 예선 경기에 참가하지 않았고 따라서 미들 경기 결과 리스트에 나타나지 않았더라도, 가장 낮은 순위의 미들 경기 결승전을 성공적으로 완주한 선수는 배치된 것으로 간주된다.

우선, 롱 경기에 참가하지 않은 선수는 모두 제거되고 이후의 모든 참조는 해당 번호에 해당한다.

승격 및 강등은 다음과 같이 수행된다.

- 한 클래스에 하나의 미들 경기 A-결승이 있는 경우, 동일한 구성의 단일 롱 경기A-결승이 있어야 한다.
- 한 클래스에 미들 경기 결승(A와 B)이 두 개만 있는 경우이다.
  - A-결승의 하위 10%(반올림)는 B-결승으로 강등된다.
  - A-결승에서 번호는 B-결승에서 최상위 선수를 승격하여 미들 경기 A-결승에 번호를 다시 가져온다.
- 한 클래스에서 2개 이상의 미들 경기 결승이 있을 경우, 승격과 강등은 아래 표에 따라 적용한다.

		미들 결승 결과				
		A	B	C	D	E
3 결승 A,B,C	승격		상위10위 ~ A까지	상위2위 ~ A까지; 다음 8위 ~ B까지		
	강등	하위12위 ~ B까지	하위10위 ~ C까지			
4 결승 A,B,C,D	승격		상위12위 ~ A까지	상위1위 ~ A까지; 다음 9위 ~ B까지	상위 2위 ~ A까지; 다음 8위 ~ C까지	
	강등	하위 15위 ~B까지	하위 12위 ~C까지	하위 10위 ~D까지		

5 결승 A,B,C,D,E	승격		상위 14위 ~ A	상위1위 ~ A까지; 다음 10위 ~ B 까지	상위 1위 ~ A까지; 다음 9위 ~ C까지	상위 2위 ~ A까지; 다음 8위 ~ D까지
	강등	하위 10위 ~E까지	하위 10위 ~E까지	하위 10위 ~E까지	하위 10위 ~E까지	

12.23 WMOC

레이스의 출발 간격은 일반적으로 다음과 같아야 한다.

스프린트 예선 1분

스프린트 결승 1분

미들/롱 예선 1분

미들 A-결승 2분

기타 미들 결승 1분

모든 롱 결승 2분

선수가 적은 모든 거리에서의 예선과 결승의 경우, 예선 또는 결승의 전체 출발시간이 최대 80분(미들 A 결승 및 롱 결승의 경우 160분)이면 더 긴 출발간격을 사용할 수 있다.

12.24 WOC WCup ROC WRE

녹-아웃 스프린트의 네 가지 단계는 다음과 같이 구성된다.

- 예선 단계: 시차출발과 함께 3개의 병렬 예선이 있다. 출발 간격은 1분이며, 3명의 선수가 매 분마다 출발한다. 각 예선에서 처음 12명의 선수가 준준결승에 진출한다.
- 준준결승: 각각 6명의 주자가 있는 준준결승이 있다. 그들은 각각 동시 출발을 한다. 준준결승에 주자를 배정할 경우 두 가지 옵션이 가능하다.

a) 자격을 갖춘 주자는 예선 랭킹에 따라 다음 순서 6위 → 1위 및 7위 → 36위로 준준결승전을 선택해야 한다.

b) 준준결승에 진출할 자격을 갖춘 주자는 다음과 같이 배정된다(여기서 1H3은 3 예선에서 첫 번째이다).

하나의 예선전만 사용될 경우 할당량은 괄호 안의 순위에 따라 결정된다.

QF1	QF2	QF3	QF4	QF5	QF6
IH3 (1)	2H2 (6)	IH1 (2)	2H3 (5)	IH2 (3)	2H1 (4)
4H1 (12).	3H3 (7)	4H2 (11)	3H1 (8)	4H3 (10)	3H2 (9)
5H2 (13).	6H1 (18)	5H3 (14)	6H2 (17)	5H1 (15)	6H3 (16)
8H3 (24)	7H2 (19)	8H1 (23)	7H3 (20)	8H2 (22)	7H1 (21)
9H1 (25)	10H3 (30)	9H2 (26)	10H1 (29)	9H3 (27)	10H2 (28)
12H2 (36)	11H1 (31)	12H3 (35)	11H2 (32)	12H1 (34)	11H3 (33)

옵션 선택은 IOF 대회감독관이 승인하고 대회요강 4에 게시해야 한다. 각 준준결승에서 선두 주자로 나선 3명이 4강 진출 자격을 갖는다.

- 준결승전: 6명의 주자가 각각 6명씩 있는 준결승전이 3개이다. 그들은 각각 동시출발을 한다. 준준결승 1, 2차전의 선두 주자 3명은 준결승 1에 배정된다. 준준결승 3차전과 4차전의 선두 주자 3명은 각각 준결승 2에 배정된다. 준준결승 5차전과 6차전의 선두 주자 3명은 각각 준결승 3에 배정된다. 각 준결승에서 선두 주자 2명이 결승에 진출한다.
- 결승: 결승전은 6명의 주자가 있고 동시 출발이다.

어떤 라운드에서든 예선전에서 동점인 대회에서, 동점자는 스프린트 세계 랭킹 순위 에 따라 순위가 매겨진다(대회 첫 경기 전날 정오 기준으로). 여전히 동점이 된 주자는 무작위 추첨으로 구분된다.

어떤 라운드에서든 결승 진출자가 다음 라운드에서 사용할 수 있는 순위보다 적을 경우, 관련 순위는 공석으로 두어야 한다. 모든 라운드의 시간 일정은 주최자와 SEA 간에 합의되어야 한다. 예선전을 위한 출발 추첨이 완료된 후에는 주자를 교체할 수 없다. 경기에 등록한 선수가 45명 미만일 경우, 예선전 경기 횟수를 줄이고 녹아웃 스테이지 수를 줄일 수 있다.

12.25 WRE

아래 상황들에 한해서, 12.24의 녹아웃 스프린트 경기 형식이 허용된다.

• 세 번의 결승전:

준결승 1, 2, 3차전에서 각각 1, 2위를 차지한 선수는 결승에 진출한다.

준결승 1, 2, 3에서 각각 3, 4위를 차지한 선수들은 B-파이널에 진출한다.

준결승전에서 1,2,3차전에서 5위 또는 6위를 차지한 선수들은 C-파이널에 진출한다.

- 녹아웃 세션에 자격이 없는 선수들과 시간이 정해진 개인경기를 하게 된 경우, 녹-아웃 스프린트의 네 가지 단계는 다음과 같이 구성된다.

- 예선 단계: 시차출발과 함께 3개의 병렬 예선이 있다. 출발 간격은 1분이며, 3명의 선수가 매 분마다 출발한다. 각 예선에서 처음 12명의 선수가 준준결승에 진출한다.

- 준준결승: 각각 6명의 주자가 있는 준준결승이 있다. 그들은 각각 동시 출발을 한다. 준준결승에 주자를 배정할 경우 두 가지 옵션이 가능하다.

a) 자격을 갖춘 주자는 예선 랭킹에 따라 다음 순서 6위 → 1위 및 7위 → 36위로 준준결승전을 선택해야 한다.

b) 준준결승에 진출할 자격을 갖춘 주자는 다음과 같이 배정된다(여기서 1H3은 3 예선에서 첫 번째이다).

하나의 예선전만 사용될 경우 할당량은 괄호 안의 순위에 따라 결정된다.

13. 팀 임원회의(Team officials' me eting)

13.1 WOC WCup JWOC

주최자는 각 경기 전에 팀 임원 회의를 개최해야 한다. 이 회의는 일반적으로 19시 이내에 시작된다.

대회감독관은 회의를 주도하거나 감독해야 한다.

13.2 WOC WCup JWOC

대회 정보(출발 리스트, 차량 스케줄, 대회요강 4 변동사항 또는 추가사항, 기상예보 등)는 회의를 시작하기 전에 전달해야 한다.

13.3 WOC WCup JWOC

팀 임원은 회의 중에 질문을 할 수 있다.

13.4 WMOC WRE

팀 임원 회의는 없다.

14. 경기장(Terrain)

14.1 경기장은 경쟁력 있는 오리엔티어링 코스를 설정하는 데 적합해야 하며 부록 6에 설명된 기준과 일치해야 한다. 경기장 및 대회장을 선택하고 코스를 설계할 때 Leibnitz 협약의 목표를 고려해야 한다.

14.2 경기 지형은 경기 전에 가능한 한 오랫동안 오리엔티어링에 사용되어서는 안 된다.

따라서 선수가 부당한 이득을 누리지 않도록 해야 한다.

14.3 경기 지형은 일반적으로 결정되는 즉시 선수들의 출입이 금지된다. 그럴 수 없는 경우 가능한 한 빨리 경기장에 대한 접근 방법을 게시해야 한다.

14.4 필요한 경우 주최자에게 출입 금지된 경기장에 대한 접근허가를 요청해야 한다.

14.5 자연 보호, 임업, 사냥 등의 모든 권리는 존중되어야 한다.

15. 지도(Maps)

15.1 지도, 코스 표시 및 추가 인쇄는 오리엔티어링 지도에 대한 IOF 국제기준 또는 스프린트 오리엔티어링 지도에 대한 IOF 국제기준에 따라 작성 및 인쇄해야 한다. 편차는 IOF 이사회의 승인이 필요하다.

15.2 롱 경기의 지도 축척은 1:15000이다. 미들 경기와 릴레이 경기의 지도 축척은 1:10000이다.

스프린트(스프린트 릴레이 포함) 경기의 지도 축척은 1:4000이다.

15.3 지도의 오류 및 경기장이 인쇄된 이후 발생한 변경사항은 해당 대회에 대한 관계가 있는 경우 지도에 인쇄해야 한다.

15.4 지도는 습기와 손상으로부터 보호되어야 한다.

15.5 경기 지역의 이전 오리엔티어링 지도가 존재하는 경우, 경기 전에 모든 선수에게 최신 버전의 고해상도 컬러 복사본을 사용할 수 있도록 해야 한다.

15.6 경기 당일, 격리가 없다면 주최자가 허용할 때까지 선수 또는 팀 임원의 경기지역 지도 사용은 금지된다. 최종게시판에 공지 되어야 할 지도사용권한에 대해서는 주최자가 추

가적인 조치나 제한을 제시 할 수 있다.

15.7 경기 지도는 선수가 코스를 주행하는 데 필요한 것보다 커서는 안 된다.

15.8 WMOC

미들·롱 경기 레이스의 지도 축척은 1:10000 또는 1:7500이어야 한다. 스프린트의 지도 축척은 1:4000 또는 1:3000이어야 한다.

15.9 ROC WRE

롱 경기 레이스의 경우, 지도 축척은 1:15000 또는 (IOF 대회감독관이 승인한 경우) 1:10000이어야 한다.

15.10 WOC WCup JWOC WMOC

IOF와 회원 연맹은 주최자에게 수수료를 지불하지 않고도 공식 잡지나 웹사이트에 대회 코스 지도를 재현할 수 있는 권리를 가져야 한다.

16. 코스(Courses)

16.1 코스 설정을 위한 IOF 원칙(부록 2 참조), 경기형식 설명(부록 6 참조), 리이프니츠 협약(부록5 참조)를 따라야 한다.

16.2 코스 표준은 국제적 오리엔티어링 대회에 적합해야 한다. 선수의 방향탐색 기술, 집중력 및 주행능력을 테스트해야 한다. 모든 코스는 다양한 오리엔티어링 기술의 영역을 요구해야 한다.

16.3 코스 거리는 출발부터 컨트롤을 경유하여 도착까지, 물리적으로 불가능한 장애물(높은 울타리, 호수, 통행불가 절벽 등), 금지 구역 및 표시된 루트에 대해서만 벗어나게 하여 직선거리로 제공되어야 한다.

16.4 총 등행거리는 최단의 합리적인 루트를 따라 미터 단위의 등행으로 제공되어야 한다.

16.5 예선 경기의 경우, 병렬 예선을 위한 코스는 가능한 한 길이와 표준이 같아야 한다.

16.6 릴레이 경기에서, 컨트롤은 팀별로 다르게 조합되어야 하지만, 모든 팀은 전반적으로 같은 코스를 주행해야 한다. 경기장과 코스의 개념이 허용하는 경우, 레그의 길이는 크게

다를 수 있다. 단, 레그의 우승시간 합계는 규정된 대로 유지해야 한다. 모든 팀은 서로 다른 길이의 레그를 동일한 순서로 실행해야 한다.

16.7 개별 경기에서, 컨트롤은 선수들에게 다르게 결합될 수 있지만, 모든 선수는 녹-아웃 스프린트에서 "코스 선택" 분기점을 사용할 때를 제외하고, 동일한 전체 코스를 주행해야 한다(각 주자가 출발하기 20초 전에 각각 다른 코스로 3개의 지도 중 하나를 선택할 수 있다).

16.8 WOC

대부분의 경우, 경기가 동시에 진행되는 경우, 최종 레이스에서 여성 코스와 남성 코스에 별도의 컨트롤을 사용해야 한다.

16.9 WOC우승

우승 시간이 구간으로 표시되는 경우 그 구간의 중간 지점에서 우승 시간을 달성하는 것을 목표로 코스를 계획해야 한다.

16.10 WOC WCup

코스는 다음과 같은 우승 시간을 제공하도록 설정해야 한다.

women	men	
88-92	88-92	롱 경기 결승
25	25	미들 경기 예선
30-35	30-35	미들 경기 결승
12-15	12-15	스프린트 예선
12-15	12-15	스프린트 결승
12-15	12-15	스프린트 릴레이 각 레그
55-60	55-60	스프린트 릴레이 모든 레그 합산 시간
30-40	30-40	릴레이 각 레그
90-105	90-105	릴레이 모든 레그 합산시간
8-10	8-10	녹-아웃 스프린트 예선
6-8	6-8	녹-아웃 스프린트 동시출발

16.11 JWOC

코스는 다음과 같은 우승 시간을 제공하도록 설정해야 한다.

women	men	
70	70	롱 경기
20-25	20-25	미들 경기
12-15	12-15	스프린트
30-40	30-40	릴레이 각 레그
90-105	90-105	릴레이 모든 레그 합산

16.12 WMOC

코스는 다음과 같은 우승 시간을 제공하도록 설정해야 한다.

클래스	미들/롱 경기 예선	미들 결승	롱 결승
W35	50	30-35	70
W40	50	30-35	65
W45	45	25-30	60
W50	45	25-30	55
W55	40	25-30	50
W60	40	25-30	50
W65	40	25-30	50
W70	40	25-30	50
W75	40	25-30	50
W80	40	25-30	50
W85	40	25-30	50
W90	40	25-30	50
M35	50	30-35	70
M40	50	30-35	65
M45	45	25-30	60
M50	45	25-30	55
M55	40	25-30	50
M60	40	25-30	50

M65	40	25-30	50
M70	40	25-30	50
M75	40	25-30	50
M80	40	25-30	50
M85	40	25-30	50
M90	40	25-30	50

모든 스프린트 경기에 대한 코스는 12분에서 15분 사이의 우승 시간을 갖도록 설정되어야 한다.

16.13 WRE

코스는 아래의 우승시간에 맞추어 설정되어야 한다.

women	men	
88-92	88-92	롱 경기
30-35	30-35	미들 경기
12-15	12-15	스프린트

17. 제한 구역 및 루트(Restricted areas and routes)

17.1 주최 연맹이 환경 보호를 위해 설정한 규칙 및 주최자의 관련 지침은 대회와 관련된 모든 사람이 엄격히 준수해야 한다.

17.2 제한구역 또는 위험 구역, 금지된 루트, 교차해서는 안 되는 선 특징 등을 지도에 표시해야 한다.

필요한 경우 실제 경기장에 표시해야 한다. 선수는 다음 기호를 사용하여 구역, 루트 또는 특징물을 출입하거나 따라가거나 또는 건널 수 없다.

〈숲〉

ISOM 520 진입해서는 안 되는 지역

ISOM 708 출입금지 경계

ISOM 709 출입금지 지역

ISOM 711 출입금지 루트

<스프린트>

ISSOM 201 통행불가 절벽

ISSprOM 301 건널 수 없는 수계

ISSprOM 307 건널 수 없는 습지

ISSprOM 410 통행불가 식생

ISSprOM 515 통행불가 벽

ISSprOM 518 통행불가 울타리 또는 난간

ISSprOM 520 진입해서는 안 되는 지역

ISSprOM 521 건물

ISSprOM 529 현저한 통행불가 선형 특징물

ISSprOM 708 출입금지 경계

ISSprOM 709 출입금지 구역

ISSprOM 714 임시 건축 또는 폐쇄구역

17.3 지도와 실제 경기장에 필수 경로, 교차점 및 통로를 명확히 표시해야 한다. 선수는 코스에서 표시된 부분의 전체 길이를 따라가야 한다.

18. 컨트롤 설명표(Control descriptions)

18.1 컨트롤의 정확한 위치는 컨트롤 설명표에 의해 정의되어야 한다.

18.2 컨트롤 설명은 IOF 컨트롤 설명표에 따라 기호 형태로 이루어져야 한다.

18.3 각 선수의 코스에 대해 올바른 순서로 주어진 컨트롤 설명표는 경기 지도의 앞면에 고정하거나 인쇄해야 한다.

18.4 시차출발 경기의 경우, 각 코스에서 각 선수에 대한 별도의 컨트롤 설명표는 출발 전 또는 출발레인에서 제공되어야 하지만, 그 지점 전에는 제공될 수 없다.

19. 컨트롤 설치 및 장비(Control set-up and equipment)

19.1 지도에 표시된 컨트롤 지점은 지면에 명확히 표시되어야 하며, 선수가 통과를 증명할수 있도록 장착되어야 한다.

19.2 각 컨트롤은 약 30cm×30cm 세 개의 정사각형으로 구성된 컨트롤 플랙에 의해 표시되어야 한다.

각 정사각형은 대각선으로 나누어야 하며, 하나는 흰색이고 다른 하나는 오렌지색이다(PMS 165).

19.3 컨트롤 설명표에 따라 지도에 표시된 특징물에 플랙을 걸어야 한다. 선수가 설명된 위치를 볼 수 있을 때 플랙이 보여야 한다.

19.4 컨트롤(출발 컨트롤 플랙 포함)은 서로 30m 이내에 위치해서는 안 된다. 스프린트의 경우 이 값이 줄어들 수 있다. 지도 축척 1:4000 또는 1:3000의 경우 컨트롤 간의 최소 주행거리는 25m이고, 최소 직선거리는 15m이다(부록 2, # 3.5.5 참조).

19.5 펀칭하는 사람의 존재가 주변 선수들이 컨트롤을 찾는 데 크게 도움이 되지 않도록 컨트롤을 배치해야 한다.

19.6 각 컨트롤은 코드 번호로 식별되어야 하며, 표시 장치를 사용하는 선수가 코드를 명확하게 읽을 수 있도록 컨트롤에 고정되어야 한다. 31보다 작은 숫자는 사용할 수 없다. 숫자는 흰색에 검은 색이어야 하며, 높이는 1.5~10cm여야 하고, 선의 두께는 적어도 2.5mm이어야 한다. 수평으로 표시된 코드는 거꾸로 읽혀 잘못 해석될 수 있는 경우 밑줄이 그어져야 한다(예: <u>161</u>).

19.7 선수의 통과를 증명하기 위해 각 플랙 바로 근처에 충분한 수의 펀칭 장치가 있어야 한다.

19.8 예상 우승시간이 30분 이상인 경우, 우승자의 예상 속도에서 최소 25분마다 간식을 이용할 수 있어야 한다.

19.9 적어도 적절한 온도의 순수한 물은 간식으로 제공되어야 한다. 다양한 간식이 제공되는 경우, 해당 간식을 명확하게 표시해야 한다.

19.10 WOC WCup JWOC

예상 우승시간이 60분 이상인 경우, WADA 준수 스포츠 음료를 순수한 물과 함께 제공해야 한다.

19.11 보안 문제가 있는 모든 컨트롤 장치는 보호되어야 한다.

19.12 WOC

모든 컨트롤은 보호되어야 한다.

20. 펀칭 시스템(Punching systems)

20.1 IOF 승인 전자 펀칭시스템만 사용할 수 있다.

20.2 선수는 모델이벤트에서 전자 펀칭시스템을 사용하여 연습할 수 있어야 한다.

20.3 선수들은 제공된 펀칭 장치를 사용하여 각 컨트롤마다 자신의 컨트롤 카드를 펀칭할 책임이 있다.

한 유닛이 작동하지 않거나 작동하지 않는 것으로 보이는 경우, 선수는 제공된 백업을 사용해야 하며 펀치가 기록되지 않으면 실격 처리된다.

20.4 모든 컨트롤에 방문했음을 컨트롤 카드에 명확히 표시해야 한다.

20.5 컨트롤 펀치가 없거나 식별 불가능한 선수는 펀치가 누락되었거나 식별 불가능한 것이 선수의 잘못이 아니라는 것을 확실히 확인할 수 없는 경우 실격된다. 이러한 예외적인 상황에서는 선수가 컨트롤 관계자 또는 카메라의 증거 또는 컨트롤로부터의 판독과 같은 다른 증거를 사용하여 컨트롤을 방문했음을 증명할 수 있다. 다른 모든 상황에서 이러한 증거는 허용되지 않으며, 선수는 실격 처리한다.

SportIdent, SFR, Learnjoy의 경우 이 규정은 다음을 의미한다.

- 선수가 너무 빨리 펀칭하여 피드백 신호를 수신하지 못할 경우, 카드에 펀치가 기록되지 않으며, 컨트롤 장치가 선수의 카드 번호를 오류 펀치로 기록한 경우에도 실격해야 한다.
- 주최자가 모든 컨트롤에서 백업을 읽을 수 있다. 선수는 주최자에게 20EUR(또는 해당 지역 통화로 환산한 금액)의 지불을 조건으로 컨트롤에서 백업을 읽도록 요구할 수 있다. 컨트롤에 전체(오류 이외) 펀치가 포함된 경우, 선수는 해당 컨트롤을 정확히 누른 것으로 기록하고 수수료를 반환해야 한다. 그렇지 않으면 주최자가 수수료를 부담해

야 한다.

20.6 컨트롤 카드를 분실하거나, 컨트롤을 생략하거나, 잘못된 순서로 방문한 선수는 실격된다.

20.7 2개의 비접촉식 컨트롤을 사용하는 경우, 두 카드를 모두 동일한 팔에 휴대해야 한다. 두 카드의 펀치를 병합하여 펀칭 기록을 작성한다.

20.8 컨트롤 카드나 펀칭 장치의 고장인 경우 선수가 방문을 기록할 수 있도록 백업 펀칭 방법을 제공해야 한다.

21. 장비(Equipment)

21.1 주최 연맹의 규칙이 달리 명시되지 않는 한, 의복과 신발의 선택은 자유이다.

21.2 출발 배번은 주최자가 규정한 대로 명확히 볼 수 있어야 하며 착용해야 한다. 배번은 높이가 10cm 이상의 숫자로 25cm×25cm보다 크지 않아야 한다. 배번은 접히거나 잘리지 않아야 한다.

21.3 경기 중에 선수가 사용하거나 휴대할 수 있는 유일한 방향 탐색 보조기구는 주최자가 제공하는 지도 및 컨트롤 설명표와 나침반이다.

21.4 WMOC ROC WRE

주최자가 장비를 승인하지 않는 한, 선수는 예비 출발구역에 입장해서 도착지점에 도달할 때까지 또는 격리존에 들어가기 전까지(격리존이 없다면 시작점) 경기에서 통신(음성 또는 문자) 장비를 사용하거나 운반해서는 안 된다.

다음과 같은 경우 GPS를 사용하는 장치(시계 등)를 휴대할 수 있다.

- 지도 화면이 없는 경우
- 통신기능이 없는 경우
- 방향 탐색 목적으로 사용되지 않는 경우

그러나 주최자는 그러한 장비의 사용을 구체적으로 금지할 권리가 있다. 주최자는 선수에게 추적장치 또는 GPS 데이터 이력 기록장치를 휴대하도록 요구할 수 있다.

21.5 WOC WCup JWOC

주최자가 장비를 승인하지 않는 한, 선수는 예비 출발구역에 들어가서 도착지점에 도달할 때까지는 격리존에 들어가기 전까지(격리존이 없다면 시작점) 경기에서 통신(음성 또는 문자) 장비를 사용하거나 운반해서는 안 된다.

GPS를 사용하는 장치(시계 등)는 주최자가 기기를 제공하지 않는 한 휴대해서는 안 된다. 주최자는 선수에게 추적 장치 또는 GPS 데이터 이력 기록장치를 휴대하도록 요구할 수 있다.

21.6 WOC WCup JWOC

선수는 소속 연맹의 팀 복장을 착용해야 한다.

22. 출발(Start)

22.1 개인전에서 출발은 일반적으로 시차출발이다. 릴레이 경기에서 출발은 일반적으로 동시출발이다.

22.2 결선경기의 경우 결승의 첫 출발은 예선경기의 마지막 출발 후 최소 2.5시간 이후이다.

22.3 WOC JWOC

모든 선수는 출발구역에서 준비와 워밍업을 위해 30분 이상의 시간을 제공 받아야 한다.

준결승과 결승전 사이 녹아웃 스프린트 경기에서는 이 시간이 단축될 수 있다.

출발하지 않은 선수와 팀 임원만 준비 구역에 들어갈 수 있다.

22.4 출발이 시작되기 전에 예비 출발이 준비될 수 있다. 예비 출발이 있을 경우, 팀 임원과 선수의 소집 시간을 나타내는 시계가 표시되어야 한다. 여기서, 그리고 선수의 이름을 부르거나 표시해야 한다.

출발선을 넘어서는, 주최자가 안내하는 출발 선수와 미디어 대표자만 허용된다.

22.5 출발 시 선수에게 경기시간을 알려주는 시계가 표시되어야 한다. 사전 출발이 없는 경우, 선수의 이름을 부르거나 표시해야 한다.

22.6 출발은 이후 선수와 다른 사람이 지도, 코스, 루트 선택 또는 첫 번째 컨트롤의 방

향을 볼 수 없도록 정리되어야 한다. 필요한 경우, 출발 시간부터 오리엔티어링이 시작되는 지점까지 유도선이 있어야 한다.

22.7 선수는 출발 시간 또는 이후에 지도를 받는다. 선수는 올바른 지도를 받을 책임이 있다. 선수의 출발번호, 이름 또는 코스는 출발 전에 선수가 볼 수 있도록 지도 주변 또는 지도에 표시되어야 한다.

22.8 오리엔티어링이 시작되는 지점은 지도에 출발 삼각형으로 표시되어야 하며 경기장에 컨트롤 플래이 표시되지만 장치는 표시하지 않는다.

22.9 출발 시간이 늦은 선수도 출발이 허용된다. 그들의 새로운 출발시간은 기록되어야 한다.

- 동시 또는 추격 출발에서 선수는 가능한 한 빨리 출발해야 한다.
- 시차출발에서, 선수가 자신의 출발시간 이후 간격의 절반 이하로 출발선에 있는 경우, 즉시 출발해야 한다.
- 시차출발에서 선수가 출발시간 이후 간격의 절반 이상을 출발선에 있을 경우, 이용 가능한 다음 절반의 간격에서 출발해야 한다.

22.10 자신의 실수로 인해 출발시간이 늦은 선수는 원래 출발시간에 출발했던 것처럼 시간을 기록해야 한다. 주최자의 과실로 인해 출발시간이 늦은 선수는 새로운 출발시간부터 기록해야 한다.

22.11 각 릴레이 팀 구성원 간의 선수 교체는 터치 방식으로 이루어진다. 선수 교체는 들어오는 팀 구성원이 나가는 팀 구성원의 지도를 수집하여 선수교체 터치 시 넘길 수 있도록 구성할 수 있다.

22.12 주최자가 들어오는 팀에 대한 사전 예고를 해주는 경우에도 정확하고 적시에 하는 릴레이 선수 교대는 선수의 책임이다.

22.13 주최자는 IOF 대회감독관의 승인을 받아 교대하지 않은 릴레이 팀을 위해 이후 레그에 대한 동시출발을 준비할 수 있다.

22.14 WOC WCup

일단 릴레이 팀이 실격을 인정했다면, 그 팀의 구성원은 더 이상 출발할 수 없다.

22.15 WOC JWOC

선수교대 구역에서, 나가는 팀 구성원은 선행 팀 구성원의 도착에 대한 사전 예고를 받아야 한다.

22.16 WOC WCup JWOC

주최자는 출발하지 않은 사람들이 코스에 대한 정보를 얻는 것을 방지하기 위해 하나 이상의 격리구역을 정할 수 있다. 주최자는 선수와 팀 임원이 격리구역 안에 있어야 하는 시간을 정한다. 주최자는 격리구역에서 대기하는 사람들을 위해 적절한 시설(화장실, 다과실, 쉼터 등)을 제공해야 한다. 선수나 팀 임원이 마감시간 이후 격리구역진입을 시도할 경우 입장을 거부할 수 있다. 선수와 팀 임원들은 격리구역 내에서 통신장치를 사용할 수 없다.

23. 도착 및 기록측정(Finish and time-keeping)

23.1 도착 라인을 통과할 때 선수의 경기는 종료된다.

23.2 도착지점까지의 진입로는 테이프, 로프 또는 울타리로 제한해야 한다. 마지막 20m는 직선이어야 한다.

23.3 도착 라인은 시차출발 경기의 경우 최소 1.5m, 동시 또는 추격 출발 경기의 경우 최소 3m 폭이 되어야 한다. 라인은 진입로 방향에 직각이어야 한다. 도착 라인의 정확한 위치는 접근하는 선수들에게 분명해야 한다.

23.4 도착 라인을 통과하거나 선수 교대를 완료한 후, 선수는 컨트롤 카드를 제출하거나 기록된 데이터를 다운로드해야 한다. 주최자 요구할 경우, 경기 지도도 제출해야 한다.

23.5 도착시간은 다음 중 한 번으로 측정해야 한다.

- 선수의 가슴이 도착 라인을 통과할 때
- 선수가 도착 라인에서 펀칭을 할 때
- 광선이 기록측정에 사용될 경우, 선수가 빔을 통과할 때 지면 위로 0.5m에서 1.25m 사이에 장착해야 한다.
- 선수가 휴대하는 중계기가 도착 라인을 통과할 때 시간은 전체 초로 반올림해야 한다. 시간은 시간, 분, 초 또는 분 및 초 단위로만 제공된다.

23.6 기록측정 시스템은 0.5초 이상의 정확도로 같은 클래스의 선수 시간을 측정해야 한다.

23.7 WOC WCup JWOC

시차출발 경기에서는 전자 결승 기록측정 시스템을 사용하여 선수가 도착 라인을 통과해야 한다.

23.8 1차 및 2차적인 두 개의 독립된 기록측정 시스템을 경기 동안 계속해서 사용해야 한다.

23.9 동시 또는 추격 출발이 있는 경기에서, 결승 심판은 선수의 가슴이 도착 라인을 통과하는 순서를 기준으로 최종 순위를 판정해야 한다. 심판은 도착 라인에 입회해야 한다.

23.10 주최자는 IOF 대회감독관의 승인을 받아 각 클래스의 최대 주행 시간을 설정할 수 있다.

23.11 도착지점에는 의료시설과 인력이 있어야 하며, 또한 숲에서 일할 수 있는 장비를 갖추고 있어야 한다.

23.12 WOC

최대 주행 시간은 다음과 같다.

- 스프린트, 여성과 남성의 경우 50분
- 미들 경기, 여성과 남성의 경우 120분
- 롱 경기, 여성 3시간, 남성 4시간
- 릴레이, 여성과 남성의 경우 4.5시간
- 스프린트 릴레이 120분
- 녹-아웃 스프린트 예선, 30분
- 녹-아웃 스프린트 동시출발, 15분

24. 결과(Results)

24.1 경기 중에 임시 결과를 발표하여 도착지 또는 대회장에 표시해야 한다.

24.2 공식 결과는 마지막 출발자의 가장 늦은 허용 종료시간 이후 4시간 이내에 발표되어야 한다. 경기 당일 각 팀 매니저와 공인된 미디어 담당자에게 전달해야 한다.

24.3 예선경기의 결승이 예선 경기와 같은 날에 열리는 경우, 예선경기 결과는 마지막 출

발자의 가장 늦은 허용 종료시간 후 30분 이내에 발표되어야 한다.

24.4 공식 결과에는 모든 참가 선수가 포함되어야 한다. 릴레이에서 결과는 주행 순서와 레그 시간, 그리고 각 주행한 코스 조합에 따라 선수의 이름을 포함해야 한다.

24.5 시차출발이 사용되는 경우, 같은 시간을 가진 선수 2명 이상이 결과 리스트에서 같은 순위를 받아야 한다. 같은 순위 다음의 순위는 비어 있어야 한다.

24.6 동시출발 또는 추격출발이 사용되는 경우, 순위는 선수가 도착 라인을 통과하는 순서에 따라 결정된다.

릴레이에서는 마지막 릴레이 레그를 달리는 팀원이 된다.

24.7 늦은 레그의 동시출발이 있는 릴레이에서, 팀 구성원의 개별시간 합계에 따라 해당 동시출발에 참여한 팀의 순위가 결정된다. 동시 출발하는 팀들은 늦은 레그를 위해 일반적인 방법으로 교대하고 끝난 모든 팀들이 배치된다.

24.8 최대 시간을 초과하는 선수 또는 팀은 실격된다.

24.9 WOC WCup JWOC

모든 공인된 사람(선수, 팀 임원, 미디어 대표 등)에게 출발 리스트, 공식 결과 리스트 및 경기 지도를 제공해야 한다.

24.10 WCup

월드컵에서는, 선수들의 최고 경기 결과가 그들의 총 점수를 반영한다. 채점 시스템의 세부 사항은 첫 번째 이벤트 최소 4개월 전에 IOF 이사회에 의해 결정된다.

24.11 JWOC

둘 이상의 연맹 소속 주자가 있는 불완전한 팀과 팀의 결과는 릴레이 경기에서 순위를 결정할 때 고려되지 않으며, 공식 결과 리스트에 나타나지 않는다.

24.12 JWOC

연맹이 릴레이 클래스에서 두 팀으로 참가하는 경우, 순위를 결정할 때 더 나은 결과를 가진 팀만 반영한다.

24.13 JWOC

두 클래스의 경우, 각 연맹에 대해 팀 점수는 각 연맹의 팀 점수로 계산된다(팀 경기에 연맹을 배치하기 위해 3개의 개별 경기에서 각 연맹의 3대 우수 선수의 순위와 배정된 릴레이 팀의 공식 순위에 3을 곱함). 만약 한 연맹이 어떤 개별 경기에서 3명 미만의 결승선을 통과했다면, 모든 탈락 주자는 마지막 결승선보다 한 계단 뒤진 것처럼 처리된다. 연맹이 릴레이 경기에 참가할 자리가 없을 경우, 마지막 공식 순위 팀보다 한 계단 뒤진 것처럼 처리된다. 그런 다음 각 연맹에 대해 남녀 팀 점수를 합산하여 전체 팀 점수를 계산한다. 가장 낮은 점수가 승리한다.

24.14 결과는 인터넷에 게시하고 경기 당일 IOF에 전자적으로 제출해야 한다.

24.15 결과는 전체 코스에서 선수의 시간을 기준으로 해야 한다. 미리 구간을 지정하지 않은 한(예: 혼잡한 도로 건널목을 포함하는 짧은 구간) 분할 시간을 기준으로 코스 섹션을 제거하는 것은 금지된다.

24.16 WOC WCup

녹-아웃 스프린트의 최종 결과는 다음과 같이 게시된다.

3개의 예선전과 각 예선이 6명의 선수로 된 경기에서, 결과리스트는 다음과 같이 작성된다.

1~6순위 결승의 도착 순서로 하고 필요한 경우 이전 예선전의 각 순위를 역순으로 한다.

7~9순위 준결승에서 각 예선에서 3위를 차지하며, 이전 탈락 라운드의 각 순위를 기준으로 한다. 동점이 가능하다.

10~12순위 준결승 각 예선에서 4위 도착자이며, 이전 예선전에서 각 순위를 기준으로 한다. 동점이 가능하다.

13~15순위 준결승 각 예선의 5위 도착자이며, 이전 예선전에서 각 순위를 기준으로 한다. 동점이 가능하다.

16~18순위 준결승 각 예선의 6위 도착자이며, 이전 예선전에서 각 순위를 기준으로 한다. 동점이 가능하다.

19순위 준준결승 각 예선의 4위 도착자

25순위 준준결승 각 예선의 5위 도착자

31순위 준준결승 각 예선의 6위 도착자

37순위 각 예선전에서 13위 도착자

40순위 각 예선전에서 14위 도착자

43순위 각 예선전에서 15위 도착자

46순위 각 예선전에서 16위 도착자

기타

선수가 같은 순위에 동점인 경우, 동점인 선수가 동일한 더 낮은 순위에 배치되지 않은 경우를 제외하고는 동일한 더 높은 순위가 부여된다.

예선 또는 결승에 진출했지만 해당 경기에 참가하지 않은 선수는 이 규정의 목적을 위해 해당 경기에서 마지막으로 도착 라인을 통과한 것으로 간주된다.

24.17 WRE

세 결승전이 있을 때, A,B 그리고 C, 최종결과 리스트는 아래와 같이 표기되어야 한다.

1등~6등: A 파이널에서의 결승전 순서에 따라 필요의 경우,과거의 탈락 라운드의 순서대로

7등~12등: B 파이널에서의 결승전 순서에 따라 필요의 경우,과거의 탈락 라운드의 순서대로

13등~18등: C 파이널에서의 결승전 순서에 따라 필요의 경우,과거의 탈락 라운드의 순서대로

추가 포지션은 개인 레이스에서 녹아웃 섹션에 참가할 자격이 없는 사람의 포지션에 따라 결정되거나, 추가 개인 예선전이 없을 경우 쿼터 결승전 결과에 따라 결정된다(24.16에서와 같이).

25. 시상(Prizes)

25.1 주최자는 품위 있는 시상식을 준비해야 한다.

25.2 남성과 여성의 상은 동등하다.

25.3 두 명 이상의 선수가 같은 순위를 가진 경우, 각각 적절한 메달 및/또는 상장을 받아야 한다.

25.4 WOC

세계챔피언 타이틀은 다음 9개의 별도 경기에서 수여된다.

- women, Sprint
- men, Sprint
- women, Middle distance
- men, Middle distance

- women, Long distance
- men, Long distance
- women, Relay
- men, Relay
- women, Knock-Out Sprint
- men, Knock-Out Sprint
- Sprint Relay

25.5 JWOC

주니어 세계챔피언 타이틀은 다음 8개의 별도 경기에서 수여된다.

- women, Sprint
- men, Sprint
- women, Middle distance
- men, Middle distance
- women, Long distance
- men, Long distance
- women, Relay
- men, Relay

25.6 ROC

지역챔피언의 타이틀은 다음 9개의 별도 경기에서 수여될 수 있다.

- women, Sprint
- men, Sprint
- women, Middle distance
- men, Middle distance
- women, Long distance
- men, Long distance
- women, Relay
- men, Relay
- Sprint Relay

25.7 WOC JWOC

다음 상은 모든 경기에서 수여된다.

- 1st place Gold medal (plated) and diploma
- 2nd place Silver medal (plated) and diploma
- 3rd place Bronze medal and diploma
- 4th-6th place diploma

메달과 상장은 IOF가 제공해야 한다.

25.8 WOC

시상식은 주최 연맹과 IOF의 대표가 수행해야 한다.

25.9 WOC JWOC

릴레이에서, 팀의 각 구성원은 적절한 메달 또는 상장을 받아야 한다.

25.10 WOC JWOC

시상식 중에는 처음 3명의 선수 또는 팀의 국기를 게양하고 우승자의 국가를 연주한다.

25.11 WCup

각 개인전에서 클래스당 3위까지의 선수와 각 릴레이 경기에서 3위까지의 팀은 주최자가 제공한 상을 받는다. 개인전 6위까지의 선수와 릴레이 6위까지의 팀은 IOF에서 제공하는 상장을 받는다.

25.12 WCup

마지막 대회 이후 전체 개인 월드컵 점수 목록에서 두 클래스의 첫 번째 선수는 IOF가 제공한 트로피를 받는다. 3위까지의 선수는 IOF가 제공한 메달을 받는다. 6위까지의 선수는 IOF가 제공한 상장을 받는다.

25.13 JWOC

전체 단체전 우승 연맹(규정 24.13에 따라)은 IOF에서 제공하는 상을 받는다.

25.14 WMOC

각 경기의 각 클래스 결승에서 상위 3명의 선수는 IOF가 제공하는 메달을 받는다.

26. 페어 플레이(Fair play)

26.1 오리엔티어링 대회에 참가하는 모든 사람들은 공정성과 정직함을 가지고 행동해야 한다. 그들은 스포츠적인 태도와 우정의 정신을 가져야 한다. 선수는 임원, 기자, 관중 및 경기 지역 주민에 대해 서로에 대한 존경을 표시해야 한다. 선수들은 경기장에서 가능한 한 조용해야 한다.

26.2 사고의 경우를 제외하고, 다른 주자의 도움을 받거나 경기 중에 다른 주자에게 도움을 주는 것은 금지된다. 부상당한 주자를 돕는 것은 모든 선수의 의무이다.

26.3 도핑은 금지되어 있다. IOF 도핑방지 규칙은 모든 IOF 대회에 적용되며 IOF 이사회에서 도핑 통제절차를 수행 할 수 있다. 필요한 TUE(치료용 사용 면제) 인증서를 획득하는 것은 참가자의 책임이다.

26.4 모든 임원은 경기지역과 지형에 대해 철저히 비밀에 부쳐야 한다. 코스에 대한 엄격

한 보안이 유지되어야 한다.

26.5 주최자가 명시적으로 허용하지 않는 한, 경기 지형에서 평가 또는 훈련을 시도하는 것은 금지된다.

주최자가 제공한 것 외에 코스 관련 정보를 얻으려는 시도는 경기 전 및 경기 중에 금지된다.

26.6 주최자는 다른 선수들보다 상당히 유리하도록 경기장이나 지도를 잘 아는 선수에 대해 경기를 금지해야 한다. 이러한 경우는 IOF 대회감독관과 협의한 후 결정해야 한다.

26.7 팀 임원, 선수, 미디어 대표 및 관객은 배정된 구역에 남아 있어야 한다.

26.8 컨트롤 관계자는 어떤 선수를 방해하거나 구속하거나 어떤 정보도 제공할 수 없다. 눈에 띄지 않는 복장을 착용하고 조용히 있어야 하며, 컨트롤 장치에 접근하는 선수를 도와서는 안 된다. 이는 경기장의 다른 모든 사람(예: 미디어 담당자)에게도 적용된다.

26.9 도착 라인을 통과한 선수는 주최자의 허가 없이 경기장에 다시 들어갈 수 없다. 퇴장한 선수는 즉시 도착지점에 이를 알리고 지도와 컨트롤 카드를 제출해야 한다. 해당 선수는 어떠한 방식으로도 경기에 영향을 미치거나 다른 선수를 도와서는 안 된다.

26.10 규칙을 위반하거나 규칙을 위반하여 이득을 보는 선수는 실격될 수 있다.

26.11 규정을 위반한 비선수는 징계를 받을 수 있다.

26.12 주최자는 선수, 임원 또는 관중에게 위험한 상황이 발생한 경우 경기를 중단하고 연기하거나 취소해야 한다.

26.13 주최자는 경기를 상당히 불공평하게 만드는 상황이 발생한 경우 경기를 취소해야 한다.

26.14 오리엔티어링 대회와 관련된 도박 참여는 대회 참가자, 팀 임원 및 대회 관계자에 대해 금지된다.

대회 관련 도박 지원이나 홍보도 금지된다. 또한, 그들은 도박과 관련된 어떠한 부패한 관행에도 참여해서는 안 된다. 그러한 관행은 결과의 수정, 결과의 어떤 측면의 조작, 이익을 얻기 위한 수행 실패, 뇌물을 받거나 제공하거나 내부 정보를 전달하는 것을 포함한다.

26.15 주최자는 선수가 심각한 건강상의 위험에 처해 있다고 판단될 경우 의료상의 이유로 경기진행을 중단 할 수 있다(예: 극도의 탈진상태).

27. 불만사항(Complaints)

27.1 이러한 규정 또는 주최자의 지침을 위반하는 경우 불만사항이 제기될 수 있다.

27.2 불만사항은 팀 임원 또는 선수만 할 수 있다.

27.3 불만사항은 가능한 한 빨리 주최자에게 서면으로 제출해야 한다. 불만사항은 주최자가 판단한다.

불만을 제기한 사람은 결정에 대해 즉시 통보받아야 한다. 주최자가 결정을 내릴 수 없는 경우, 대회감독관이 대신 결정해도 된다.

27.4 불만 사항에는 수수료가 부과되지 않는다.

27.5 불만 사항에 제시 가능시간은 전체 결과가 게시된 후 15분까지이다.

주최자는 최종 불레틴에 게재해야 하는 다른 시간 제한을 설정할 수 있다.

이 제한 시간 이후에 접수된 불만 사항은 불만 사항에 설명해야 하는 유효한 예외적인 상황이 있는 경우에만 고려된다.

27.6 녹아웃 스프린트에서는 해당 예선 결과가 발표된 후 3분 이내에 주최자에게 불만사항이 제기되어야 한다. 불만사항은 처음에 구두로 작성될 수 있지만, 나중에 기록해야한다.

27.7 IOF 대회감독관은 특정상황(짧은 진행시간, 방송사 요청)에 따라 심판 시스템을 주최자에게 사용권한을 부여 할 수 있다. 그 주최자는 관련 경험이 풍부해야 하고, 독립적인 심판과 보조 심판을 임명해야 한다. IOF 대회감독관이 같은 경기에 심판이 될 수 없다.

27.8 경기 시 심판제도를 이용할 수 있는 경우:

- 공식 결과가 발표된 후 10분 이내에 불만을 제기해야 만 하며, 녹아웃 스프린트의 경우 최종 결과가 발표되기 5분 전에 제기해야 한다.
- 심판은 불만 사항에 대한 판정을 내린다.
- 심판은 불만의 필요성과는 상관없이 자신이 알고 있는 규칙을 활용해 그 위반 가능성을 조사하고 고려할 수 있다.
- 심판들의 판정은 최종적이다.
- 심판은 상황상 갈등이나 상충이 있을 때도 제지 할 수 있다.
- 심판과 보조인은 보통 함께 일하지만, 필요하다면 각각 일 할 수 있다.
- 주최자는 심판의 모든 결정을 이행해야 한다.

28. 이의제기(Protests)

28.1 불만사항에 대한 주최자의 결정에 반대하여 이의를 제기할 수 있다.

28.2 이의제기는 팀 임원 또는 선수만 할 수 있다.

28.3 모든 이의제기는 주최자가 불만족에 대한 결정을 통보한 후 15분 이내에 주최자에게 서면으로 이루어져야 한다. 제한 시간 이후에 접수된 이의제기는 이의제기에서 반드시 설명되어야 하는 유효한 예외적인 상황이 있을 경우 심판의 재량에 따라 고려될 수 있다.

28.4 WOC WCup JWOC WMOC ROC

이의제기를 할 때에는 50EUR (또는 현지 통화로 이에 상응하는 금액)의 이의제기 수수료를 IOF 선임 이벤트 고문에게 현금으로 지불되어야 한다. 심판이 이의제기를 수락하면 수수료가 반환되고, 그렇지 않으면 수수료가 IOF로 전송된다.

28.5 WRE

이의제기에는 수수료가 없다.

28.6 녹-아웃 스프린트에서 주최자가 불만사항에 대한 결정을 발표한 후 3분 이내에 주최자에게 이의제기가 이루어져야 한다. 이의제기는 처음에 구두로 제기될 수 있지만 이후에 서면으로 기록되어야 한다.

29. 심판(Jury)

29.1 이의제기에 대한 판결을 내릴 심판을 임명해야 한다.

29.2 IOF 이사회는 대회를 위한 심판을 임명할지 결정한다. IOF가 심판을 임명하지 않을 경우 주최 연맹은 심판을 임명해야 한다.

29.3 심판은 규정 29.10-29.14에 따라, 다른 연맹의 3명 또는 5명의 선출 위원으로 구성되어야 한다.

IOF 대회감독관이 심판을 이끌지만 투표권은 없다.

29.4 주최자 대표는 심판 회의에 참석할 수 있지만, 심판이 결정을 내리기 전에 자리를 비우도록 요청받을 수 있다. 주최자 대표는 투표권이 없다.

29.5 주최자는 심판의 결정에 따라 행동해야 한다. 예: 주최자에 의해 실격된 선수를 복권시키거나, 주최자가 승인한 선수를 실격시키거나, 주최자가 승인한 클래스의 결과를 무효화하거나, 주최자가 무효로 선언한 결과를 승인하는 경우.

29.6 심판은 모든 구성원이 참석해야 판결을 내릴 수 있다. 긴급한 경우, 심판 과반수가 그 결정에 동의하면 예비 결정을 내릴 수 있다.

29.7 심판이 자신을 편파적이라고 선언하거나 심판이 자신의 임무를 완수할 수 없는 경우, IOF 대회감독관은 대리인을 지명해야 한다. IOF 대회감독관은 이해 상충에 대한 최종결정을 내려야 한다.

29.8 이의 제기에 대한 판결에서 나온 심판은 주최자에게 지시하는 것 외에, 규칙을 크게 위반한 경우 IOF 이사회에서 향후 IOF 대회에서 한 사람을 제외할 것을 권고할 수 있다.

29.9 심판의 결정은 최종적인 것이다.

29.10 WOC

심판은 IOF 이사회에 의해 임명된다. 각 연맹의 선출 위원 5명으로 구성된다.

29.11 JWOC WMOC

심판은 IOF 이사회에 의해 임명된다. 그것은 서로 다른 연맹의 3명의 선출 위원으로 구성되어야 한다.

29.12 WOC JWOC

심판은 남성과 여성 모두로 구성되어야 한다. 어떤 심판도 주최 연맹에서 올 수 없다.

29.13 TWG WCup

아직 심판단이 구성되지 않았거나, 행사가 끝나고 심판단이 더 이상 활동하지 않을 경우, IOF 징계위원회가 심판단의 역할을 한다.

29.14 WRE

심판은 가능하면 다른 연맹의 선출위원 3명으로 구성되어야 한다.

30. 항소(Appeals)

30.1 만약 심판이 아직 준비되지 않았거나, 대회가 끝나고 심판이 흩어진 경우, 이러한 규

칙의 위반에 대한 항소가 이루어질 수 있다. 심판 운영에 심각한 절차상의 오류가 발생한 경우에만 심판 결정에 대한 항소가 이루어질 수 있다.

30.2 항소는 연맹에 의해서만 이루어질 수 있다.

30.3 가능한 한 빨리 IOF 대회감독관 임명기관에 서면으로 항소를 해야 한다.

30.4 항소에 대한 비용은 없다.

30.5 항소에 대한 결정은 최종적이다.

30.6 IOF 이사회는 항소를 처리해야 한다.

31. 이벤트 컨트롤(Event control)

31.1 이러한 규정이 의무적인 모든 이벤트는 IOF 대회감독관이 관리해야 한다. IOF 대회감독관은 주최자 임명 후 3개월 이내에 임명되어야 한다.

31.2 IOF 이사회는 IOF 대회감독관을 임명할 대회를 결정한다.

31.3 IOF 대회감독관이 IOF에 의해 임명된 경우, 주최자에 대한 IOF의 공식 대리인이며, IOF 이사회에 종속되며 IOF 사무소와 소통한다.

31.4 주최 연맹은 항상 독립된 국가 컨트롤러를 임명해야 한다. 이 컨트롤러는 IOF가 임명한 IOF 대회감독관을 지원해야 한다. IOF가 해당 대회에 대해 IOF 대회감독관을 임명하지 않으면, 연맹에서 지정한 컨트롤러가 IOF 대회감독관이 된다. 연맹에서 지정한 컨트롤러는 동일한 연맹에서 올 필요는 없다.

31.5 모든 IOF 대회감독관은 IOF FootO 대회감독관의 자격을 보유해야 한다. IOF 대회감독관 또는 IOF 대회감독관의 어시스턴트는 참가 팀에 대한 책임을 지지 않는다.

31.6 IOF 대회감독관은 규칙을 준수하고 실수를 방지하며 공정성이 가장 중요하다는 것을 보장해야 한다. IOF 대회감독관은 대회 요구사항을 충족하는 데 필요하다고 판단될 경우 조정을 요구할 권한이 있다.

31.7 IOF 대회감독관은 주최자와 긴밀히 협력해야 하며 모든 관련 정보를 제공해야 한다. 대회감독관과 같은 모든 공식 정보는 IOF 대회감독관의 승인을 받아야 한다.

31.8 최소한 다음과 같은 작업은 IOF 대회감독관의 권한에 따라 수행되어야 한다.

- 대회 장소와 경기장을 승인
- 이벤트 조직을 살펴보고 제안된 숙박, 음식, 교통, 프로그램, 예산 및 교육 가능성의 적합성을 평가
- 계획된 의식행사를 평가
- 출발 구역, 도착 구역 및 교대 구역의 조직과 배치를 승인
- 시스템을 통한 기록측정 및 결과의 신뢰성과 정확성을 평가
- 지도가 IOF 표준을 준수하는지 확인
- 난이도, 컨트롤 위치 및 장비, 우연한 요인 및 지도 정확성 등 품질을 평가한 후 코스를 승인
- 코스 분할 방법과 코스 조합을 확인
- 미디어를 위한 준비 및 시설을 평가
- 도핑 테스트를 위한 준비 및 시설을 평가
- 공식 결과를 승인

31.9 IOF 대회감독관은 필요하다고 판단되는 횟수만큼 조정을 위해 방문해야 한다. 방문은 임명권자 및 주최자와 합의하여 계획되어야 한다. IOF 대회감독관은 방문 후 즉시 IOF 대회감독관이 임명하는 기관에 사본과 함께 간단한 서면보고서를 주최자에게 보내야 한다.

31.10 IOF 대회감독관 임명기관은 특히 매핑, 코스, 파이낸싱, 후원 및 미디어 분야에서 IOF 대회감독관을 돕기 위해 하나 이상의 보조자를 임명할 수 있다.

31.11 IOF 대회감독관 임명기관은 IOF 대회감독관 임명을 취소할 수 있는 권한을 가진다.

31.12 WOC

IOF 대회감독관은 최소 3번 방문해야 한다, 하나는 이른 단계에서, 하나는 선수권대회 1년 전에, 그리고 3-4개월 전에 방문해야 한다.

32. 대회 보고서(Event reports)

32.1 대회 후 4주 이내에 IOF 대회감독관은 IOF 대회감독관 임명기관에 보고서를 제출

해야 한다.

보고서에는 대회의 중요한 특징과 불만사항 또는 이의제기에 대한 세부 사항이 포함되어야 한다.

32.2 WOC WCup JWOC ROC

대회 후 3주 이내에 주최자는 간략한 보고서와 코스 상세 정보가 담긴 2세트의 지도를 IOF 사무소에 전달해야 한다.

32.3 WMOC

대회 후 3주 이내에 주최자는 코스 상세 정보가 담긴 모든 A-결승 지도를 포함하여 간략한 보고서와 수집된 지도를 IOF 사무소에 전달해야 한다.

32.4 WOC

종합 보고서와 최종 회계 보고서는 대회 후 6개월 이내에 IOF 사무소(보관용)로 보내야 한다.

33. 광고 및 후원(Advertising and sponsorship)

33.1 담배와 독한 술의 광고는 허용되지 않는다.

33.2 공식 시상식에서 팀원이 착용하는 유니폼이나 기타 의류의 광고는 300㎠를 초과해서는 안 된다.

출발 배번을 제외한 주자의 경기복이나 장비에 대한 광고 금액에는 제한이 없다.

34. 미디어 서비스(Media service)

34.1 주최자는 미디어 담당자에게 매력적인 작업 조건과 이벤트를 보고할 수 있는 유리한 기회를 제공해야 한다.

34.2 최소한, 주최자는 미디어 담당자에게 다음을 제공해야 한다.

- 이용자가 지불하는 중간 수준의 호텔 숙박

- 경기 전날에 출발 리스트, 프로그램 책자 및 기타 정보
- 모델 이벤트에 참여할 수 있는 기회
- 비바람을 피할 수 있는, 도착구역에 조용한 작업 공간
- 경기 후 즉시 코스가 포함된 결과 리스트와 지도
- 사용자가 지불하는 인터넷 연결

34.3 주최자는 미디어 커버리지를 극대화하기 위해 모든 노력을 기울여야 한다.

2. 일반 경기 클래스

1. 연령별 클래스

1.1 선수는 성별과 연령에 따라 클래스로 구분된다. 여성은 남성 클래스에서 경쟁할 수 있다.

1.2 20세 또는 그 이하 선수는 달력의 1일을 기준으로 한 각 클래스에 속한다. 그들은 21세를 포함하여 더 높은 연령의 클래스에서 경쟁할 자격이 있다.

1.3 21세 이상의 참가자는 주어진 연령에 도달한 연도의 시작부터 각 클래스에 속한다. 그들은 21세 및 그 이하의 더 낮은 연령의 클래스에서 경쟁할 수 있다.

1.4 여성과 남성을 위한 주요 경기 클래스는 각각 W21과 M21이다.

1.5 21세 미만의 선수는 2년 간격으로 W20 및 M20, W18 및 M18 등이 사용된다. 나이가 많은 선수의 경우 5년 간격으로 클래스 W35 및 M35, W40 및 M40 등이 사용된다.

1.6 각 클래스는 코스의 난이도 및/또는 길이에 따라 서브 클래스로 나눌 수 있다. 난이도와 코스 길이에 따른 서브 클래스는 E(엘리트), 해당되는 경우 A, B, C 및 N(초보자)로 명명된다. 코스 길이에 따른 서브 클래스는 S(짧은)와 L(긴)이라고 한다.

1.7 엘리트(E) 등급은 18, 20 및 21세 연령에 한해 제공될 수 있다. 연맹에 의해 엘리트 선수로 분류되거나 연맹의 순위 체계에서 자신의 위치에 따라 해당 등급에 선발된 선수로 제한된다.

2. 병렬 클래스

2.1 클래스에 항목이 너무 많으면 병렬 클래스로 분할될 수 있다. 엘리트 클래스의 분할은 선수의 이전 성적을 기반으로 해야 한다. 엘리트 클래스 이외의 다른 클래스는 동일한 클럽, 지역 또는 연맹의 선수가 병렬 클래스에 균등하게 분배되도록 분할되어야 한다.

3. 코스설정 원칙

1. 소개(Introduction)

1.1 목적

이 원칙은 경기의 공정성을 보장하고 오리엔티어링 스포츠의 고유한 특성을 지키기 위해 풋 오리엔티어링 코스 설정에 대한 공통 표준을 확립하는 것을 목표로 한다.

1.2 이 원칙의 적용

모든 국제 풋 오리엔티어링 대회의 코스는 이러한 원칙에 따라 계획되어야 한다. 또한 다른 오리엔티어링 대회 계획을 위한 일반적인 지침으로도 활용되어야 한다. '오리엔티어링'이라는 용어는 구체적으로 '풋 오리엔티어링'을 위해 주로 사용된다.

2. 기본 원칙(Basic principles)

2.1 오리엔티어링의 정의

오리엔티어링은 선수가 지도와 나침반만으로 가능한 최단 시간 내에 지상에 표시된 여러 지점을 방문하는 스포츠이다. 풋 오리엔티어링은 달리는 내비게이션으로 특징지을 수 있다.

2.2 좋은 코스 설정의 목표

코스 설정의 목표는 선수에게 기대되는 능력에 맞게 올바르게 설계된 코스를 제공하는 것이다. 결과는 선수의 기술적, 신체적 능력을 반영해야 한다.

2.3 코스 설정자의 황금률

코스 설정자는 다음 원칙을 명심해야 한다.

- 달리는 내비게이션으로서 풋 오리엔티어링의 독특한 특성
- 경기의 공정성
- 선수의 즐거움
- 야생 동물과 환경 보호
- 미디어와 관중의 요구

2.3.1 독특한 특징

모든 스포츠에는 고유한 특징이 있다. 오리엔티어링의 독특한 특징은 시간을 다투어 알려지지 않은 지형을 통과하는 것과 최상의 길을 찾고 따라가는 것이다. 정확한 지도 읽기, 루트 선택 평가, 나침반 사용, 스트레스 상황에서의 집중력, 빠른 의사결정, 자연 지형에서의 달리기 등 오리엔티어링 기술이 필요하다.

2.3.2 공정성

공정성은 경쟁스포츠의 기본 요구사항이다. 코스 계획 및 코스 설정의 각 단계에서 최대한 주의를 기울이지 않으면 오리엔티어링 대회에서 운적인 요소가 중요해질 수 있다. 코스 설정자는 경기가 공정하고 모든 참가자가 코스의 모든 부분에서 동일한 조건에서 참여할 수 있도록 이러한 모든 요소를 고려해야 한다.

2.3.3 선수의 즐거움

오리엔티어링의 인지도는 선수가 주어진 코스에 만족하는 경우에만 향상될 수 있다. 그러므로 코스의 길이, 신체적 및 기술적 난이도, 컨트롤 위치 등의 측면에서 적절한 코스를 보장하기 위해서는 신중한 코스 계획이 필요하다. 이와 관련하여 각 코스가 해당 코스를 수행하는 선수에게 적합한 것이 특히 중요하다.

2.3.4 야생생물과 환경

환경은 민감하다. 야생 생물이 교란 될 수 있으며 식생뿐만 아니라 지면도 과다사용으로 시달릴 수 있다. 환경에는 경기 지역, 벽, 울타리, 경작지, 건물 및 기타 건축물 등에 사는 사

람들도 포함된다.

일반적으로 손상 없이 가장 민감한 지역과의 간섭을 피하는 방법을 찾는 것이 가능하다. 경험과 연구에 따르면 올바른 예방 조치를 취하고 코스를 잘 계획하면 큰 대회도 민감한 지역에서 영구적인 손상 없이 개최할 수 있다. 코스 설정자가 선택한 경기장에 접근할 수 있고 경기장의 민감한 영역이 미리 발견되도록 하는 것이 매우 중요하다.

2.3.5 미디어와 관중

오리엔티어링 스포츠에 대한 좋은 공공 이미지를 제공할 필요성은 코스 설정자에게 불변의 관심사가 되어야한다. 코스 설정자는 관중과 언론에게 스포츠의 공정성을 손상시키지 않으면서 경기의 진행상황을 가능한 한 가깝게 따라갈 수 있는 기회를 제공하기 위해 노력해야 한다.

3. 오리엔티어링 코스(The orienteering course)

3.1 경기장

경기장은 모든 선수들에게 공정한 경기를 제공할 수 있도록 선택해야 한다. 스포츠의 특성을 보호하기 위해 경기장은 달릴 만해야 하며 선수의 오리엔티어링 기술을 테스트하기에 적합해야 한다.

3.2 오리엔티어링 코스의 정의

오리엔티어링 코스는 출발, 컨트롤 및 도착으로 정의된다. 경기장에서의 정확한 위치와 지도에 해당하는 지점 사이에는 선수가 방향을 정해야 하는 코스 레그가 있다.

3.3 출발

출발구역은 다음과 같이 배치되고 구성되어야 한다.

- 워밍업 구역이 있다.
- 대기 중인 선수는 출발한 사람들이 선택한 루트를 볼 수 없다.

첫 번째 레그에서 오리엔티어링이 시작되는 지점은 경기장에 표시 장치가 없는 컨트롤 플랙으로 표시되고 지도에서 삼각형으로 표시된다. 선수들은 출발지점에서부터 오리엔티어링 문제에 직면해야 한다.

3.4 코스 레그

3.4.1 좋은 레그

코스 레그는 오리엔티어링 코스의 가장 중요한 요소이며 오리엔티어링의 질을 크게 결정할 것이다.

좋은 레그는 선수들에게 흥미로운 지도 읽기 문제를 제공하고, 선택적인 개별 루트에 대한 가능성으로 좋은 경기장을 통과하도록 이끌어낸다.

동일한 코스 내에서 다양한 유형의 레그가 제공되어야하며, 그 중 일부는 집중적인 지도 읽기를 기반으로 하고 다른 레그는 보다 쉬운 루트 선택을 포함한다. 선수가 다양한 오리엔티어링 기술과 주행 속도를 사용하게 하는 레그 길이와 난이도에 대한 변화가 있어야 한다. 코스 설정자는 연속된 레그의 일반적인 방향을 바꾸어 선수가 자주 방향을 바꾸도록 노력해야 한다.

품질이 낮은 많은 수의 레그보다는 품질을 향상시키도록 설계된 짧은 링크로 연결된 몇 개의 매우 좋은 레그를 갖는 코스가 바람직하다.

3.4.2 레그의 공정성

경쟁 조건 하에서 선수가 지도에서 예측할 수 없는 장점이나 단점을 제공하는 루트 선택은 레그에 포함되어서는 안 된다.

선수가 금지구역이나 위험한 구역을 통과하도록 하는 레그는 피해야 한다.

3.5 컨트롤

3.5.1 컨트롤 위치

컨트롤은 지도에 표시된 경기장의 주요 포인트에 배치된다. 주어진 지시 하에 참여자들이 꼭 이곳으로 방문하게 해야 한다. 공정성을 보장하기 위해 신중한 계획과 점검이 필요하다.

지도는 컨트롤 근처에서 지형을 정확하게 묘사하고 가능한 모든 접근 각도로부터의 방향과 거리가 정확해야 한다는 것이 특히 중요하다.

지도에 다른 보조적인 특징물이 없는 경우 짧은 거리에서만 보이는 작은 특징물에 컨트롤을 배치해서는 안 된다.

다른 방향에서 오는 주자에 대한 컨트롤 플랙의 가시성을 지도 또는 컨트롤 설명표에서 평가할 수 없는 경우 컨트롤을 배치해서는 안 된다.

3.5.2 컨트롤의 기능

컨트롤의 주요 기능은 오리엔티어링 레그의 시작과 끝을 표시하는 것이다.

때로는 다른 특정 목적을 가진 컨트롤을 사용할 필요가 있다. 위험 지역이나 출입금지 구역 주변으로부터 선수들을 올바른 통로로 내보내기 위해 설치하는 것이 그 예시이다.

컨트롤은 또한 휴식포인트, 언론취재존 및 관중 포인트로 제공할 수 있다.

3.5.3 컨트롤 플랙

컨트롤 장비는 IOF 대회 규정을 따라야 한다.

가능한 한, 컨트롤 플랙은 선수가 설명된 컨트롤 특징물에 도달했을 때만 이를 볼 수 있도록 배치해야 한다. 공정성을 위해, 컨트롤 지점에 선수가 있는지 여부와 상관없이 컨트롤의 가시성은 동일해야 한다.

컨트롤 플랙을 숨겨서는 안 된다. 선수가 컨트롤에 도달하면 플랙을 찾을 필요가 없어야 한다.

3.5.4 컨트롤 위치의 공정성

들어오는 선수가 나가는 선수를 잘못 따라가는 '예각' 현상을 피하기 위해 각별한 주의를 기울여 컨트롤 장소를 선택해야 한다.

3.5.5 컨트롤의 근접성

서로 너무 가까이 있는 다른 코스의 컨트롤은 컨트롤 사이트로 올바르게 이동한 주자를 잘못 된 길로 안내 할 수 있다.

규칙 19.4에 따르면, 컨트롤은 서로 30m(지도 축척 1:5000 또는 1:4000 또는 1:3000의 경우 25m) 내에 위치해서는 안 된다. 경기장과 지도에서 컨트롤 특징이 뚜렷이 다른 경우에만 컨트롤을 60m(지도 축척 1:5000 또는 1:4000 또는 1:3000의 경우 30m)보다 가깝게 배치해야 한다. 컨트롤 사이의 거리는 직선으로 측정된다.

3.5.6 컨트롤 설명

지도에 표시된 특징에 대한 컨트롤 위치는 컨트롤 설명표에 의해 정의된다.

지상의 정확한 컨트롤 특징과 지도에 표시된 지점은 논란의 여지가 없어야 한다.

IOF 컨트롤 기호로 쉽게 정의할 수 없는 컨트롤은 일반적으로 적합하지 않으므로 피해야 한다.

3.6 도착

적어도 도착 라인까지 루트의 마지막 부분은 필수 표시 루트여야 한다.

3.7 지도 읽기의 요소

좋은 오리엔티어링 코스에서는 선수들은 경기 내내 방향 탐색에만 집중하게 한다. 지도를 읽지 않아도 되거나 집중이 필요하지 않은 섹션은, 그 이유가 좋은 방향으로 안내하기 위한 목적이 아니라면 되도록 없어야 한다.

3.8 루트 선택

대체 루트는 참가자들로 하여금 목적지 및 결승까지 가는 방법을 모색하게 한다. 루트 선택은 선수가 독립적으로 생각하고 현장을 판단하여 '그저 따라 가기'를 최소화 시켜준다.

3.9 난이도

모든 경기장 및 지도에 대해 코스 설정자는 광범위한 난이도의 코스를 계획할 수 있다.

레그의 난이도는 선의 특징을 어느 정도 가깝게 따르도록 함으로써 다양해질 수 있다.

선수는 지도에 나와 있는 정보를 이용하여 컨트롤 접근 방식의 난이도를 평가할 수 있어야 하며 적절한 기술을 선택해야 한다.

지도의 세부 사항을 읽거나 이해할 수 있는 선수의 예상 기술, 경험 및 능력에 주의를 기울여야 한다.

초보자와 어린이를 위한 코스를 계획할 때 적절한 수준의 난이도를 갖는 것이 특히 중요하다.

3.10 경기 유형

코스 설정은 경기 유형을 고려해 그에 맞는 특정 요구사항을 반영해야 한다. 예를 들어, 스프린트 및 미들 경기 오리엔티어링을 위한 코스 계획은 코스 전체에 걸쳐 상세한 지도 읽기 및 높은 수준의 집중력을 요구해야 한다. 릴레이 경기를 위한 코스 계획은 관중들도 경기의 과정을 자세히 따라 갈 수 있어야 한다는 그 필요성을 고려해야 한다. 릴레이에 대한 코스 설정은 충분한 포크/분할 시스템을 활용해야 한다.

3.11 코스 설정자의 목표

3.11.1 경기장을 알기

코스 설정자는 컨트롤이나 레그를 사용하기 전에 경기장에 대해 잘 알고 있어야 한다. 또한 코스 설정자는 경기 당일의 지도 및 지형 상태가 코스를 계획 할 때와 다를 수 있음을 인지하고 있어야 한다.

3.11.2 난이도를 바로 잡기

초보자와 어린이를 위한 코스를 너무 어렵게 만드는 실수를 하는 것은 매우 쉽다. 코스 설정자는 참여자의 지도탐색 기술이나 걷는 속도만을 바탕으로 지역조사를 하지 않도록 매우 주의해야 한다.

3.11.3 공정한 컨트롤 위치 사용

최고의 레그를 만들려는 욕심이 종종 적합하지 않은 컨트롤을 만드는 상황을 초래하기도 한다. 선수들은 좋은 레그와 멋진 레그의 차이를 거의 느끼지 못하지만, 숨겨진 컨트롤 위치나 플랙, 모호함, 잘못된 컨트롤 설명 등으로 인해 컨트롤이 예상치 못한 시간 손실을 초래할 경우 즉시 알게 될 것이다.

3.11.4 컨트롤을 충분히 멀리 배치

컨트롤에 코드번호가 있더라도, 바르게 가고 있는 참여자들을 다른 길로 잘못 인도하는 경우가 있기 때문에 컨트롤이 너무 가까이 있지 않게 배치하는 것이 중요하다.

3.11.5 지나치게 복잡한 루트 선택을 피하기

설정자는 루트 선택을 통해 복잡한 문제를 구성하여 시간을 낭비할 수 있는 반면 선수는 그것을 '최고의' 루트로 여겨 다음 루트 계획 시간을 절약 할 수 있다.

3.11.6 너무 체력적으로 요구되지 않는 코스

코스는 일반적으로 선수가 자신의 능력 수준에 적합하게 대부분의 코스 세트를 실행 할 수 있도록 설정해야 한다.

코스의 총 등행 부분은 일반적으로 가장 짧은 루트 길이의 4%를 초과하지 않아야 한다. 마스터 클래스에서 선수의 연령이 증가함에 따라 코스의 체력적 어려움이 점차 감소해야 한다. M70급과 W65급 이상의 코스는 너무 체력적으로 요구되지 않도록 특별한 주의를 기울여야 한다.

4. 코스 설정자(The course planner)

코스설정을 담당하는 사람은 개인적 경험에서 배운 좋은 코스설정의 중요성을 존중하고 이해한 상태에서 계획하는 것이 굉장히 중요하다.

또한 코스설정 이론에 익숙해야하며 다른 클래스와 다른 유형의 경기에 대한 특정 요구 사항을 주의 깊게 여겨야한다.

코스 설정자는 경기장 조건, 지도 품질, 참가자 및 관중의 존재 등 경기에 영향을 줄 수 있는 다양한 요소를 현장에서 판단할 수 있어야 한다.

코스 설정자는 코스와 출발과 도착 라인 간의 경기진행을 책임진다. 코스 설정자의 작업은 컨트롤러가 확인해야 한다. 이는 심각한 오류가 발생할 수 있는 수많은 오류 가능성 때문에 필수적이다.

4. 좋은 환경 실천에 대한 IOF 결의

1996년 4월 12/14일에 열린 국제오리엔티어링연맹 이사회는 오리엔티어링의 환경 친화적 특성 유지의 중요성을 인정하고 1995년 10월 26일 환경에 관한 GAISF 결의에 따라 다음 원칙을 채택했다.

- 건강한 환경을 보존해야 할 필요성을 계속 인식하고 이 원칙을 오리엔티어링의 기본 행동에 통합한다.
- 대회 조직에서의 경기규칙 및 모범사례가 환경존중 및 동식물 보호 원칙과 일치하는지 확인한다.
- 모범 사례가 정의될 수 있도록 토지 소유자, 정부 당국 및 환경 단체와 협력한다.
- 환경 보호에 관한 현지 규정을 준수하는 것, 쓰레기 없는 오리엔티어링을 유지하는 것, 그리고 오염을 피하기 위한 것들을 위한 적절한 조치를 취하도록 깊은 주의를 기울인다.

- 오리엔티어 및 임원의 교육 및 훈련에 환경 모범사례를 포함한다.
- 국제 오리엔티어링 연맹의 세계적 환경문제의 경각심을 강화하기 위해서, 오리엔티어링의 지역사회 자원 활용에 대한 안전규칙들을 공론화하고, 적용하고, 수용하도록 한다.
- 연맹이 자국의 특정 환경 모범사례 지침을 준비하도록 권장한다.

5. 승인된 펀칭 시스템

[경기 규정 20.1에는 'IOF 승인 전자 펀칭시스템만 사용할 수 있다.']

- 완전히 승인된 유일한 컨트롤 펀칭시스템(2024년 1월)은 다음과 같다.

- Emit 전자 펀칭 및 기록측정 시스템
- SPORTident 시스템
- Emit touch-free 펀칭시스템(버전 2013 이상)
- SPORTident Air + 시스템(범위 ~ 30cm)
- SFR 시스템 클래식(contact) 버전
- Learnjoy 시스템

현재 승인된 버전의 세부 정보는 임시 승인된 시스템과 함께 IOF 웹페이지에 표시된다.

- 다른 컨트롤 펀칭시스템을 사용하려면 IOF 규정위원회의 사전 승인이 필요하다.
- EPT Emit 시스템과 관련하여 백업 표시를 위해 선수의 전자 컨트롤 카드에 부착된 레이블은 경기 중에 발생할 수 있는 조건(수중 침수 포함)을 견뎌야 한다. 전자 펀치가 없는 경우 사용할 수 있도록 백업 카드를 표시하는 것은 선수의 책임이다.
- 전통적인 SPORTident 시스템과 관련하여 각 컨트롤에 백업 바늘(핀) 펀치가 있어야 한다. 피드백 신호가 수신될 때까지 e-카드를 제거하지 않음으로써 전자 펀치가 e-카드에 있는지 확인하는 것은 선수의 책임이다. 피드백 신호가 수신되지 않는 경우 선수는 백업 펀치를 사용해야 한다.

• 컨트롤 카드는 모든 컨트롤을 방문했음을 명확하게 표시해야 한다. 컨트롤 펀치가 없거나 식별할 수 없는 선수는 펀치가 없거나 식별할 수 없는 것이 선수의 잘못이 아니라는 것을 확실하게 확인할 수 없는 한 실격 처리된다. 이 예외적인 상황에서, 컨트롤 관리자 또는 카메라로부터의 증거 또는 컨트롤 유닛으로부터의 판독과 같은 다른 증거가 선수가 컨트롤을 방문했다는 것을 증명하기 위해 사용될 수 있다. 다른 모든 상황에서 그러한 증거는 허용될 수 없으며 선수는 실격 처리되어야 한다.

전통적인(비접촉식이 아닌) SPORTident, SFR 및 Learnjoy의 경우 이 규정은 다음을 의미한다.

- 하나의 장치가 작동하지 않으면 선수는 제공된 백업을 사용해야 하며 펀치가 기록되지 않으면 실격 처리된다.
- 선수가 너무 빨리 펀칭하여 피드백 신호를 수신하지 못하면 카드에 펀치가 포함되지 않으며 컨트롤 장치가 선수의 카드 번호를 오류 펀치로 기록한 경우에도 실격해야 한다.
- 관리자는 모든 컨트롤에서 백업을 읽을 수 있다. 선수는 주최자가 20 EUR (또는 현지 통화로 이에 상응하는 금액)의 지불에 따라 컨트롤에서 백업을 읽도록 요구할 수 있다. 컨트롤에 오류가 없는 펀치가 포함된 것으로 확인 된 경우 선수는 컨트롤을 정확하게 펀칭한 것으로 기록되고 수수료는 반환된다.

그렇지 않으면 주최자가 수수료를 보유해야 한다.

6. 라이프니츠 협약

2000년 8월 4일 오스트리아 라이프니츠에서 열린 제 20차 IOF 총회에 참석한 IOF 우리 회원들은 “더 많은 사람들과 새로운 지역으로 오리엔티어링을 확산시키고, 올림픽 게임에 진입함으로써 스포츠의 위상을 높이는 것이 결정적으로 중요함”을 선언한다.

이를 달성하기 위한 주요 수단은 다음과 같다.

- 선수, 임원, 미디어, 관중, 후원자 및 외부 파트너들에게 매력적이고 흥미로운 오리엔티어링 이벤트를 제공하는 것
- TV 및 인터넷 매체에 IOF 행사를 매력적으로 보이게 하는 것

우리의 목표 :

- 사람들이 많은 곳에 우리 스포츠를 조직해 오리엔티어링의 가시성을 증가시킨다.
- 설치 및 디자인에 더욱 주의를 기울여, 이벤트 센터를 보다 매력적으로 만든다.
- 센터에서 출발과 도착을 모두 하여 이벤트 센터의 분위기와 즐거움을 향상시킨다.
- 스포츠 프로그램들에게 더 풍부한 소재를 제공함으로써 티비를 포함한 다른 미디어 노출을 증가시킨다.
- 미디어 담당자의 요구를 보다 잘 충족시켜서 미디어 서비스를 개선한다(통신설비, 출발/도착시 및 산림과 참가자간의 접근성, 지속적인 중간 시간 정보, 음식 및 음료 등).
- IOF 이벤트와 관련하여 스폰서 및 외부 파트너를 홍보하는 데 더 많은 주의를 기울인다.

"IOF 회원국은 이러한 조치가 향후 IOF 이벤트 주최자에게도 고려되기를 기원한다."

7. 경기 형식

이 부록의 설명은 표준 엘리트 대회를 위한 것이다. 나이가 많거나 어린 클래스 또는 특수한 상황 (예: 라이브 TV 적용범위 향상)을 위해 수정해야 할 수도 있다.

SUMMARY TABLE	스프린트 경기	미들 경기	롱 경기	릴레이	스프린트 릴레이	녹-아웃 스프린트
컨트롤	기술적으로 쉬운	시종일관 기술적으로 어려운	기술적 어려움의 혼합	기술적 어려움의 혼합	기술적으로 쉬운	기술적으로 쉬운
루트 선택	높은 집중력이 요구되는 어려운 루트 선택	작고 중간 규모의 루트 선택	큰 규모의 루트 선택을 포함하는 중요한 루트 선택	작고 중간 규모의 루트 선택	높은 집중력이 요구되는 어려운 루트 선택	높은 집중력이 요구되는 어려운 루트 선택
주행유형	매우 빠른 속도	빠른 속도지만 주자는 지형의 복잡성으로 속도를 조정할 필요가 있는	체력적으로 힘들고, 지구력과 페이스 판단이 필요한	빠른 속도, 다른 주자들과 근접하여 같은 컨트롤을 방문할 수도 있고 그렇지 않을 수도 있는	매우 빠른 속도	매우 빠른 속도
경기장	주로 달리기 좋은 공원이나 도시(거리/건물) 경기장. 일부 빨리 달릴 수 있는 숲이 포함될 수 있다. 코스를 따라 관중이 허용된다.	기술적으로 복잡한 지형	좋은 루트 선택 가능성을 허용하는 체력적으로 거친 지형.	일부 루트 선택 가능성과 합리적으로 복잡한 지형.	주로 달리기 좋은 공원이나 도시(거리/건물) 경기장. 일부 빨리 달릴 수 있는 숲이 포함될 수 있다. 코스를 따라 관중이 허용된다.	주로 달리기 좋은 공원이나 도시(거리/건물) 경기장. 일부 빨리 달릴 수 있는 숲이 포함될 수 있다. 코스를 따라 관중이 허용된다.
지도	1:4000	1:10000	1:15000	1:10000	1:4000	1:4000
출발간격	1분	2분	3분	동시출발	동시출발	예선라운드는 1분, 녹아웃라운드는 동시출발
기록측정	1초	1초	1초	동시출발이므로 도착순서는 라인 통과 순서이다.	동시출발이므로 도착순서는 라인 통과 순서이다.	예선 라운드는 1초, 녹아웃라운드는 동시출발이므로 도착순서는 라인통과 순서이다.
우승시간 (성인 엘리트경기)	12-15분	30-35분, 예선 경기는 더 짧다.	남성 90-100분, 여성 70-80분, 예선 경기는 더 짧다.	레그당 30-40분, 남성 합계 90-105분, 여성 합계 90-105분	레그당 12-15분, 합계 55-60분	예선라운드는 8-10분, 녹아웃라운드는 6-8분

요약	스프린트 오리엔티어링은 빠르고 눈에 잘 띄고 이해하기 쉬운 형식이다. 인구가 많은 지역 내에서 연출될 수 있다.	미들 경기 오리엔티어링은 적당히 긴 시간 동안 빠르고 정확한 오리엔티어링이 요구된다. 작은 실수도 결정적일 수 있다.	롱 경기 오리엔티어링은 모든 오리엔티어링 기술과 속도 및 신체적 지구력을 테스트한다.	릴레이 오리엔티어링은 first-past-the-post 승자를 기반으로 근접하여 달리는 3명의 주자로 구성된 팀을 위한 경기이다. 관중과 선수들에게 신나는	스프린트 릴레이는 4명의 주자로 구성된 팀을 위한 경기이다. 팀에는 최소 두 명의 여성이 있으며 첫 번째 및 마지막 레그는 여성이 달린다. 이 형식은 도시 환경에서 first-past-the-post 승자와 흥미로운 접근전 경기를 제공한다.	녹아웃 스프린트에서, 최초 예선 후, 동시출발의 많은 녹아웃 라운드와 first-past-the-post 결승이 있다. 경기는 좁은 지역에서 진행된다. 관중과 선수들에게 신나는

1. 스프린트 경기(SPRINT)

1.1 개요

스프린트의 핵심은 빠른 속도이다. 복잡한 환경에서 지도를 읽고 해석하고 빠른 속도로 달리는 루트 선택을 계획하고 수행하는 선수의 능력을 테스트한다. 속도 요소가 경기 내내 중요한 요소가 되도록 코스를 계획해야 한다. 코스는 등반이 필요할 수 있지만 선수가 뛸 수 없을 정도로 가파른 곳은 피해야 한다. 컨트롤을 찾는 것이 어려운 일이 되어서는 안된다. 오히려 그들에게 가장 좋은 길을 선택하고 완성하는 좋은 도움이 되어야 한다. 예를 들어, 나가는 길이 무조건 좋은 길이라는 인식을 주면 안 된다. 코스는 경기 내내 선수들의 집중력을 요구하도록 설정되어야 한다. 이 도전을 제공할 수 없는 환경은 스프린트에 적합하지 않다.

1.2 코스 설정 고려사항

스프린트에서 관중은 코스를 따라서 구경하는 것이 허용된다. 코스 설정은 이를 고려해야 하며 모든 컨트롤은 사람이 조작해야한다. 또한 관중에게 접근하는 선수를 경고하고 선수가 방해받지 않도록 하는 중요한 통로에 그에 따른 경계가 필요할 수도 있다. 출발은 대회장에서 시작해야 하며 관중은 코스를 따라 배치될 수 있다. 임시 스탠드를 설치하고 코스 상의 아나운서를 보유함으로써 관중들의 가치를 향상시킬 수 있다. 관중석 장소와 미디어/

사진작가 장소는 모두 대회장(아레나)에서 발표되어야만 한다.

선수가 사유재산 및 기타 범위를 벗어나는 지름길로 빠지지 않도록 계획해야 한다. 그러한 위험이 있는 경우, 심판은 그러한 상황을 막기 위해 그러한 위치에 있어야 한다. 선수가 빠르게 지도를 해석할 수 없다고 판단되는 구간은 피해야 한다(예: 복잡한 3차원 구조가 있는 경우).

1.3 지도

ISSOM 사양을 준수해야 한다. 지도 축척은 1:4000 또는 1:5000이다. 지도는 정확하고 빠른 속도로 해석할 수 있어야 하며 루트 선택 및 속도에 영향을 주는 지형지물의 매핑이 정확해야 한다. 도시가 아닌 지역에서는 주행 속도를 단계와 범위로 감소시킬 수 있는 조건의 정확한 매핑이 중요하다. 도시 지역에서는 통행을 방해하는 장벽이 올바르게 표현되고 크기에 맞게 그려져야 한다.

1.4 우승시간, 출발간격 및 기록측정

여성과 남성 모두의 우승시간은 12-15분, 되도록이면 그 사이에 있어야 한다.

WOC와 월드컵에서는 예선과 결승 경기 사이에는 차이가 없다. 출발간격은 1분이며 기록측정, 개별 형식이 사용된다. 기록측정 정확도는 1초이다. 선수는 지도를 갖기 전에 출발 게이트를 먼저 통과해야 한다.

2. 미들 경기(MIDDLE DISTANCE)

2.1 개요

미들 경기 핵심은 기술력이다. 자세한 탐색과 컨트롤을 찾는 것이 어려울 수 있는 도시 외(대부분 숲이 우거진) 환경에서 열린다. 컨트롤에서 실행 방향으로 가끔씩 이동하면서 지도 읽기에 지속적인 집중이 필요하다. 루트 선택을 고려하는 것은 물론 필수적이지만 기술력을 요구하는 오리엔티어링 보다 우선시 되어서는 안된다. 루트 자체에는 까다로운 탐색이 필요하다.

다른 종류의 풀숲을 헤쳐야하는 레그와 같은 구간에서는 속도전환이 요구된다.

2.2 코스 설정 고려사항

코스는 경기가 진행되는 동안뿐만 아니라 도착할 때 관중이 선수들을 볼 수 있도록 설정해야 한다.

출발은 대회장에서 시작해야 하며 코스는 경기 도중 주자가 대회장을 통과하도록 하는 것이 좋다. 대회장 선택에 대한 이러한 요구들은 관중들이 참가자들을 잘 볼 수 있게 하는데 적합한 환경을 제공한다.

대회장을 통과하는 부분(대회장의 컨트롤포함)을 제외하고는 코스를 따라 관중의 접근이 허용되지 않는다.

2.3 지도

표준 ISOM 규격을 따라야 한다. 지도 축척은 1:10000이다. 지형은 1:15000으로 매핑한 다음 ISOM에서 지정한대로 엄격하게 확대해야 한다.

2.4 우승시간, 출발 간격 및 기록측정

여성과 남성 모두의 우승시간은 30-35분이다. WOC와 월드컵에서 예선 경기에서 우승하는 시간은 25분이다. 출발 간격은 2분이며, 기록측정, 개별 형식이 사용된다. 선수는 지도에 접근하기 전에 출발 게이트를 통과해야 한다.

3. 롱 경기(LONG DISTANCE)

3.1 개요

롱 경기의 핵심은 체력 및 지구력이다. 도시가 아닌(대부분 숲이 우거진) 환경에서 열리며, 길고 체력적으로 소모가 많은 코스 안에서 선수들의 루트선택, 지도해석력 및 경기 계획력을 테스트하기 위한 목적이다.

이 형식은 가파르고 까다로운 지형, 가급적 언덕이 많은 지형에서의 루트 선택과 방향 탐색을 강조한다.

컨트롤은 루트 선택이 까다로운 긴 구간의 끝점이며 찾기 어려운 것은 아니다. 롱 경기는 부분적으로 미들 경기의 특징적인 요소를 포함 할 수 있으며, 오리엔티어링의 기존 일반적인 루트선택 패턴을 갑자기 깨뜨려 보다 기술적으로 요구되는 레그가 있는 부분을 의도적으로 도입할 수 있다.

3.2 코스 설정 고려사항

코스는 경기가 진행되는 동안 뿐 만 아니라 도착할 때 관중들이 선수들을 볼 수 있도록 설정해야 한다.

가장 바람직한 방식은 출발은 대회장에서 이루어져야 하며, 코스는 경기 도중 주자가 대회장을 통과하도록 해야 한다. 롱 경기의 특별한 요소는 긴 레그로 평균 레그 길이보다 상당히 길다. 이 긴 레그는 경기장 유형에 따라 1.5~3.5km가 될 수 있다. 두 개 이상의 긴 레그는 코스의 일부를 구성해야 한다(여전히 선택한 루트를 따라 지도를 읽는 데 집중해야 함).

롱 경기의 또 다른 중요한 요소는 코스 설정 기술을 사용하여 주자 그룹을 분리하는 것이다. 버터플라이 루프는 그러한 기술 중 하나이다. 경기장 자체는 가시성이 제한적인 영역을 통해 코스를 배치하여 분산하는 방법으로 사용해야 한다. 대회장을 통과하는 부분(대회장의 컨트롤 포함)을 제외하고는 코스를 따라 관중의 접근이 허용되지 않는다.

3.3 지도

표준 ISOM 규격을 따라야 한다. 지도 축척은 1:15000이다.

3.4 우승시간, 출발간격 및 기록측정

우승 시간은 여성의 경우 70-80분, 남성의 경우 90-100분이다. WOC와 월드컵 예선 경기에서 우승시간은 여성의 경우 45분, 남성의 경우 60분이다. 출발간격은 3분이다. 기록측정, 개별 형식이 사용된다. 선수는 지도에 접근하기 전에 출발 게이트를 통과해야 한다.

4. 릴레이 경기(RELAY)

4.1 개요

릴레이 개요는 팀 경기이다. 도시가 아닌(대부분 숲이 우거진) 환경에서 열린다. 형식은 기술적으로 까다로운 개념을 기반으로 하며 롱 경기보다 미들 경기 개념과 더 유사하다. 더 길고, 루트 선택 레그와 같은 롱 경기 특성의 일부 요소가 발생하여 선수가가 서로 접촉하지 않고 통과 할 수 있도록 해야 한다. 좋은 릴레이 지형은 주자가 서로 눈을 마주치지 못한다는 특성이 있다(예: 밀도가 높은 식물, 많은 언덕/함몰지 등으로 인해). 가시성이 경로 내내 좋은 지형은 릴레이에 적합하지 않다.

4.2 코스 계획 고려 사항

릴레이는 팀 간 경쟁을 도모하고, 가장 먼저 도착하여 우승자가 된다는 점에서 관중 친화적인 대회이다.

대회장 레이아웃과 코스 설정은 이를 고려해야 한다(예: 포크를 사용할 때 대안 사이의 시차는 작아야 함). 선수는 각 레그에서 대회장을 통과해야 하며, 가능한 경우 마지막 컨트롤에 접근하는 동안 대회장에서 주자를 볼 수 있어야 한다. 적당한 수의 중간 시간 (숲속 해설자와 함께)이 제공되어야 한다(아레나의 화면에 표시된 TV 컨트롤기능 포함). 동시출발 형식에는 주자를 서로 분리하는 코스설정 기술이 필요하다(예: 포크). 최고의 팀은 다른 포크 조합에 신중하게 할당되어야 한다. 공정성을 이유로 마지막 레그의 마지막 부분은 모든 주자에게 동일해야 한다. 대회장을 통과하는 부분(대회장의 컨트롤 포함)을 제외하고는 코스를 따라 관중의 접근이 허용되지 않는다.

4.3 지도

표준 ISOM 규격을 따라야 한다. 지도 축척은 1:15000 또는 1:10000이다. 지도 축척에 대한 결정은 코스 디자인의 복잡성에 따라 결정된다(예: 서로 가까이 있는 컨트롤이 있는 짧은 레그는 더 큰 지도 축척이 필요할 수 있다). 1:10000을 사용하는 경우 지형은 1:15000으로 매핑되고 ISOM에 지정된 대로 엄격하게 확대된다.

4.4 우승시간, 출발간격 및 기록측정

여성 릴레이와 남성 릴레이 모두 우승시간 (승자 팀의 총 시간)은 90-105 분이다. 총 시간 내에 레그마다 시간이 다를 수 있다. 레그는 40분보다 길거나 30분보다 짧아야 한다. 릴레이는 동시출발 형식이며 남녀 모두 3개의 레그로 구성되어 있다. WOC에서 기록측정은 전자식에 의해 이루어지는 것이 바람직하지만 수동 시스템이 사용될 수도 있다. 도착 라인에는 순위를 판단하는 데 도움이 되는 사진판정용 장비가 있어야 한다.

5. 스프린트 릴레이 경기(SPRINT RELAY)

5.1 개요

스프린트 릴레이 개요는 남녀혼성 고속 근접경기이다. 도시와 공원 환경에서 개최한다.

형식은 스프린트와 릴레이 개념의 조합이다. 네 개의 레그가 있으며 첫 번째와 마지막 레그는 여성이 달려야 한다.

5.2 코스 설정 고려사항

경기에는(특별히 대회장 통과를 사용하는 경우) 비교적 작은 영역이 필요하다. 대회는 관중들에게 이해하기 쉬워야 한다. TV 카메라로 코스의 70-80% 이상을 커버할 수 있어야 한다. 경기는 75분 생방송 및 경기장 연출개념을 기반으로 해야 한다. 방송 소개, 인터뷰 및 경품행사에는 15분이 할당되어야 한다. 가능한 경우 코스의 질을 떨어뜨리지 않으면서 대회장 통과를 사용해야 한다.

코스에 포괄적인 TV 서비스가 있는 경우 대회장 통과가 항상 필요한 것은 아니다. 이것은 또한 코스 계획을 위해 더 많은 유연성을 제공하며 더 좋고 도전적인 코스를 가능하게 할 수 있다. 지도의 각 면에 하나의 루프가 인쇄된 대회장 통과가 있는 경우 레그 당 두 개의 루프를 사용해야 한다. 코스는 분기되어야 한다. GPS 추적이 필요하며 비접촉식 펀칭을 고려해야 한다.

5.3 지도

1.3 스프린트를 참조하시오.

5.4 우승 시간, 출발 간격 및 기록측정

우승 시간(승리한 팀의 총 시간)은 55~60분이다. 각 레그의 시간은 12~15분이어야 하므로 첫 번째 레그와 마지막 레그(여성이 달리는 다리)는 두 번째 및 세 번째 레그보다 약간 짧아야 한다. WOC에서 기록측정은 전자적 방법에 의해 이루어지는 것이 바람직하지만 수동 시스템이 사용될 수도 있다. 도착 라인에는 순위를 판단하는 데 도움이 되는 사진판정용 장비가 있어야 한다.

6. 녹-아웃 스프린트 경기(KNOCK-OUT SPRINT)

6.1 개요

녹아웃 스프린트 개요는 첫 번째 라운드를 제외하고는 근접하여 경주하는 개인 복합 라운드 고속 경기이다.

도시와 공원 환경에서 열린다. 녹아웃 섹션에 적합하도록 시차출발이 시작되는 병렬 예선이 있다. 여기에는 여러 개의 예선을 가진 하나 이상의 녹아웃 라운드가 있으며, 선두 주자가 다음 라운드에 참가할 수 있는 동시출발이 있다. 마지막으로, 승자를 결정하기 위한 단일 동시출발 레이스가 있다.

6.2 코스설정 고려사항

경기에는(특히 경기장 통과를 사용하는 경우) 비교적 작은 영역이 필요하다. 대회는 관중에게 이해하기 쉬워야 한다. TV 카메라로 코스의 70~80% 이상을 커버할 수 있어야 한다. 녹아웃 라운드를 위해 코스가 갈라질 수 있다. 표준 포킹에 대한 대안으로, 코스 선택포킹은 각 주자가 시작하기 전에 20초 동안 코스가 다른 3개의 맵 중 하나를 선택하는데 사용된다. GPS 추적이 필요하며 비접촉식 펀칭을 고려해야 한다.

6.3 지도

1.3 스프린트를 참조하시오.

6.4 우승 시간, 출발 간격 및 기록측정

최초 예선 경기의 우승 시간은 8~10분이다. 녹아웃 라운드의 우승 시간은 6~8분이다. 도착 라인에는 순위를 판단하는 데 도움이 되는 사진판정용 장비가 있어야 한다.

8. 아시안 오리엔티어링 선수권대회

아시안 오리엔티어링 선수권대회(줄임말로 AsOC)는 오리엔티어링에서 아시아 챔피언 타이틀을 수여하는 공식 대회이다. 아시아 지역 실무 그룹을 통해 IOF의 후원 하에 IOF에서 임명된 회원 연맹에 의해 조직된다. 이 규정은 남녀 엘리트 클래스에 적용된다.

1. AsOC의 원칙(Principles for AsOC)

선수권 대회는 다음과 같은 원칙에 따라 조직된다.

- 참가자에게는 국제적 기술 표준의 경기가 제공된다.
- 선수권대회는 아시아 모든 지역의 오리엔티어링의 발전은 물론 경쟁력 있는 오리엔티어링의 개발을 목표로 한다.
- 참가비용을 낮게 유지하고 다른 기준 및 가격의 숙박시설을 제공해야 한다.
- 선수권대회는 아시아 지역 회원국의 더 많은 참여를 장려하는 것을 목표로 한다.

2. 이벤트 프로그램(Event programme)

대회는 격년으로 개최된다. 프로그램은 최소한 릴레이, 롱/미들 및 스프린트 경기가 포함된다. 연맹은 연맹의 상황 및 이용 가능한 자원에 따라 롱 경기 또는 미들 경기를 선택할 수 있다. 롱/미들 및 스프린트 경기는 결승전으로만 구성된다. 릴레이 경기에서 각 팀은 3명의 선수로 구성된다. 이 규정에 달리 명시되지 않는 한, 대회는 IOF 경기규정을 따라야 한다. AsOC의 날짜는 다른 국제 대회와 조정되어 최종적으로 IOF에 의해 승인된다. 대회는 아시아 주니어 및 청소년 선수권대회가 포함된다.

3. 대회 신청 및 주최자 임명(Event application and appointment of organiser)

IOF 회원 연맹인 아시아 연맹은 AsOC 주최자로 신청할 수 있다. 신청서는 대회 2년 전 1월 이전에 IOF 사무소에 도착해야 한다. 아시아 지역 회의는 주최자를 IOF 이사회에 추천한다. 개최 연맹의 임시 임명은 같은 해 10월 31일까지 IOF 이사회에 의해 이루어진다. 각 약속은 이벤트를 조직하기 위한 계약의 서명 후 6개월 이내에 서명으로 확인해야 한다. 그렇지 않으면 이사회가 다른 약속을 할 수 있다. 다른 연맹으로부터 IOF가 보증하는 대회감독관은 이벤트를 조정하기 위해 IOF에 의해 임명된다.

4. 참가(Participation)

국제 올림픽위원회에 의해 아시아 대륙에 속하는 것으로 정의된 IOF 회원 연맹을 대표하는 참가자는 AsOC에서 경쟁 할 수 있다.

IOF의 다른 회원 연맹을 대표하는 선수는 AsOC에 참가할 수 있지만 아시아 타이틀, 메달 또는 상장을 받을 수 없다.

클래스는 M21E 및 W21E이다. 개인 경기에서 연맹은 최대 10명의 여성과 최대 10명의 남성을 참가시킬 수 있다.

릴레이 경기에서 연맹은 각 성별 범주에서 최대 2개의 팀에 참여할 수 있지만 상위 팀만 결과리스트에 포함된다. 임원의 수에는 제한이 없다.

5. 출발 순서(Starting order)

개인 경기에서 출발 순서는 무작위로 추첨된다. 추첨은 3개의 출발 그룹(빠른, 중간, 늦은)으로 이루어져야 한다.

6. 심판(Jury)

심판은 IOF 이사회가 임명한다. 주최자는 3명의 선출 멤버를 제안해야 한다.

7. 시상(Prizes)

IOF는 모든 개인경기(각 클래스/경기에서 3위까지에 대한 메달) 및 릴레이(각 클래스에서 3개 팀의 각 멤버에 대한 메달)에 대한 특별히 디자인된 메달 또는 유사한 형식과 1~6위에 대한 상장을 제공해야 한다.

9. 아시안 주니어 및 청소년 오리엔티어링 선수권대회

아시안 주니어 선수권대회(줄임말로 AsJOC) 및 아시안 청소년 오리엔티어링 선수권대회(줄임말로 AsYOC)는 오리엔티어링에서 아시아 주니어 챔피언, 오리엔티어링에서 아시아 청소년 챔피언의 타이틀을 수여하는 공식 IOF 선수권대회이다. 선수권 대회는 IOF와 임명된 연맹의 권한 하에 하나의 대회로 구성된다.

이 규칙에 달리 명시되지 않는 한, IOF 풋 오리엔티어링 이벤트에 대한 IOF 경기 규정을 준수해야 한다.

1. AsJOC 및 AsYOC의 원칙(Principles for AsJOC and AsYOC)

선수권 대회는 다음과 같은 원칙에 따라 조직된다.

- 각 아시아 연맹 최고의 주니어 및 청소년 오리엔티어에게는 최고의 기술 품질의 대회가

제공된다.

- 대회는 젊은 사람들이 경험을 교환하고 새로운 친구를 찾을 수 있는 경쟁적인 분위기가 아닌 사회적 분위기를 가져야 한다.
- 참가비용은 낮게 유지해야 한다.

2. 이벤트 프로그램(Event programme)

격년으로 대회는 아시아 선수권 대회에 포함된다. 홀수년에 대회는 독립된 대회로 조직되어야 한다.

이 프로그램에 포함되는

- 스프린트 경기 결승
- 롱 경기 결승 또는 미들 경기 결승
- 3개의 레그가 있는 릴레이 또는 4개의 레그가 있는 스프린트 릴레이

개회식, 폐회식 및 적절한 모델 이벤트, 이 프로그램은 4일 이내에 유지되어야 한다. 날짜는 다른 국제 주니어 대회와 조정된다.

3. 대회 신청 및 주최자 임명(Event application and appointment of organiser)

IOF 회원인 아시아 연맹은 AsJOC 및 AsYOC 주최자에 신청할 수 있다. 신청서는 대회 연도 2년 전 1월 1일 이전에 IOF 사무국에 도착해야 한다. 주최자 또는 주최 연맹의 임시 임명은 같은 해 10월31일까지 IOF 이사회에 의해 이루어진다. 각 약속은 대회를 조직하기 위한 계약의 서명 후 6개월 이내에 서명으로 확인해야 한다. 그렇지 않으면 이사회가 대안을 정할 수 있다. 다른 연맹의 IOF 대회감독관은 IOF에 의해 임명된다.

4. 참가 및 클래스(Participation and Classes)

국제 올림픽위원회에 의해 아시아 대륙에 속하는 것으로 정의된 IOF 회원연맹을 대표하는 참가자는 AsJOC 및 AsYOC에서 경쟁할 수 있다.

IOF의 다른 회원 연맹을 대표하는 선수는 참가할 수 있지만 아시아 타이틀, 메달 또는 상장을 받을 수 없다.

개별 경기에서 연맹은 각 클래스에서 최대 6명의 선수를 참가시킬 수 있다.

아시안 주니어 오리엔티어링 선수권대회 클래스는 다음과 같다.

- W20: 경기 개최연도 12월 31일에 20세 이하인 여성 선수를 위한
- M20: 경기 개최연도의 12월 31일에 20세 이하의 선수를 위한

아시안 청소년 오리엔티어링 선수권대회 클래스는 다음과 같다.

- W16: 경기 개최연도 12월 31일에 16세 이하인 여성 선수를 위한
- W18: 경기 개최연도 12월 31일에 18세 이하인 여성 선수를 위한
- M16: 경기 개최연도 12월 31일에 16세 이하인 선수를 위한
- M18: 경기 개최연도 12월 31일에 18세 이하의 선수를 위한

참가한 모든 주자는 두 개인 경기에서 모두 출전할 수 있다. 여성은 남성 클래스에서 경쟁할 수 있다.

릴레이에 3개의 레그가 있는 경우 W20, M20, W18, M18, W16 및 M16에 대한 릴레이가 있어야 한다.

릴레이가 4개의 레그가 있는 스프린트 릴레이인 경우 M/W20, M/W18 및 M/W16에 대한 릴레이가 있어야 한다. 각 팀은 최소한 두 명의 여성을 포함해야 한다. 첫 번째와 마지막 레그는 여성이 운영해야 한다.

연맹이 전체 릴레이 팀을 구성할 수 없는 경우(남성 클래스의 여성도 포함) 불완전한 팀 또는 다른 연맹의 주자와 혼합된 팀을 구성할 수 있다. 어떠한 상황에서도 참가선수 이외의 사람이 경기에 참가할 수 없다. 둘 이상의 연맹 주자가 있는 팀은 공식 결과리스트에 포함되지 않는다.

5. 출발순서, 출발간격, 우승시간(Starting order, start interval, winning times)

롱/미들 경기의 출발간격은 2분이고 스프린트는 1분이다. 출발시간은 5개의 출발 그룹에서 무작위로 추첨되며 각 그룹에는 국가별 한 명을 초과하는 선수가 없도록 한다. 같은 연맹의 선수는 연속적으로 출발할 수 없다.

Winning times: 우승 시간

Class	Sprint	Middle	Long	Relay
W16	12-15 min	25-30 min	35-40 min	75 min
W18	12-15 min	25-30 min	45-50 min	90 min
W20	12-15 min	30-35 min	55-60 min	105 min
M16	12-15 min	25-30 min	45-50 min	75 min
M18	12-15 min	25-30 min	55-60 min	90 min
M20	12-15 min	30-35 min	60-70 min	105 min
M/W16	45 min			
M/W18	45 min			
M/W20	60 min			

6. 결과(Results)

자격이 없는 선수가 경기에 참여하는 경우, 별도의 결과 리스트가 게시된다. 하나의 리스트에는 모든 적격 선수의 결과(공식 선수권 결과)가 표시되고 다른 하나에는 모든 선수의 결과가 표시 된다(전체 결과리스트). 릴레이는 두 개의 결과 리스트가 생성되어야 한다. 하나는 전체 결과 리스트고 다른 하나는 자격이 없는 팀과 연맹에 가장 적합하지 않은 팀은 제외된다.

7. 시상(Prizes)

모든 경기에 대한 메달(각 클래스/경기에서 3개의 메달, 릴레이에서 각 클래스에 3개의 메달 세트) 및 순위 1-6에 대한 상장은 IOF에서 제공한다. 주최 연맹 대표와 IOF는 시상식을 수행한다.

8. 심판(Jury)

심판은 IOF 이사회가 임명한다. 주최자는 3명의 선출 멤버를 제안해야 한다.

저자소개

Author Introduction

김상수

계명대학교 체육대학 사회체육학과 교수

한국체육무용과학회 회장

대한오리엔티어링연맹 회장(전)

오리엔티어링 국가대표(WOC, 2017)

생활스포츠지도사 1급(오리엔티어링)

산림레포츠지도사(오리엔티어링)

유소년스포츠지도사(오리엔티어링)

노인스포츠지도사(오리엔티어링)